JN400170

OUTPOST
아웃포스트

아웃포스트
– 누가 한국에서 신약을 만들고 있는가

2025년 10월 2일 초판 1쇄 찍음
2025년 11월 14일 초판 2쇄 펴냄

지은이 김성민
공동기획 한국제약바이오협회, 바이오스펙테이터

책임편집 다돌책방
디자인 프라이빗엘리펀트
본문조판 민들레
마케팅 서일

펴낸이 이기형
펴낸곳 바이오스펙테이터
등록번호 제25100-2016-000062호
전화 02-2088-3456
팩스 02-2088-8756
주소 서울 영등포구 여의대방로69길 23, 한국금융아이티빌딩 6층
이메일 book@bios.co.kr

ISBN 979-11-91768-11-4 03510
값 30,000원

ⓒ 김성민

사전 동의 없는 무단 전재 및 복제를 금합니다.

OUTPOST

아웃포스트

누 가 한 국 에 서 신 약 을 만 들 고 있 는 가

김성민

BIOSPECTATOR X KPBMA

들어가며

§

로버트 카파(Robert Capa, 1913~1954)는 스페인 내전, 중일전쟁, 2차 대전, 인도차이나 전쟁에 뛰어들어 위대한 보도사진을 찍은 종군기자다. 어느 날 누군가가 로버트 카파에게 어떻게 하면 사진을 잘 찍을 수 있는지 물었다. 그의 대답은 이랬다.

"만약 당신의 사진이 마음에 들지 않는다면, 그것은 당신이 충분히 다가가지 않았기 때문이다."

"If your pictures aren't good enough, you're not close enough."

무언가를 제대로 보고 싶다면 한 발자국 더 가까이 다가가는 것이 가장 좋다. 사진이 그렇듯 기사도 마찬가지다. 한 발자국 더 들어가면 보이지 않던 것들이 보이기 시작한다. 그리고 바로 이 한 발자국을 내딛게 하는 것이 애정이다. 충분히 가까이 다가가서 들여다보고, 질문하고 답을 듣는 것은 애정이 없으면 불가능한 일이다. 물론 매일매일 해내야만 하는 일의 무게에 눌려, 그 한 발자국을 움직이지 못할 수 있다. 그럼에도 오직 애정만이 발걸음을 뗄 수 있게 해준다. 전쟁의 모습을 전하기만 했다면 로버트 카파의 사진을 지금까지 찾아보는 사람은 드물 것이다. 그가 사진에 나오는 군인들에게 애정을 가지고 한 발자국 더 다가갔기에 전쟁 속에서 사람이 보였고, 바로 그 사람을 보기 위해 아직도 우리는 로버트 카파의 사진을 찾는다.

사실 이 인터뷰는 애정으로 시작한 작업이 아니었다. 한국제약바이오협회(이하 KPBMA)가 설립 80주년 기념사업으로 한국에서 신약을 개발한 제약기업들에 대한 책을 내기로 했다는 이야기를 들었다. 협회라면 충분히 해볼 수 있는 기획이다. 하지만 그 소식을 들었을 때, 솔직히 시간 낭비일 것이라고 생각했다. 만약 책을 만든다면 인터뷰를 준비하고, 진행하고, 그 내용을 정리해야 할 것이다. 하지만 그렇게 쏟는 시간에 비해, 써낼 수 있는 글의 함량을 보장할 수 있을까? 새로운 지식, 고민할 거리 또는 반성할 거리, 강한 통찰이 없는 글은 글을 쓰는 사람에게도 글을 읽는 사람에게도 도움이 되지 않는다. 그래서 도움이 되지 않는 작업이 될 것 같았다. 한국에서 개발된 40개의 신약과 그 신약을 개발한 제약기업을 찾아가서 과연 어떤 이야기를 들을 수 있을까? 심지어 어떤 신약들은 시장에서 팔리고 있지도 않다.

제약기업은 주로 만나던 취재원들도 아니었다. 나는 주로 바이오텍을 취재해 왔다. 제약기업과 만나지 않았던 것은 아니다. 하지만 '제약기업은 온전히 말해주지 않는다.'는 느낌을 늘 받았다. 바이오텍은 최신 과학과 첨단 기술 동향에 대해 설명하고, 이를 자신들이 하고 있는 R&D와 연결하고는 했다. 얻어낼 수 있는 최신 정보가 있었고, 나 스스로 공부할 수 있는 기회이기도 했다. 물론 이렇게 듣는 이야기를 모두 기사로 쓸 수는 없는 일이다. 여기에 더해 논문과 데이터, 외신 기사를 찾아 크로스체크까지 하면 설득력 있는 기사 거리를 얻을 수 있었다. 그런데 제약기업은 분위기가 달랐다. 깜짝 놀랄 만한 과학 이야기를 하는 경우도 드물었고, 어떤 주제든 확실한 답을 듣기 어려웠다. 이렇게는 기사를 쓰기 어렵다. 이는 제약기업이 가진 시스템 때문이었을 수도 있다. 내부에 모든 시스템을 갖춰놓은 바이오텍은 많지 않다. 덕분에(?) 바이오텍의 경우 대표나 R&D 책임자를 직접 취재하는 것이 어렵지 않다. 핵심적인 내용을 직접 물어볼 수 있는 것이다. 그런데 제약기업은 홍보를 담당하는 부서를 반드시 거쳐야 한다. 이렇게 되면 핵심적인 내용을 알고 있는 취재원과 접촉하는 것이 어려울 때가 많다. 접촉한다고 해도 정말 궁금한 내용을 물어보기 어려운 경우도 많다. 가성비가 떨어지는 취재다. 이런 일을 겪으면서 자연스럽게 바이오텍을 중심으로 취재를 하게 되었다.

그런데 때마침 많은 바이오텍들이 사라지고 있었다. 코로나19 팬데믹 당시 바이오텍이 크게 흥했는데, 코로나19 펜데믹이 가라앉는 것과 함께 바이오텍도 가라앉기 시작한 것이다. 몇 년 동안 이런 흐름이 이어졌고, 체감상 절반 이상의 바이오텍이 사라졌다. 왜 바이오텍들이 문을 닫는 걸까? 고민이 깊어지는 것과 별개로 취재할 곳이 줄어들어 뜻하지 않게 여유가 생겼다. 그리고 우연하게도 제약기업에 대한 책 기획 이야기를 듣게 되었다.

막연하나마 궁금증이 생겼다. '아 그래. 제약기업이 있었지. 제약기업들은 요즘 무슨 일을 어떻게 하고 있지?' 정도의 호기심이 생겼다. 게다가 KPBMA를 거치면 곧바로 제약기업의 핵심에 자리 잡고 있는 취재원을 직접 만날 수 있을 것이고, 질문도 자유로울 것이다. 놓치기 아까운 기회였다. 고속도로를 달리다 잠깐 휴게소에 들르는 느낌으로 인터뷰를 해보고 싶었다. 그런데 그렇게 들어간 휴게소에는 마찬가지로 한숨 돌리는 운전자들이 모여 있었다. 그들에게 물었다. '어디로 가시나요?' 이들의 대답은 약속이나 한 듯이 같았다. '신약을 개발하러 갑니다.' 반가운 마음에 다시 물었다. '어떻게 가시나요?' 이들의 대답은 하나같이 모두 달랐는데, 예상하지 못했던 통찰과 실천이 담겨 있었다.

이 책은 그 하나하나의 대답에 대한 기록이다.

인터뷰 대상은 한국에서 신약을 개발한 경험이 있는 제약기업들이었다. 한국에서 개발된 신약은 40개 정도이고, 제약기업으로 헤아리면 20여 곳 정도 된다. 이 모든 곳을 인터뷰할 계획이었지만 이런 저런 사정으로 15곳만 인터뷰할 수 있었다. 매출을 기준으로 보면 한국에서 상위권에 위치한 제약기업들이었으며 전에 취재했던 곳들도 있었다.

인터뷰이는 해당 제약기업에서 R&D를 책임지는 사람들로 한정했다. 바이오텍은 R&D가 중심이지만, 제약기업은 R&D만으로 이루어지지 않는다. 따라서 제약기업 전체를 한번에 조망하는 것은 어렵다. 이런 이유로 신약개발에 초점을 맞춰 R&D, 이 가운데에서도 신약개발 R&D 책임자를 인터뷰이로 골랐다. 섭외는 KPBMA의 도움을 받았고, 직접 연락해서 섭외한 곳도 있었다.

의도했던 것은 아니었지만 인터뷰이들에게는 공통점이 있었다. 모두 한 제약기업에서 오랫동안 신약개발에 매달렸던 사람들이었다. 인터뷰이들은 짧게는 10년, 길게는 30년 정도 신약개발 R&D를 해온 사람들이었다. 그리고 모두 토종 연구자들이었다. 한때 한국 제약기업들이 외국의 큰 제약기업에서 R&D를 경험했던 인력을 연구소장으로 앉히는 경향이 있었다. 이런 경향이 완전히 가시지 않았지만 이번에 인터뷰를 하게 된 인터뷰이들은 한국 제약기업에서 연구를 시작해 수많은 실패와 약간의 성공을 거둔 다음, R&D 책임자가 된 사람들이었다. 그래서인지 인터뷰이들은 담백하게 인터뷰에 응했다. 화려하고 아름다운 비전을 보여주기보다는, 실패의 경험을 바탕으로 하나하나 고쳐가고 있다는 점을 털어놓기도 했다. 이들이 토종 연구자 출신이라는 점이 크게 작용했을 것이다.

인터뷰이들은 모두 자신들이 지금 하고 있는 신약개발에 최대한 객관적이 되려고 노력하고 있었다. 모두 각자 자신들의 경험에서 찾아낸 교훈을 반쯤은 확신하면서 밀어붙이고, 반쯤은 불신하면서 반성했다. 거의 비슷하면서도 조금씩 서로 달랐던 이 경험들은, 놀랍게도 모두 다른 방향의 신약개발 R&D로 이어지고 있었다. 어떤 방향의 신약개발이 성공할지 예측할 수는 없지만, 다행스러운 것은 우리에게 이렇게 많은 경우의 수가 있다는 점이었다.

인터뷰를 위한 사전 질문지는 최대한 간단하게 정리했다. 사전 질문지를 촘촘하게 정리해서 보내는 것이 보통인데, 이는 인터뷰 과정에서 반드시 확인해야 하는 정보를 놓치지 않기 위함이다. 하지만 이번 인터뷰는 개별적인 정보보다는 그 제약기업이 어떻게 신약을 개발하고 있고, 왜 신약을 개발하고 있는지를 알아보는 데 초점을 맞췄다. 사전 질문지를 간략하게 보내는 대신, 인터뷰를 진행하면서 그때그때 단서를 잡아 이야기를 끌어내는 것을 목표로 했다.

인터뷰 과정에서 실수도 있었다. 이는 그동안 바이오텍을 주로 취재해왔던 관성 때문이었다. 바이오텍은 홍보에 열심이다. 바이오텍은 아직 팔 수 있는 무엇이 없기 때문이다. R&D에 성공할 때까지 밖에서 투자를 받아야 하고, 끊임없이 주가를 관리해야 한다. 그래서 바이오텍은 지금 벌어지고 있는 아주 작은 것이라도 적극적으로 물어봐주길 바란다.

이런 취재에 익숙해진 탓에 제약기업에도 같은 질문을 던졌다. 아주 작은 것이라도 좋으니 새로운 것은 무엇이 있는지를 물었지만, 질문이 틀렸다는 점을 깨닫는 데 오래 걸리지 않았다. 제약기업도 홍보가 중요하지만, 시장에서 팔 수 있는 물건을 내놓는 것이 더 중요했다. 게다가 아픈 사람, 죽을지도 모르는 사람에게 쓰는 물건이다. 인터뷰이들은 하나 같이 완벽함에 신경을 쓸 수밖에 없다고 했다. 또한 제약기업은 투자와 주가로 R&D를 이어가는 것이 아니라, 시장에서 물건을 팔아 벌어들이는 돈으로 신약을 개발한다. 아직 완성되지 않은 것을 공개했다가 문제가 생긴다면 이미 팔고 있는 물건들까지 오해를 받을 수 있다. 그러니 얼마나 새로운지에 대해 질문하는 것이 아니라, 얼마나 완벽해지고 있는지에 대해 물었어야 했다.

물건을 만들어 시장에서 팔고 있는 사람들의 관점은 나에게는 새로운 것이었다. 이들은 시장과 규제에 특히 예민했다. 대부분의 인터뷰이들은 신약개발에 시간이 오래 걸리고 돈이 많이 들어간다는 점에 깊게 공감했지만, 그보다는 시장에 나갔을 때 과연 의료진과 환자의 선택을 받을 수 있을 것인지에 더 집중하고 있었다. 타깃이나 후보물질을 개발해서 전 세계적 규모의 제약기업에 파는 일을 하고 있는 경우에도 마찬가지였다. 영업과 마케팅, 대량 생산과 유통, 건강보험과 약의 가격 등을 먼저 고민하고 거꾸로 R&D를 설계했다. 규제도 마찬가지였다. 많은 인터뷰이들은 규제와 규제기관에 대한 입장이 뚜렷했고, 그 입장에는 디테일이 있었다. 이들은 규제가 신약개발 마지막 단계에 통과하는 관문이 아니라, 신약개발을 시작할 때부터 손에 쥐고 있어야 하는 고민의 대상이라는 데 공통된 의견을 보였다. 우리 규제기관이 가진 긍정적인 측면과 부정적인 측면에 대한 이야기도 구체적이었다. 여러 가지 사정으로 인터뷰이들이 가진 규제와 규제기관에 대한 이야기를 모두 담을 수는 없었다. 다만 최대한 빠뜨리지 않으려고 노력했다.

인터뷰이들의 또 하나의 공통점은 모두 현실적이었다는 점이다. 바이오텍은 꿈과 희망의 말로 시작해서 낙관하는 말로 끝내는 경우가 많다. 열정과 희망으로 가득 찬 과학자의 모습이다. 그런데 제약기업들의 인터뷰이들은 직접 겪은 수많은 실패에서 나온 무거운 통찰로 이야기를 시작해, 시장과 소비자라는 냉정한 현실을 직시하며 이야기를 끝냈다. 바이오텍이 최신 장비를 갖추고 작전에 투입되기 직전의 특수부대원들 같았다면, 제약 기업들은 수많은 전투에서 패배를 경험하고 전우를 잃는 과정에서 생존이라는 것의 의미를 깨달은, 하지만 꾸역꾸역 조금씩 전진해온 전초기지의 보병들 같았다. '아웃포스트(outpost)'는 최전방에 세워진 전초기지다. 한국 사람들에게 익숙한 GOP에서 OP가 바로 아웃포스트다. 인터뷰를 하는 내내 인터뷰이들이 눈에 띄지 않는 최전방에서 밤낮으로 경계를 서다가 조금씩 조금씩 앞으로 진격해나가는 것 같다는 느낌을 받았다. 책 제목을 아웃포스트로 정하게 된 이유다.

차례

카나브

KANARB

→ 피마사르탄(fimasartan), 고혈압, 2011

§

보령은 카나브(KANARB®, 성분명: fimasartan)라는 고혈압 신약을 개발했다. 1992년 개발을 시작해 2011년에 출시한, 국내 신약 15호다. 당시 한국에서 개발한 안지오텐신II 수용체 차단제(ARB) 계열의 첫 번째 고혈압 약이었다. 카나브는 출시 첫해 매출 100억 원을 넘겼고, 2014년부터는 한국 시장에서 ARB 계열 고혈압 부문에서 점유율 1위 제품이 됐다. 이는 머크, 사노피, 노바티스, 다케다 등의 외국 제약기업들과의 경쟁에서 이긴 결과였다.

현재 카나브는 단일제를 포함해 복합제까지 7개 제품군을 이루고 있다. 2013년에는 카나브에 이뇨제를 더한 라코르(LACOR®)를 내놓았고, 2016년에는 카나브에 협심증 치료 물질인 암로디

핀(amlodipine)을 복합한 듀카브(DUKARB®), 카나브에 전통적인 고지혈증 치료제인 스타틴 계열의 약물 로수바스타틴(rosuvastatin)을 더한 투베로(TUVERO®)를 개발했다. 2022년에는 듀카브에 이뇨제로 쓰이는 히드로클로로티아지드(hydrochlorothiazide)를 복합해, 정확한 원인을 알지 못하는 고혈압인 본태성 고혈압에 처방하는 듀카브플러스(DUKARB PLUS®)도 내놓았다. 2020년에는 듀카브에 다시 로수바스타틴을 합친 듀카로(DUKARO®), 카나브에 콜레스테롤 합성을 저해하는 아토르바스타틴(atorvastatin)을 복합한 아카브(AKARB®)를 출시했다. 이들을 묶어 카나브 패밀리라고 부른다. 카나브 패밀리는 2024년 1,870억 원 어치가 팔렸다. 2024년 보령의 매출이 1조 원을 넘어섰으니, 전체 매출에서 카나브 패밀리가 19% 정도를 차지한다.

끊임없이 신약을 개발하고 이를 바탕으로 업을 영위하는 전 세계적 규모의 제약기업들과 보령을 같은 선에 올려놓고 비교할 수는 없다. 하지만 보령 전체 매출에서 카나브 패밀리가 차지하는 19%라는 비율이라면 이야기가 달라진다. 미국 머크의 연매출은 600억 달러가 넘는데, 키트루다(KEYTRUDA®, 성분명: pembrolizumab)의 매출이 절반 정도를 차지한다. 카나브와 보령 사이의 관계, 즉 매출 구조는 1년에 10억 달러 이상 팔리는 블록버스터 신약과 그 신약을 개발한 전 세계적 규모의 제약기업 사이의 관계와 비슷해져가는 분위기다.

제약기업의 전체 매출과 신약 매출 사이에 있는 %는 꽤 중요한 문제다. 신약을 개발하려는 또는 개발해야만 하는 동력과 관계가 있기 때문이다. 특허로 보호받고 있는 신약의 매출이 제약기업의 전체 매출에서 차지하는 비중이 높을수록, 제약기업은 필사적으로 다음 신약개발에 매달릴 수밖에 없다. 특허가 끝나면 복제약인 제네릭이 쏟아져 나오기 시작한다. 자연스럽게 오리지널 신약의 매출이 떨어지는데, 기업에 있어 매출이 줄어드는 것은 버틸 수 없는 상황이다. 기를 쓰고 다음 신약개발에 투자하는 것이 당연한 일이다. 그리고 이 과정이 되풀이되면서 신약이 계속 튀어나온다. 따라서 카나브와 보령 사이의 관계는, 제약기업이 신약개발의 페달을 힘차게 밟게 만드는 조건이 될 수 있다. 카나브 출시 이후 카나브 패밀리가 구축되는 과정과, 카나브의 제네릭이 나온 상황을 이렇게 설명해볼 수 있다.

을지로4가 역에서 내려 지금은 외국 관광객과 젊은이들이 모여드는 옛 세운상가 자리를 지나서, 종묘를 왼쪽에 두고 오른쪽으로는 종로5가를 끼고 큰길을 따라 올라가면 보령 사옥이 나온다. 종로5가는 대형 약국들이 모여 있는 약국 거리로 유명했는데, 이는 보령약국 덕분이었다. 보령의 창업자는 김승호 회장이다. 1932년에 태어나 한국전쟁에도 참전했다는 김승호 회장은 2025년 현재 90세가 넘었다. 1957년 김승호 회장은 종로5가에서 보령약국을 시작했다. 그리고 1960년대 보령약국이 대한민국에서 가장 큰 소매 약국으로 성장하면서, 비슷비슷한 대형 약국들이 종로5가를 중심으로 나타났고 약국 거리가 만들어졌다. 연매출 1조 원이 넘는 제약기업이 약국에서 시작했다는 점이 그리 놀라운 일은 아니다. 머크, BMS, 화이자처럼 신약을 쏟아내는 전 세계적인 규모의 제약기업들도 맨 처음 시작은 대부분 약국이었다. 약국에서 시작한 보령이 카나브를 개발했듯이 말이다.

보령 사옥은 내부 공사가 한창이었다. 로비에서 만난 담당자는 사옥을 지은 지 오래된 터라 회의실이 부족하고, 손님들을 맞이할 만한 마땅한 공간도 없어 공사를 하고 있다고 했다. 보령약국은 다시 1963년에 의약품 도매업을 하는 보령약품으로 확장되었고, 1964년에는 김승호 회장의 집 한 켠에서 기계 몇 대를 놓고 아스피린을 제조하기 시작하면서 보령제약이 되었다. 이후 보령제약은 외국 제약기업에서 의약품들의 라이선스를 들여오면서 본격적인 제약 사업에 나섰다. 한국 경제가 가파르게 성장하던 시대에 흔히 볼 수 있는 풍경이다. 보령은 1세대에게 주어지는 운을 놓치지 않았다.

담당자를 따라 엘리베이터를 타고 김승호 회장이 쓰는 층으로 올라가 응접실로 안내를 받았다. 응접실이라는 말은 이제 익숙한 말이 아니다. 마지막으로 들어본 적이 언제인지 잘 기억나지 않을 정도로 낯선 말이지만, 안내를 받은 곳은 분명히 응접실이었다.

나무로 된 문을 열고 들어가니 커다랗고 둥근 탁자 위에는 다과가 준비되어 있었다. 따뜻한 차가 담긴 찻잔 옆에는 작은 접시에 간식도 놓여 있었다. 먹기 좋게 포장을 정성스럽게 벗겨 놓은, 보는 것만으로도 달콤한 과자였다. 다과로 좌석이 지정되어 있어 어디에 앉으면 되는지 물어보지 않고 자리에 앉았는데, 앉는 사람을 푹 감싸 안는 푹신한 소파다. 정말 오랜만에 앉아보는 소파는 오래 쓴 흔적이 여기저기 선명했지만 깔끔했다.

시간여행을 온 사람처럼 두리번거리며 이곳저곳을 살펴보고 있는데, 한쪽에 열려 있던 문으로 김승호 회장과 R&D 부문장인 임종래 부사장이 함께 들어왔다. 문 건너편에도 방이 있었는데 집무실인 듯했다. 단정한 양복 차림의 김승호 회장은 반갑게 인사를 건네며 악수를 청해왔다. 그리고 손에 쥐고 있던 아담한 봉투를 하나 내밀었다. 한 손에 쏙 들어올 만한 크기의 봉투 안에는 명함이 담겨 있었다. 명함을 봉투에 넣어서 준다는 것도 낯설었는데, 명함에는 김승호라는 이름이 金昇浩라고 한자로 적혀 있었다. 소속인 보령제약 주식회사는 保寧製藥 株式會社로 적혀 있었다. 심지어 사무실 주소, 전화번호, 팩스 번호까지 한자였다. 확실히 1세대였다.

그렇게 악수를 나누고, 명함을 주고받고, 자리에 앉았다. 따뜻한 차를 마시면서 하는 시간여행을 망치지 않고 싶었기에, 첫 질문은 창업자가 마음에 들어할 만한 것으로 가볍게 시작하는 것이 좋을 것 같았다. '카나브를 개발하실 때 어떤 점이 힘드셨나요?' 정도면 이런 조건을 충족하는, 나쁘지 않은 첫 질문이라고 생각했다. 하지만 첫 질문부터 보기 좋게 한 방 얻어맞는 것으로 인터뷰가 시작되었고, 이렇게 얻어맞은 한 방으로 이번 인터뷰는 충분했다.

김승호

(주)보령 회장

카나브를 개발할 때 얼마나 어려웠냐고 물어보기는 하는데, 신약개발이라는 게 원래 어려운 거예요. 그거 모르는 사람이 어디 있나? 얼마나 어려웠는지 되새기는 게 의미가 있는 일인지 모르겠네.

몰라서 헤매던 것들은 있지. 굽이굽이 그런 일들로 고생이지. 당의(糖衣)라고 하죠? 약을 보면 껍데기가 있잖아요. 그걸 씌워서 알약을 만들어요. 이게 당의인데, 약을 기계에 넣고 회전시키면 당의가 입혀집니다. 카나브도 먹는 약이니 당의를 입혀가지고 임상시험을 하는데 약효가 제각각으로 나오는 거라. 그래서 기계를 다섯 번 회전시킨 것을 가지고 임상시험을 하고, 열 번 돌린 것으로 임상시험을 하고, 스무 번 돌려서 임상시험을 하고… 이런 일을 계속 되풀이했습니다. 정말 많이 해봤지. 아시다시피 임상시험에는 돈이 많이 들어가지요. 그때는 신약을 처음 개발해보는 것이니까 무작정 해보는 거지. 임상시험은 요즘도 하고 있어요. 허가를 한 번 받아놓고 계속 팔지 않아요. 계속 하는 거지. 지금도 카나브 임상시험을 계속 합니다. 카나브는 좋은 약이에요.

신약개발은 제약 산업의 절대적인 과제라고 봐야죠. 한국에 제약기업이 한 400, 500개 되나요? 이 가운데 할 수 있는 기업은 어디가 되었든 모두 신약개발을 다 해야 해. 안 그러면 제약기업으로 가치가 없어요. 의약품을 유통할 수도 있고, 대중약을 만들어서 팔 수도 있기는 한데, 그건 다들 할 수 있는 일이지. 1990년대에 카나브 개발을 시작했는데, 그때 우리 매출이 1,000억 원이 안 될 때였지. 신약을 개발하는 외국 제약기업들에 비하면 구멍가게 비슷했지만, 제약을 하겠다 하면 신약을 개발해야지. 구멍가게든 백화점이든.

신약개발이라는 것은 시간이 필요해요. 보통 10년, 20년이 금방 가지. 카나브도 한 20년 걸렸습니다. 돈도 계속 들어가요. 그런데 10,000개 도전하면 1개 나오죠. 이런 일을 하려면 사람을 믿어야 해요. 카나브도 그랬죠. 신약을 개발하자고 마음을 먹었어요. 그러면 어떤 신약을 개발해야 하는지 결정해야 하잖아. 그래서 직원들이 분석을 해왔어요. 우리나라에도 고혈압 치료제가 필요한 때가 온다는 거였지. 그래서 그 말을 믿었어요. 믿어야 해. 세상에 병이 참 많잖아요. 어떤 신약을 개발할지 선택을 해야지. 고혈압 약을 개발하자고 의견을 내면, 그 사람 말을 믿고 시작하는 거야. 물론 사람들 말을 다 믿을 수는 없겠지. 하지만 또 사람들 말을 안 믿으면 아무것도 못해요. 믿어야지.

보령은 약국으로 시작했어요. 약이 귀하던 때였습니다. '약도 한 번 못 써보고 돌아가셨다.'는 말을 듣는 게 어렵지 않았어. 나는 육군에서 공병장교로 제대했지만, 큰 형님도 그렇고 약방을 하는 분들이 주변에 있었어요. 약에 익숙한 편이어서 약국을 열었지. 약이 귀하니 어떤 사람들은 미군 부대에서 흘러나오는 약을 가져다가 약국에서 팔 정도였어요. 보령약국은 정식으로 구해온 약을 주로 팔았지. 종로에 약국들이 많았습니다.

그런데 약을 구해오는 게 문제가 아니더라고. 다 구할 수도 없는데, 또 환자들이 다 종로까지 올 수도 없잖아요. 약을 가져다 줘야 해. 그래서 유통을 해야겠다고 생각했지. 유통을 하기 시작했는데, 그래도 안 되는 게 있는 거야. 약값이 너무 비싼 거지. 그럴 수밖에 없는 게, 약은 모두 수입해야 하니까. 보령약국에서는 너무 많은 이문을 남기지 않고 약을 파는 것이 원칙이었고, 덕분에 손님들이 많이 와서 큰 약국이 되었습니다. 하지만 그렇게만 해서는 약값을 낮출 수가 없어요. 그래서 약을 만들어야겠다고 생각했습니다. 그렇게 그렇게 하다보니 신약을 개발해야겠다고 마음을 먹게 되었지.

한국에서 신약을 만들면 제값을 받기는 어려워요. 정부의 사정도 이해를 해야 합니다. 무작정 약값을 올릴 수는 없잖아요. 아픈 사람들이 다 부자는 아니니까. 그래도 제약기업에 야박한 면도 있어. 외국에서 들어오는 비슷한 약하고는 비슷하게라도 값을 받아야 할 텐데, 이것도 어렵거든. 이것도 신약개발에 어려운 고비라고 하면 고비겠지만, 그래도 제약을 하겠다고 하면 신약을 개발해야지. 우리가 신약을 많이 개발하면 또 그에 맞게 바뀌겠지. 안 만들면 아예 안 바뀌는 것이고.

제약기업을 하겠다고 하면서 신약을 개발해야 한다는 걸 모르는 사람은 없어요. 당연히 해야 한다는 걸 다 아는데, 안 하거든. 다들 아는 거라 내가 또 말할 필요는 없어요. 그냥 아는 걸 하면 되는 거야. 다시 그 시절로 돌아가서, 종로에서 약국을 하던 때로 돌아가서 다시 시작한다면, 그래도 결국 신약을 개발할 겁니다. 안 하면 안 되는 일이잖아. 내가 안 하면 누가 하겠어. 주어진 일이니까 하는 것이지 다른 건 없어요. 돈을 벌면 신약을 개발하는 데 넣어야지.

임종래

(주)보령 R&D 부문장, 부사장

카나브는 오너 경영자의 리더십 덕분에 개발되었다고 볼 수 있습니다. 오너의 의지가 만들어낸 거죠. 기업의 사명이나 소명이라는 것은, 그 기업을 이루고 있는 사람들이 어떤 생각과 마음을 먹고 있느냐의 문제잖아요. 신약개발을 제약기업의 사명으로, 카나브 개발을 당시 구성원들의 소명으로 가져가는 데 있어서 오너의 역할이 컸죠. 실제로 카나브를 개발했고, 이 사건이 다시 신약개발에 대한 의지를 더 강화했습니다.

신약을 개발하기로 결정하고, 비용과 시간을 버티면서 밀어붙이고, 상업화를 이끈 사람은 창업자였습니다. 그런데 이 분은 제약과 관계된 분야에서 전문적인 교육이나 훈련을 받은 사람이 아니죠. 우연한 기회에 약국을 시작하신 분입니다. 당시의 약국이라는 것도 마찬가지였습니다. 우리가 지금 주변에서 볼 수 있는 그런 모습의 약국이 아니죠. 한국전쟁이 끝난 지 얼마 되지 않았고, 모든 것이 부족하던 때였습니다. 약을 구하는 것 자체가 어렵던 때죠. 당시의 약국은 의사의 처방전에 따라 안정적으로 약을 꺼내주는 곳이 아니었습니다. 비공식적인 경로를 통해서라도 약을 구해서 환자들에게 파는 곳이었어요. 지금 기준으로 보면 상상할 수 없는 경로를 거쳐서 약을 구해서 팔기도 했습니다. 정확한 통계는 모르겠지만, 당시에 이런 약국이 꽤 많았을 겁니다. 종로에 있던 약국 거리의 시작이 대부분 이런 식이었으니까요. 하지만 약국 거리에 있던 약국들 가운데 본격적인 제약기업, 그러니까 신약을 개발하는 제약기업으로 나아간 경우는 많지 않습니다. 사실 그럴 필요가 없었거든요. 돈이 잘 벌렸을 것이고, 그 돈이면 땅을 사든 건물을 올리든 돈을 벌 수 있는 방법이 얼마든지 있었겠지요.

그런데 굳이 약 유통업을 시작하고, 기계를 들여와서 복제약을 만들고, 그러다가 신약개발까지 도전했던 이유는, 참 재미없는 이야기이기는 하지만 사명감이었을 겁니다. 약을 구하러 온 어떤 손님이 있었겠죠. 아마도 약국에는 그 약이 없었을 겁니다. 약을 구하면 꼭 좀 알려달라고 연락처를 남기고 돌아가는 손님의 뒷모습을 봤겠죠. 그 약을 먹으면 환자는 어쩌면 생명을 구할 수 있을지도 모르는 일이니, 그 뒷모습 때문에 백방으로 약을 구하러 다닙니다. 미군 부대로, 일본으로, 여기저기 약을 찾아다니는 겁니다. 하지만 이런 식으로는 문제를 풀 수 없었을 겁니다. 그래서 결정을 내립니다. 약을 만들자. 결정에 결정을 더하다 보니 신약을 개발하기로 하는 결정까지 내리는 거죠. 한 번도 해보지 않았던 일이지만.

정말 재미없는 이야기이기는 한데, 다들 비슷하지 않을까요? R&D를 하고 있는 저를 포함해서 말이죠. 제가 제약 업계에서 일한 지 35년 정도 됩니다. 이렇게 저렇게 개발에 참여한 약도 꽤 되는 편이죠. 그래서 가족들이 제가 관여했던 약을 처방받아 오는 경우가 있어요. 이럴 때의 기분을 정확하게 설명하기가 어렵네요. 손님들이 자신이 만든 음식을 맛있게 먹는 모습을 볼 때, 식당 사장님이 느끼는 감정이 있을 겁니다. 쉽게 설명하기 어려운 감정이겠죠. 감히 말하건데 약은 그보다 훨씬 더한 감정을 불러일으켜요. 죽고 사는 문제일 수 있잖아요.

제약 업계에서 일을 한다는 것, 신약을 개발한다는 것에는 사명감, 소명 의식이 함께 할 수밖에 없습니다. 혹시 약을 만드는 공장에 가보셨나요? 정말 의약품이 쏟아져 나옵니다. 하지만 자동차 공장에서 자동차가 쏟아져 나오는 것이나, 옷 공장에서 옷이 쏟아져 나오는 것하고는 달라요. 모두 아픈 사람들에게 가는 것이잖아요. 제가 개발에 참여한 어떤 약은 하루에 350만~400만 유닛이 소모됩니다. 혈압약, 고지혈증약 같은 것들이죠. 정말 많은 환자들이 약을 먹어야 해요. 그런데 이런 물건을 개발하고 만들어서 공급하는 거잖아요. 내가 어떤 식으로든 참여해서 세상에 나온 약을, 하루에 수십만 명 아니 수백만 명이 먹으면서 건강을 지키고 있다는 것을 실감하는 느낌.

R&D만의 느낌이라는 것도 있습니다. R&D는 '내가 개발하는 약이 환자들에게 정말 필요한 약일까?'라는 질문을 되풀이하는 과정입니다. 질문은 더 있죠. '이거 이렇게 만들면 안전할까? 내

가족이 먹을 수도 있는 약인데?' 미묘한 긴장이 끊이지 않습니다. 하지만 이런 이야기도 오고 갑니다. '이 약을 개발하면 자네 어머니가 드실 수 있겠는데.'

보령에 카나브는 어떤 의미인가요?

보령의 입장에서 보면, 카나브는 신약개발에 도전한 첫 과제에서 성공을 거둔 셈입니다. 저 개인적으로 카나브에 의미를 더 부여하자면, 한국 제약 업계가 거둔 첫 신약개발 성공 사례라고 생각해요. 비즈니스라는 측면에서 성공과 실패의 기준은 매출이겠죠. 카나브의 연 매출은 1,800억 원 규모이고, 이는 보령 전체 매출에서 19% 정도를 차지합니다. 카나브가 출시될 때, 즉 2011년 당시 보령 연매출은 3,000억 원 규모였거든요. 출시 이후 보령의 성장에 카나브가 크게 기여했습니다. 신약으로 비즈니스를 영위하는 글로벌 빅 파마의 매출 구조도 대략 이렇죠.

제약기업도 영리를 목적으로 하는 기업입니다. 신약을 개발하다 실패해서 발생한 비용, 신약을 개발하면서 들어간 비용, 그리고 앞으로 신약개발에 들어갈 비용 등을 따져봤을 때, 신약에 의미가 있으려면 정말 돈을 벌어들일 수 있어야 합니다. 그런데 카나브는 상업화까지 성공시킨 셈이죠. 상업화는 전혀 다른 문제입니다. 카나브를 출시한 다음 보령의 오너는 직접 세일즈를 다녔어요. 전 세계로 말입니다. 이 또한 오너의 리더십이 강하게 실린 것이었습니다. 본인 명함에 아예 카나브 총괄 프로젝트 매니저(executive product manager)라고 찍어버렸죠.

물론 쉽지 않습니다. 전 세계적 규모의 제약기업들처럼 R&D 비용을 쓸 수 있다면 적응증 임상시험을 공격적으로 할 수 있겠지만, 현실적으로 우리에게는 불가능한 이야기죠. 그래서 카나브의 적응증을 늘려가는 임상시험을 순차적으로 합니다. 한두 가지 적응증으로 돈을 벌면, 그 돈을 다시 새 적응증을 찾는 임상시험에 투자하는 방식이죠. 이렇게 쌓은 임상시험 데이터로 세일즈를 합니다. 물론 임상시험 데이터로 세일즈를 하는 것이 가장 효과적입니다.

카나브 다음이 궁금합니다.

'한국에서 신약을 개발하려면?'이라는 질문에는, 이미 비관적인 시선이 담겨 있습니다. 한국에서 신약을 개발하기 어려운 조건들을 따져보자는 것처럼 들리거든요. 한국에서 신약을 개발하려면 정말 어떤 조건이 필요할까요? 미국에서는 신약이 끊임없이 개발됩니다. 미국과 한국의 환경 차이, 조건 차이는 너무 큽니다. 그런데 자기 손으로 직접 신약을 개발하겠다고 뛰어들 수 있는 나라, 그리고 실제로 뛰어든 나라가 전 세계에서 몇 개나 될까요? 열 손가락 안으로 헤아릴 수 있을 텐데요, 놀랍게도 한국은 그 안에 들어가 있어요. 보령도 카나브를 개발했잖아요. 너무 답답하게만 볼 필요는 없습니다.

예전에는, 한국에서 신약을 개발한다는 것을 상상하기 어려웠을 때는, 정말 모든 것이 부족해습니다. 대표적으로 정보가 없었어요. 카나브를 출시할 때만 해도, R&D 파트의 주요 임무는 전 세계의 대학, 연구소를 돌아다니면서 정보를 얻어오는 것이었습니다. 뭘 알아야 개발을 하든 사오든 하니까요. 비즈니즈 디벨롭먼트(business development), 줄여서 비디(BD)라고 하죠. 사업개발이라고도 부릅니다. 그런데 지금은 이런 일의 중요도가 떨어졌다고 할 수는 없지만, 여기에 목을 맬 정도로 결정적인 역할을 하지는 않아요. 이제 중요한 것은 자기 것을 자기 손으로 만드느냐 그렇지 못하느냐의 문제죠. 끝까지 신약을 개발하겠다는 의지, 그리고 실제로 실행하는 실천이죠. 중요한 것은 자기 손으로 해야 한다는 것입니다. 정보를 나누고, 협업을 하는 것은 여전히 중요하고 필수적입니다. 하지만 그것만으로 신약을 개발할 수는 없어요. 누군가는 신약개발의 핵심 고리를 끈질기게 붙들고 늘어져야 그 다음에 협업도 가능해지는 것이죠. 우리가 카나브에서 배운 점입니다.

보령은 카나브 이후에, 카나브 정도의 성공을 거둔 신약을 아직 내놓고 있지는 못합니다. 15년 동안의 공백이 있어요. 카나브를 개량하고 적응증을 늘려가는 시도를 멈추지는 않았지만, 그것만으로는 안 되죠. 다시 신약을 개발해야 합니다. 그 일을 하고 있습니다.

신약을 개발하는 데 가장 큰 고민은 무엇인가요?

현실적으로 고민되는 것 가운데는 약가, 그러니까 약값이 있습니다. 어떤 약은 5일 동안 먹으면 병이 낫고, 어떤 약은 4일 동안 먹으면 낫는다고 해볼까요? 4일만 먹으면 되는 약은 환자에게 하루의 고통을 덜어줍니다. 그렇다면 4일만 먹으면 되는 약은 5일만 먹으면 되는 약보다 얼마나 비싸야 할까요? 하루 동안의 고통을 돈으로 매기는 것이잖아요. 어려운 문제죠.

한국에서는 정부가 약가를 정하죠. 법과 규정에 따라 결정하기 때문에 정부는 약가 결정에 유연성을 발휘하기가 어렵습니다. 충분히 이해할 수 있는 일입니다. 약가가 낮게 매겨지기 때문에 환자들에게도 도움이 됩니다. 정부의 논리가 틀린 것은 아닙니다.

그런데 이런 일들도 생기고 있어요. 한국의 약가는 경제 상황이 비슷한 다른 나라에 비하면 쌉니다. 일단 환자 입장에서는 좋은데, 문제는 외국 제약기업들 가운데 한국에 약을 공급하지 않는 경우가 있어요. 약가를 제대로 못 받으니, 아예 팔지 않는 것이죠. 약이 있지만 공식적인 경로로는 그 약을 쓸 수 없는 상황이 생겨요.

약가를 정할 때 중요한 것이 임상시험 결과 우월성이냐 비열등성이냐를 확인하는 겁니다. 그런데 의약품과 관련해서는 이것 말고도 평가할 항목들이 많습니다. 미국 시장을 볼까요? 미국 FDA는 미국에서 판매될 신약에 대해 안전성, 유효성 데이터를 평가하고, 약물의 이점이 위험보다 크다고 판단되면 시판허가 결정을 내립니다. 기존 치료제와 비교해 이점이 분명하고, 환자의 삶의 질이 조금이라도 나아지는지 꼼꼼히 평가합니다. 이렇게 신약으로 가치를 인정받으면 약가를 잘 받을 수 있고, 이를 바탕으로 제약기업은 또 비즈니스를 이어갑니다. 그런데 이 약들이 한국으로 들어올 때 임상시험에서 우월함을 입증하지 못하면 제네릭 약가와 똑같이 받아요. 미국 제약기업 입장에서는 약가가 낮으니 한국에 들어오지 않을 가능성이 높죠. 생각해봐야 할 문제입니다. 법과 제도는 국민, 환자에게 도움이 되는 방향으로 가야 하잖아요. 그런데 약이 있는데 쓰지 못하는 경우가 생긴다는 것이죠.

정부가 이런 상황을 모르지 않아요. 그래서 제약기업들에게 이야기합니다. '신약을 개발해서 외국에서는 비싸게 팔고 한국에서는 싸게 팔아라.' 좋은 이야기죠. 좋은 이야기인데 대부분의 비즈니스는 일단 내수가 바탕이 되어야 합니다. 이를 기반으로 해서 밖으로 나가는 것이 맞아요. 그러니까 한국에서 신약이 개발될 수 있는 비즈니스적인 조건이 마련되는 것이 우선일 겁니다.

신약은 개발하는 데만 10년 정도가 걸립니다. 그것도 빨라야 10년입니다. 성공한다는 보장도 없어요. 실패하는 비용까지 포함시켜야 하는데… 신약을 개발해도 제네릭 약가를 받아요. 10년 넘게, 1,000억 원 넘게 투자해서 개발하는 제품을, 100~200원에 판매하는 사업이 있을까요? 제약기업 입장에서는 굳이 리스크가 큰 신약을 10~15년 동안 개발하는 것보다, 5~6년 정도 투자해서 기존 약을 개량하는 복합제 같은 것들을 만드는 선택으로 마음이 기울어지기도 하죠.

정부의 입장에는 일리가 있습니다. 의약품이 첨단과학의 산물이기는 하지만, 약물의 원재료비나 생산비용 자체가 비싸지는 않아요. 케미컬 의약품인 경우라면 공장에서 합성하는 소량의 화학물질이니까요. 저렴한 약가는 우리 보건의료 체계를 버티게 해주는 기둥이기도 합니다. 취약 계층을 대상으로 한 보건의료를 포함해서 국민들의 보편적인 보건 의료 문제에서 한국의 건강보험 제도는 장점이 많아요. 사실 매우 뛰어납니다. 그러니까 이 제도를 전면적으로 바꾸는 것도 명분은 없습니다. 보험재정도 문제겠죠. 국민들에게 보험료를 더 많이 받는 것이 쉽지 않지만, 임상 현장을 지키는 의료진을 위한 수가를 놓고 갈등이 벌어지는 등 복잡합니다. 어려운 문제입니다.

다만 신약개발이 목표가 된다면 조정할 필요는 있어요. 신약이 가장 많이 개발되는 곳은 미국입니다. 미국은 약가를 풀어놓고 경쟁을 시키죠. 물론 미국 시스템이 완전한 것은 아닙니다. 하지만 신약개발을 원한다면 미국 시스템의 메커니즘을 들여다봐야 합니다. 미국 시스템에서 멀어질수록 신약개발에 성공할 확률이 기하급수적으로 줄어드니까요.

저는 약학을 공부했고, 제약기업에서 오랫동안 R&D 일을 했습니다. MBA를 할 기회가 있었는데, 그때는 제약 산업을 경제적으로 접근하는 공부를 한 적도 있구요. 그리고 저도 우리 사회에서 살아가는 구성원 가운데 한 명이죠. 우리 사회가 가진 장점의 혜택을 보고, 단점 때문에 손실을 보기도 합니다. 한국의 건강보험 제도로 혜택을 보지만, 신약개발에 참여하고 있는 사람 입장에서는 아쉬운 점도 있습니다. 이런 상황에서 늘 고민하죠. 약은 우리 사회의 공공재일까 아니면 영리 기업의 상품일까? 약은 사람의 생명과 건강이 걸린 문제지만, 이익을 내지 못하면 그 신약을 개발하지 못하는데… 결국은 유연성의 문제인 것 같아요. 50 : 50으로 격렬하게 대치하면서 한 개도 양보하지 못하면, 계속 그대로겠죠. 51 : 49 때로는 49 : 51과 같은 상황이 되는 것이 필요해 보입니다.

롤론티스

ROLONTIS

→ 에플라페그라스팀(eflapegrastim), 호중구 감소증, 2021(한국), 2022(미국 FDA)

§

"바이오스펙테이터에서 오셨죠?"

안내 데스크에서 친절한 목소리가 들렸다. 사전 약속 없이 취재를 가는 일은 없지만, 사전 약속을 했다고 해서 안내 데스크에 앉아 있는 직원이 먼저 알아봐주는 일도 거의 없다. 친절함이나 세심함의 차이일 것이다. 하지만 한미약품 안내 데스크에서 느껴지는 목소리에는 '기세 좋음'이 묻어 있었다. 물론 그 기세는 해외 학회에서 가장 잘 드러나지만 말이다.

해외 학회를 취재하러 가는 출장은 힘들다. 미국 암연구학회(American Association for Cancer Research, AACR), 미국 임상종양학회(American Society of Clinical Oncology, ASCO), 유럽 종양

학회(European Society for Medical Oncology, ESMO) 등에 취재를 가는데, 쏟아지는 정보의 양이 엄청나고 수준도 너무 깊다. 일주일 남짓 열리는 이런 학회들은 비행기를 타기 한 달 전부터 미리 취재 리스트를 준비해야 한다. 누가 오고 어떤 발표를 하는지 파악해야 간신히 따라갈 수 있다. 물론 클라이맥스는 일주일 정도 열리는 학회 현장이다. 세션에서 세션으로 뛰어다니면서 컨벤션을 휘젓고 돌아다니며 취재를 하는 동시에, 한국 제약기업과 바이오텍의 포스터 발표를 정리해서 기사를 쓰다보면 정말 잠을 잘 시간도 부족하다.

그래서 어느 정도는 몽롱한 상태로 학회가 열리는 컨벤션 센터를 돌아다니게 된다. 그러면 늘 어딘가에서 반갑게 부르는 목소리가 들린다. 소리가 나는 쪽을 보면 보통 한미약품이 포스터 발표를 하고 있다. 한미약품은 해외 학회에서 발표를 많이 하는 편이다. '비행기에서 다른 연구원이 기자님을 봤다고 하던데요.', 여기 안 오시나 했어요.', '기사 매일 보고 있어요.'라며 반가운 인사가 찾아온다. 나 또한 반가운 마음에 포스터 쪽으로 가서 안부를 묻고 답하며 잠깐 숨을 돌리려고 해보지만, 곧 즉석에서 토론이 펼쳐진다. 최근에 쓴 기사에 대해 의견을 받고, 붙여 놓은 새 포스터 내용에 대한 설명을 듣고, 경쟁 제약기업들의 연구에 대한 정보를 나눈다. 이렇게 포스터 앞에서 시간이 가는 줄도 모르고 한참을 토론하다보면 다음 일정을 놓치기 마련이다. 다시 보자는 인사를 건네고 다음 일정이 있는 곳으로 급하게 발걸음을 돌리면, 마지막 궁금증이 떠오른다. 이들에게도 해외 학회 출장은 분명히 피곤한 미션일 텐데 도무지 지친 기색을 찾아보기 어렵다는 점. 에너지가 넘치는 사람들만 채용하는 것일까? 아니면 에너지가 넘치는 사람들만 해외 학회 출장을 보내는 건가? 정확하게 알 수 없지만 기세가 좋다는 것만은 확실하다.

한미약품은 2015년에만 기술수출을 6건 성사시켰다. 일라이 릴리, 베링거인겔하임, 사노피, J&J에 기술을 수출하는 계약이었다. 계약들의 규모도 모두 컸다. 사노피에 했던 기술수출은 계약금만 4억 유로(5,000억 원)였다. 이 사건은 한국 제약 산업계에 충격을 주었다. 처음 있는 일이었는데 엄청나게 큰 규모였기 때문이다. 제약, 바이오, 신약과 같은 말들이 갑자기 사람들 사이에서 돌아다니기 시작했는데, 이는 시장에 곧바로 반영되었다. 제약 기업과 바이오텍 주가가 빠르게 올라갔고 투자가 몰렸다.

그리고 2016년 한미약품은 기술을 반환받기 시작했다. 기술반환이라는 사건도 한국 제약 산업계에 충격을 주었다. 기술반환이라는 개념 자체가 낯선 것이었는데, 개념의 뜻이 정확하게 알려지기도 전에 '실패'로 받아들여졌다. 물론 시장은 이를 곧바로 반영했다. 제약 업계 전체적으로 주가가 빠지고 투자도 주춤해졌다. 그런데 기술수출, 기술반환으로 제약 업계 전체가 들썩였을 때도, 정작 주인공인 한미약품은 담담했다. 마인드 컨트롤을 잘 하는 사람들만 뽑는 것일까? 아니면 마인드 컨트롤 훈련 프로그램이 따로 있는 것일까? 정확하게 알 수 없지만 차분하다는 것만은 확실했다.

이런 저런 궁금증을 가지고 인터뷰를 하기 위해 찾은 한미약품 연구소에서 가장 먼저 눈에 띄었던 것은 연구소 건물이 아니라, 연구소보다 10배는 더 넓어 보이는 빈 땅이었다. 연구소 건물의 규모가 컸지만 아무것도 없는 연구소 부지가 훨씬 더 넓었다. 빈 땅에 나무가 듬성듬성 심어져 있기는 했지만, 나무만 뽑아내면 내일이라도 곧바로 새 연구소 건물을 올릴 수 있을 것 같았다. 처음 보는 조경 방식이라 정확하게 알 수는 없었지만, 아마도 나중에 연구소를 더 크게 지어나가기 위해서가 아닐까 하는 생각이 들었다. 지금보다 10배 큰 연구소로 말이다. 기세가 좋아 보였고 차분해 보였다.

최인영

한미약품 R&D센터장

전 세계적으로 비만 치료제에 관심이 많죠. 한미약품이 대사질환 치료제 개발을 해왔고, 비만 치료제 개발도 하고 있어서 요즘은 비만 치료제 개발에 대해 질문을 많이 받습니다. 전에는 항암 신약개발에 대해 질문을 많이 받았죠. 여전히 전체 연구 인력의 2/3 정도는 항암 신약개발 분야에서 뛰고 있습니다. 크게 달라진 것이 없는데, 트렌드에 따라서 바깥으로 보여지는 모습이 달라지네요.

인크레틴(incretin) 연구를 오래 해왔습니다. 인크레틴은 혈당을 낮추는 장 호르몬이죠. 당뇨병의 대부분은 제2형 당뇨병인데요, 혈당이 높아서 생기는 질환입니다. 인크레틴의 한 종류인 GLP-1은 음식을 섭취하면 분비되고, 위, 간, 췌장, 뇌에 작용해 혈당을 낮춰주죠. 그러니 당뇨병 환자에게 GLP-1 수용체가 활성화될 수 있게 해주면 약이 될 수 있습니다.

GLP-1 메커니즘을 이용한 당뇨병 치료제로는 미국 머크의 자누비아(JANUVIA®, 성분명: sitagliptin)가 있습니다. 자누비아는 인크레틴을 분해하는 효소(DPP-4)의 작용을 저해하는 약물입니다. 자누비아를 먹으면 혈중 인크레틴 호르몬(GLP-1, GIP) 수치가 올라갑니다. 같은 시기, GLP-1을 모방한 당뇨병 치료제가 나왔습니다. GLP-1 유사체(analogue) 또는 GLP-1 수용체 작용제(GLP-1R agonist)라고 부르는 약물 계열입니다. GLP-1 약물의 반감기를 늘리면서 예상보다 효능도 좋아졌죠. 비만 치료제 위고비(WEGOVY®, 성분명: semaglutide)로 유명해진 덴마크 제약기업인 노보 노디스크는 GLP-1 메커니즘을 이용해 당뇨병 환자에게 매일 투여하는 빅토자(VICTOZA®, 성분명: liraglutide)라는 당뇨병 치료제를 개발했고, 같은 계열의 오젬픽(OZEMPIC®, 성분명: semaglutide)이라는 당뇨병 치료제를 내놓았습니다. 오젬픽은 일주일에 한 번만 주사를 맞으면 됩니다. 오젬픽과 위고비는 성분이 같죠. 일라이 릴리도 주 1회 투여하는 GLP-1 유사체인 트루리시티(TRULICITY®, 성분명: dulaglutide)와, 역시 주 1회 투여하는 GLP-1과 GIP 이중작용제 마운자로(MOUNJARO®, 성분명: tirzepatide)를 개발했습니다.

한미약품도 2000년대 중반 인크레틴 약물 개발에 나섰습니다. 그리고 일주일에 한 번 투여하면 되는 GLP-1 수용체 작용제 에페글레나타이드(efpeglenatide)를 개발했죠. 보통 당뇨병 치료제는 매일 한 번은 주사를 맞아야 하는데, 환자에게 매우 불편한 일이죠. 그래서 약효를 지속시킬 수 있으면 좋은데, 한미약품이 개발한 랩스커버리(LAPSCOVERY™) 기술을 적용했습니다. 랩스커버리 기술은 의약품이 몸속에서 머무르는 시간을 늘려주는 기술입니다. 2010년에 에페글레나타이드 임상1상을 시작했는데 당시만 해도 노보 노디스크, 일리아 릴리와 개발 속도가 엇비슷했습니다. 과학만 놓고 본다면 일라이 릴리나 노보 노디스크와 경쟁하고 있다고 자부하죠. 말만 이렇게 하는 것은 아니예요. 관련된 특허에서 노보 노디스크가 1위, 저희가 2위입니다. 일라이 릴리보다 특허가 2개 더 많죠. 한미약품의 특허 피인용 지수도 상위권에 속합니다. 특허를 받으려면 선행 기술과 비교해 신규성을 인정받아야 하는데, 선행 기술을 참조합니다. 이때 한미약품의 특허를 많이 인용한다는 뜻이죠.

그런데 GLP-1 메커니즘으로 당뇨병 치료제를 개발하다가 환자의 몸무게가 줄어든다는 것이 발견되었잖아요. 비만 치료제 개발로 넘어가게 되었습니다. 노보 노디스크가 빅토자의 성분인 리라글루타이드로 개발한 비만 치료제가 삭센다(SAXENDA®), 오젬픽의 성분인 세마글루타이드로 개발한 비만 치료제가 위고비입니다. 대표적인 비만 치료제들이죠. 일리이 릴리도 마운자로의 성분인 터제파타이드로 비만 치료제 젭바운드(ZEPBOUND®)를 개발했습니다. 2025년 기준으로 보면 젭바운드의 체중감량 효과가 가장 좋죠.

한미약품은 2015년에 에페글레나타이드를 사노피에 당뇨병 치료제 후보물질로 라이선스 아웃했다가 2020년에 반환받았습니다. 임상3상을 진행하고 있었는데 기술이 나빠서 반환받은 것은 아니고, 사노피가 항암 신약개발 강화로 전략을 정리한 것이었죠. 물건만 놓고 보면 에페글레나타이드는 노보 노디스크의 위고비와 비교해 충분한 경쟁력을 갖고 있습니다. 2017년에 노보 노디스크가 미국에서 세마글루타이드를 당뇨병 치료제로 승인받았으니, 에페글레나타이드 개발과도 속도에서 큰 차이가 없었습니다. 우리 자체적으로 글로벌 임상시험을 할 수 있는 자원이 있었다면, 라이선스 아웃하지 않고 독자 개발했을 겁니다. 타이밍이 중요합니다. 일라이 릴리와 노보 노디스크가 치고 나갔고, 그 사이에 우리가 뒤쳐진 셈인데 그래도 극복해야죠. 에페글레나타이드로 비만 치료제를 개발해 2026년 말에는 출시하려고 합니다. 역시 랩스커버리 기술을 적용해 약물의 지속 기간을 늘려 일주일에 한 번 투여하는 방식입니다. 위고비와 젭바운드도 일주일에 한 번 투여합니다.

현재 비만 치료제들은 몸무게를 줄여주는 효과가 좋지만 근육이 함께 빠지는 문제가 있어요. 그래서 근육을 늘려주는 의약품을 함께 투여하는 방식으로 접근하고 있습니다. 근육을 늘려주는 의약품들은 보통 항체 의약품 방식인데요. 정맥주사로 투여한다는 뜻이죠. 이렇게 되면 자가 투여가 불가능합니다. 그래서 다들 피하 투여 기술을 사들이고 있지만, 이 모든 것을 하나의 주사기에 다 넣기는 어려울 겁니다. 우리는 근육이 빠지겠지만, 경쟁 제품보다 근손실이 덜 하도록 디자인하고 있습니다. 일라이 릴리도 노보 노디스크도 우리도 같은 고민을 하고 있어요.

'근육이 빠지는 것을 해결해야 한다. 그렇지 않으면 평생 맞는 약이 되는 건데, 그렇게 갈 수는 없다.'는 겁니다. 같은 문제를 풀려고 경쟁하고 있습니다.

사실 한국에서 1등, 2등, 3등은 큰 의미가 없어요. 제약 산업의 시장은 단일하고 한국은 그 시장의 일부입니다. 따라서 '한국에서 경쟁하는 것을 넘어 글로벌에서 경쟁해야 한다.'고 하는 말은 조금 이상하죠. 신약개발 경쟁을 하고 있다면 처음부터 글로벌에서 경쟁하고 있는 것이니까요. 글로벌에서 경쟁하려면 글로벌 학회에서 발표하는 것부터 시작해야 합니다. 그래서 우리도 해외 주요 학회에서 발표를 많이 하려고 노력하고 있습니다. 2025 AACR에서는 11건을 발표했고, 항암제 분야에서 유럽 임상종양학회(ESMO), 면역항암학회(SITC), 미국 혈액암학회(ASH), 국제림프종학회(ICML)에서 발표했습니다. 대사 질환 분야에서는 미국 당뇨병학회(ADA)에서 6건을 발표했고, 미국 비만학회(Obesity Week), 미국 간학회(AASLD) 등에서도 발표했고, 희귀질환 분야에서는 유럽 소아내분비학회(ESPE), 월드심포지엄(WORLD Symposium) 등에서 발표했습니다.

글로벌 경쟁은 미국에서만 일어나는 것도 아닙니다. 인도와 중국과의 경쟁도 있죠. 저분자 화합물 의약품 분야에서 인도는 강력하죠. 전 세계적 규모의 제약기업들이 의약품 위탁생산을 오랫동안 인도에 맡겼죠. 보통 실력이 아닙니다. 중국은 한참 아래에 있었지만, 지금은 상황이 달라졌죠. 규모와 실력 면에서 중국과 경쟁할 수 있는 한국 제약기업이 이제는 많지 않습니다. 중국은 내수 시장이 크고, 정부가 강력하게 지원하며 드라이브를 걸었어요. 우리 입장에서 전통의 강자 인도나 새로운 강자 중국과, 저분자 화합물과 바이오 의약품 분야에서 경쟁을 펼칠 것이냐 아니면 과감하게 다른 방향으로 나아갈 것이냐 결정해야 합니다. 체질을 바꾸는 문제라 쉽지는 않지만 드라이브를 걸고 있습니다. 근본적으로 틀을 바꿔야겠죠. 제가 연구센터장이 된 지 1년 반 정도되었는데 이쪽으로도 노력하고 있습니다. 아 그리고 아직 초기지만 mRNA로 면역항암제를 개발하는 것과 같은 새로운 방향의 연구도 진행하고 있네요.

비만 치료제 개발 이야기를 좀 더 부탁드립니다.

비만은 질병이죠. 미용 문제가 아닙니다. 비만과 관계가 있는 질병, 즉 동반질환이 200여 개 정도 된다고 알려져 있어요. 당뇨, 고혈압과 고지혈 같은 질병들은 직접적으로 관계가 있죠. 대사질환, 신장 질환, 간 질환, 심지어 수면 무호흡증과 같은 것들도 비만과 관계가 있습니다. 병원에 가서 의사를 만나면 무조건 듣는 말이 있잖아요. '술과 담배 끊으시고, 스트레스 줄이고 운동하세요. 몸무게도 좀 줄이시고.' 비만이 여러 가지 질병의 뿌리라고도 볼 수 있는 것이죠. 따라서 비만을 잡는다는 것은 패러다임을 바꾸는 것일 수 있습니다. 예를 들어 당뇨, 고혈압과 고지혈 등을 치료하는 의약품이 있습니다. 하지만 대부분의 경우 죽을 때까지 약을 먹어야 합니다. 그런데 비만 치료제를 같이 처방해 몸무게가 줄어들면 상황이 달라질 수 있겠죠. 만약 이렇게 패러다임이 바뀌면 비만 치료제 시장은 상상할 수 없는 정도로 규모가 커질 겁니다. 개인적인 예상이지만 10~15년 이후에는 이런 상황이 열릴 것 같아요.

우리가 개발하고 있는 에페글레나타이드가 그 대열에 뛰어드는 차원이죠. 흥미로운 것은 에페글레나타이드로 당뇨병 치료제 임상시험을 하면서 심혈관계 질환을 앓고 있는 환자들의 사망률을 낮추는 결과를 확인했다는 점입니다. GLP-1 계열 약물 가운데에서도 효과가 좋았죠. 그리고 이제는 당뇨병 치료제 임상시험을 하면 심혈관계의 위험을 낮춰주는지 필수적으로 증명해야 합니다. 비만도 마찬가지죠. 단순히 살을 빼는 것이 아니라, 몸무게를 줄여주면 심혈관계 질환의 위험을 줄일 수 있는지, 그렇게 환자의 수명을 늘릴 수 있는지 살펴보는 것이죠.

현재 비만 치료제의 경우 의약품을 투여받다가 멈추면, 1년 정도 후에 몸무게가 원래대로 돌아갑니다. 약을 끊을 수가 없는 것이죠. 중요한 문제라 이 부분 연구에 집중하고 있습니다. 데이터를 보면 위고비로 줄어든 몸무게가 100이라고 하면, 60이 지방이고 40이 근육입니다. 물론 몸무게가 줄어드는 데 완전히 지방만 줄어들 수는 없어요. 근육이 줄어드는 것이 어쩔 수 없는 문제지만 40이 빠지는 것은 심각하죠. 근육이 이 정도까지 줄어들면 기초대사량이 줄어들잖아요. 기초대사량이 줄어든 상황에서 약을 끊으면 몸무게가 다시 늘어납니다. 위고비는 비만이라는 질병 그 자체를 어떻게 통제하는 방식이 아닙니다. 비만이라는 상황에서 빠져나오게 돕는 방식이죠. 질병 자체를 바꾸기보다는 질병을 조절하는데, 위고비를 맞으면 포만감이 들어요. 배가 부르다는 느낌이 생기면 먹는 양이 줄어서 살이 빠집니다. 문제는 약을 끊으면 식욕이 돌아온다는 것이죠. 그런데 근육이 빠져 있으니 기초대사량까지 줄어들어 있고, 원래 식욕대로 음식물을 먹으면 다시 몸무게가 올라갑니다. 그래서 임상 현장에서는 위고비를 투여하면서 생활 습관을 바꾸는 방식으로, 예를 들어 운동을 시키고 식습관을 바꿔주는 방식으로 대응합니다. 하지만 불완전하죠. 비만 치료제에 디지털 치료제를 결합하는 연구도 하고 있는데, 생활 습관을 교정하는 도구로 이용하는 컨셉입니다.

한편 위고비가 아니더라도 무리한 다이어트를 했다가 요요가 오고, 다시 무리하게 다이어트를 하는 등의 일을 몇 번 되풀이 하다보면 대사 질환을 앓게 되는 경우가 많아요. 겉으로 보기에는 비만과 거리가 멀어 보이는 사람도 검사해보면 대사 질환에 걸린 경우가 있거든요. 대사 시스템이 망가진 거죠. 이런 것들을 함께 따져보면서 개념을 새로 세워야겠죠. 일단 BMI로 비만을 진단하는 것부터 달라져야 할 겁니다. 운동을 열심히 해서 근육을 많이 갖고 계신 분들도 BMI만 보면 비만으로 나오기도 합니다. 이상하죠. 어쨌거나 패러다임을 바꾸려면 근본적인 질문을 계속 던져봐야죠. 당연히 가이드라인을 뜯어 고치게 될 겁니다. 비만도 당뇨처럼 점점 세분화될 것이고, 새 가이드라인을 기준으로 그에 맞는 여러 가지 비만 치료제를 개발할 수 있을 겁니다. 예를 들어 근육이 빠지는 것을 감수하고서라도 몸무게를 줄이는 의약품을 처방해야 하는 심각한 비만이 있겠죠? 아무래도 젊은 비만 환자일 겁니다. 반대로 고령의 환자라면 근육이 빠지는 것이 더 위험할 수 있잖아요. 노인에게서 장딴지 근육량은 수명과 직접적인 연관이 있습니다. 이것은 다른 종류의 비만이 될 것이고, 이에 맞는 비만 치료제를 따로 개발해야겠죠. 진단부터 치료제까지 할 일이 너무 많아질 겁니다. 커다란 변화가 일어날 텐데, 변화가 일어나기까지 꽤 오래 걸리기는 하겠지만, 그래서 당장 내일 새로운 세상이 열리지는 않겠지만, 어느 날 갑자기 열리겠죠. 그날을 대비해서 준비하는 것이죠.

어떤 준비를 하는지 구체적으로 들을 수 있을까요?

한미약품에서 연구하고 있는 것들이 많습니다. 이렇게 연구하는 것이 많으면 전략을 짜는 것이 어렵죠. 바이오텍이나 스타트업은 연구하는 가짓수가 적습니다. 따라서 연구하는 것들을 어떻게 신약으로 연결시킬지 결정할 때 살펴야 하는 범위가 넓지 않습니다. 그런데 한미약품 정도 규모로 R&D를 펼치면 의외로 여러 가지를 동시에 연구합니다. 그리고 고민이 생기죠. 전 세계적 규모의 제약기업들도 어느 순간에는 선택과 집중을 합니다. 주기적으로 대대적인 구조조정을 되풀이 하잖아요. 물론 신약개발 연구라는 것이 짧은 호흡으로 진행되는 것은 아니라서 빠르게 결정, 결정, 결정하는 것은 아닙니다. 하지만 이 문제가 머릿속에서 떠나는 것도 아닙니다. 어디에 집중할지, 어떻게 살려나갈지 고민을 많이 합니다.

물론 가장 중요한 것은 연구죠. 적어도 대사 질환 치료제 개발에서는 일라이 릴리, 노보 노디스크와 의미 있는 경쟁 관계를 유지하려고 노력하고 있습니다. 대사 질환에서 글루카곤(glucagon) 메커니즘을 이용한 신약을 개발하려고 한 것은 한미약품이 처음입니다. 일라이 릴리나 노보 노디스크는 처음에 글루카곤 신약개발을 안 했어요. 나중에 일라이 릴리가 글루카곤을 넣어서 비만 치료제로 개발하고 있는 레타트루타이드(retatrutide)로 이 대열에 합류했고, 여러 건의 임상3상을 진행하고 있죠. 글루카곤 이중작용제도 한미약품이 처음이었고, 대사 이상 관련 지방간염(metabolic dysfunction associated steatohepatitis,

MASH) 치료제로 개발하는 글루카곤 삼중작용제도 우리가 처음이었습니다.

비만 치료제 관련해서 아밀린(amylin) 메커니즘을 바탕으로 하는 신약개발이 새로 주목받고 있습니다. 연구 자체는 오래된 것입니다. 아밀린은 GLP-1처럼 포만감을 느끼게 해 음식섭취를 줄여주거든요. 노보 노디스크가 10년 넘게 해오고 있는 것으로 알고 있습니다. 노보 노디스크는 당뇨병 치료제로 출발한 회사이기 때문에 혈당을 올리는 특성이 있는 글루카곤에 회의적이었던 것 같아요. 그런데 비만 치료제 개발 경쟁에서 새로운 무엇인가가 필요해서 아밀린으로 돌파구를 찾으려고 한 것 같습니다. 노보 노디스크가 아밀린 쪽으로 방향을 잡다보니, 비만에서 아밀린이라는 흐름이 만들어졌죠. 임상시험 결과가 나오고는 있는데, 더 지켜봐야 할 것 같습니다. 전 세계적 제약기업이라고 해서 다 맞는 결정만 하는 것은 아닙니다. 우리도 이쪽 분야를 계속 연구하고 있어서 발표되는 최신 연구들을 계속 살펴보는데, 중요한 것은 데이터죠. 의사결정은 데이터를 보고 해야지, 다른 사람이 어떻게 움직이는지를 보고 결정하면 안 된다고 봅니다.

자신감이 있어 보입니다.

대사 질환 쪽에서 당분간은 비만 치료제 신약개발 경쟁이 치열할 것으로 보입니다. 이런 흐름이 판을 뒤집는 충격을 줄 것이라는 예측은 한미약품 내부적으로도 오래전부터 하고 있었습니다. 밖에서 보기에 한미가 오랫동안 대사 질환 치료제 개발을 해왔기에 비만 치료제 개발로 나아가고 있다고 분석하기도 합니다. 맞는 부분도 있지만 틀린 부분도 있어요. 해오던 것을 하고 있는 것은 아니고, 그때그때 판단했을 때 이게 맞다고 결정했던 것이 이어져 오고 있다고 보는 것이 정확합니다.

예를 들면 이렇습니다. 우리가 GLP-1 기반 치료제 개발을 시작했을 때를 생각해보면, 지금이 2025년이니까 17년 전이네요. 공동연구를 진행했는데, 신경계 쪽에 생기는 퇴행성 질환에 효과가 있을 것이라는 단서를 계속 잡았습니다. GLP-1 메커니즘을 바탕으로 한 약물이 적은 용량으로도 신경 줄기세포를 증식시킬 수 있다는 데이터를 알고 있었거든요. 알츠하이머 병이나 파킨슨 병에 효과가 있을 것이라는 점은 17~18년 전부터 알고 있었죠. 저희가 예전에 발표했던 데이터들을 거꾸로 추척해보시면 찾으실 수 있을 겁니다. 많이 하고 깊게 파다보면 생기는 것들인데, 어느 날 하늘에서 갑자기 뚝 떨어진 것이 아니거든요. 한 번에 무엇인가가 잡히지는 않아요. 지금도 계속 잡아가고 있습니다.

지금은 노화로 프레임을 잡아보려고 하고 있어요. 좀 너무 큰 방향처럼 보이죠? 그런데 이런 시도가 필요합니다. 연구만 하고 토론을 하지 않으면 이런 생각을 할 수는 없어요. 하지만 토론을 하다보면 무언가가 끝없이 나타납니다. 예를 들어 우리가 인크레틴을 연구하면서 여러 데이터들을 수집해왔습니다. 데이터가 나왔으니 이것들을 두고 해석을 해야겠죠? 연구원들과 토론을 하다가 '노화'라는 말이 나왔어요. 어느 날 갑자기 '꽝'하고 '이제는 노화인가!' 하는 생각이 든 것이 아니었죠.

당뇨, 고혈압, 심혈관계 질환 등이 모두 비만이라는 관문을 지나간 다음에 나타나는 것이라고 프레임을 바꾸면 판이 뒤집어질 것이라고 말씀드렸는데요. 질병이라는 것이 노화가 진행되어 가는 과정에 나타나는 증상이라고 프레임을 잡으면 판은 더 크게 뒤집어질 겁니다. 당뇨를 치료하기 위해, 더 근본적으로 비만을 잡기 위해서가 아니라 노화를 통제하기 위해서 무언가를 찾는 것이죠. 노화라는 프레임으로 질병을 정리하면 질병의 관점에서 노화를 진단하고, 새 가이드라인이 나오고, 그에 맞춰 해야 할 일이 생깁니다. 신약개발 연구도 이런 흐름 속에서 배치하는 것이죠. 사실 우리가 했던 비만 치료제 연구도 이런 맥락을 잡아가면서 연구를 전개했던 것이죠. 트렌드라는 이름이 붙으면 이미 늦은 겁니다. 예를 들어 비만 치료제가 지금 트렌드잖아요. 트렌드가 되었다는 것은 이미 뭔가가 나왔다는 것이죠. 그럼 이미 늦었잖아요. 미리 준비하고 있다가 트렌드를 맞이해야 합니다. 우리는 비만을 그렇게 맞이했고, 노화는 다가올 트렌드로 준비하고 있습니다.

그래서 토론이 중요해요. 함께 연구하는 사람들과 연구와 데이터를 가지고 계속 이야기를 하다보면 무엇인가 잡히는 거죠. 그러면 그쪽으로 전략을 잡아서 연구를 또 해보고, 데이터가 나오면 다시 토론하기를 되풀이하는 것이죠. 토론에서는 모든 이야기가 나올 수 있어야 합니다. 누군가 '이거 사람 오래 살게 만드는 장수 호르몬 아닌가요?'라고 장난스럽게 던졌죠. 그래서 다시 데이터를 살펴봤습니다. 그러다가 노화를 들여다보게 됐습니다. 사실 인사이트는 이런 장면에서 나옵니다. 이런 것들이 계속 연결되고 쌓여 가면서 다듬어지겠죠.

노화로 프레임을 잡으면 비만 치료제 투여로 근육이 빠지는 상황과도 다시 연결됩니다. 근육이 빠지는 문제를 해결하는 것은 노화와 관계가 있잖아요? 실제로 우리가 비만에서 해 오던 근육 관련 연구도 수명과 밀접하게 연관되어 있거든요. 그럼 다시 기존에 하던 인크레틴도 분명히 노화에 영향을 줄 것으로 생각하고…

생각해보면 사람의 몸이라는 것이 모두 연결되어 있잖아요. 어쩌면 지금까지 따로따로 보던 질병이 하나로 묶여가는 과정에 있는지도 모르죠. 우리가 지금 해야 하는 과학은 그걸 묶어내는 단계로 들어가고 있는지도 모르는 일입니다.

이렇게 하나씩 하나씩 정리를 해가는 과정에서 방향이 잡히고, 그 방향으로 신약을 개발해가는 것이죠. 예측이나 전략 같은 것들 모두, 특별한 어떤 것이라기보다는 매일매일 연구하고, 그 연구에 대해 매일매일 토론하다보면 자연스럽게 정리가 됩니다. 이것을 바탕으로 계속 준비해가면 되지 않을까요? AI 연구를 하다보니 자동차 자율주행으로 이어지고, 자율주행 연구를 하다보니 로봇으로 가고 그렇잖아요. 신약개발도 다르지 않겠죠. 일단 우리는 그렇게 하고 있습니다. 하늘에서 뚝 떨어지는 것은 아닙니다.

롤론티스도 같은 경로를 걸었나요?

한미약품에서 랩스커버리 플랫폼을 개발했습니다. 반감기를 늘려주는 기술이죠. 플랫폼을 개발했으니, 어디에 적용하면 좋을지 찾았습니다. 롤론티스(ROLONTIS®, 성분명: eflapegrastim)도 결국 이런 맥락이었죠. 롤론티스는 항암 치료에 사용됩니다. 암 환자가 화학 항암제를 투여받으면 백혈구 가운데 하나인 호중구가 급격하게 줄어들 수 있습니다. 몇 주 정도가 지나면 회복되지만, 이 기간 동안 환자가 감염에 취약해집니다. 이런 경우에 G-CSF라는 호중구 생성을 돕는 단백질이 있는데요, 인위적으로 G-CSF와 유사한 물질을 환자에게 투여합니다. 암젠의 뉴라스타(NEULASTA®, 성분명: pegfilgrastim)가 대표적입니다. 원래는 뉴포젠(NEUPOGEN®, 성분명: filgrastim)이라는 약물을 처방했는데, 뉴포젠의 덩치를 키운 것이 뉴라스타입니다. 정확하게 말하면 약물을 페길화(PEGylation)한 것인데, 페그(PEG)라는 물질을 약물 겉면에 더덕더덕 붙이는 것이죠. 덩치가 커지니까 신장에서 여과가 잘 안 됩니다. 소변으로 나가는 양이 줄어드는 효과가 있는 것이죠. 결과적으로 사람 몸속에 오랫동안 약물이 남아 있을 수 있어요. 반감기가 길어지는 것이죠. 항암 치료 1주기당 4~5회 투여하던 것을, 1회만 투여하면 됩니다.

롤론티스는 랩스커버리 기술을 적용해서 반감기를 늘립니다. 랩스커버리도 덩치를 키우는 기술입니다. 항체 조각을 약물에 붙이는 기술인데, 역시 환자 몸속에서 약물의 지속 시간을 늘려줍니다. 롤론티스도 항암 치료 1주기에 한 번만 주사를 맞으면 됩니다. 지속 기간을 늘려주어 환자에게 큰 도움이 됩니다.

롤론티스가 G-CSF에 랩스커버리 기술을 적용해 반감기를 늘리는 컨셉이라면, GLP-1에도 랩스커버리 기술을 적용할 수 있겠죠. GLP-1에 작용하는 약물들은 펩타이드 형태인데, 랩스커버리는 펩타이드에 적용하기 좋아요. 실제로 랩스커버리 플랫폼에 넣어서 반감기를 늘리니 효과가 생각한 것보다 좋아지더라고요. 우리가 이런 시도를 하고 있었을 때 노보 노디스크의 리라글루타이드가 나왔는데, 매일 피하주사를 맞는 방식입니다. 그래서 우리는 반감기를 늘리는 에페글레나타이드를 연구했죠.

노보 노디스크는 일주일에 1회 투여하는 세마글루타이드를 가지고 임상시험에 들어갈까 말까 고민하고 있었습니다. 리라글루타이드가 이미 있는데 세마글루타이드를 또 개발해야 하는가를 두고 고민한 것이죠. 우리가 연구를 하고 있지 않았다면 노보 노디스크가 하고 있는 일의 의미를 알아차리기 어려웠을 겁니다. 하지만 내가 뭔가를 하고 있으면, 다른 사람들이 저 일을 왜 하는지 해석하는 데 도움이 되죠. 어떤 고민을 하고 있는지 알기도 쉽구요.

물론 펩타이드라고 해서 모두 랩스커버리 플랫폼에 그대로 집어넣어 반감기를 늘릴 수 있는 것은 아닙니다. 예를 들어 천연형 물질에 붙여서 가는 경우는 거의 없어요. 플랫폼에 맞게 펩타이드를 다시 설계해야죠. 롤론티스도 그렇고, 에페글레나타이드도 엑세나타이드 천연형이 아닙니다. 설계를 바꿨죠. 의약품이 몸 안에서 어떻게 작동하게 만들 것인지 설계할 때는 섬세함이 필요하잖아요. 반감기가 길어진다는 것은 약물이 몸속에 오래 남아 있다는 뜻이기도 하죠. 그럼 이 녀석이 원하지 않는 곳에 가서 원하지 않았던 일을 일으킬 수도 있어요. 그러니까 원하는 곳에서 원하는 작용만 일으킨 다음 몸속에 가만히 체류하다가, 다시 원하는 곳에서 원하는 작용만 일으켜야 의미가 있겠죠. 이걸 조절할 수 있어야 하거든요. 이런 설계로 바꿔야 합니다.

전 세계적인 제약기업들과 실제로 경쟁하고 있는 듯합니다.

비만 치료제를 개발하는 노보 노디스크나 일라이 릴리도 한미약품의 특허를 인용해 발표하는 경우가 있습니다. 비만 치료제 개발에서는 우리도 경쟁 그룹에 들어가 있는 셈이죠. 많은 사람들이 한국은 글로벌 경쟁에 끼지 못한다고 보잖아요. 그런데 그렇지 않아요. 실제로 함께 경쟁하고 있어요.

한국에서 우리 연구를 바라보는 시선이 오히려 좀 더 답답한 면이 있습니다. 진짜 경쟁할 수 있고, 실제로 경쟁하고 있는데 선입견이 끼는 것이죠. 비만 치료제 시장은 노보 노디스크와 일라이 릴리가 다 가져간 것 아니냐는 시선이죠. 그런데 우리는 그들과 특허, 데이터로 경쟁하고 있거든요. 정작 경쟁을 펼치고 있는 전 세계적 규모의 제약기업들은 인정을 하는데, 한국에서 인정을 안 하는 분위기가 있어요. 전체적으로 기세를 죽이는 건데… 안타깝지만 결국 우리가 신약으로 개발하면 분위기는 달라지겠죠.

실제로 신약을 개발하면 달라지는 것들이 있습니다. 경험으로 배우는 것이 있으니 분명히 달라지죠. 그런데 이런 배움이 꼭 신약개발을 끝낸 다음에만 생기는 것은 아닙니다. 매일매일 연구를 제대로 하고 있으면, 매일매일 뭔가를 계속 새로 배울 수 있습니다. 연구하고 토론하고, 그걸 다시 적용해서 다시 연구하고 또 토론하고… 이것도 경험하면서 배워가는 것이잖아요. 매일 하고 있는 것을 매일 하면 되는 거죠. 그러니 실패담이라는 것도 특별할 것이 없어요. 매일 배운다는 것은 매일 실패하는 것이니까요.

우리가 전국의 흑염소 값을 폭등시킨 적이 있습니다. 두 배까지 올랐던 것으로 기억합니다. 1990년 중후반 정도였을 겁니다. 앞으로 의약품 생산 방법이 바뀔 것이라고 생각했죠. '지금은 대장균이나 동물세포를 이용하는 기술이 대세지만 바뀔 것이다! 혹시 세포가 아니라 아예 동물 자체를 이용할 수는 없을까? 항체 의약품이 들어 있는 우유를 생산하는 젖소를 만들어보자!'

그래서 연구를 했는데 그런 동물을 실제로 개발했어요. 롤론티스 성분이 포함된 젖을 생산하는 염소를 만들었거든요. '메디'라는 흑염소였죠. 이 연구를 하느라고 전국에서 흑염소를 계속 사들였는데, 덕분에 전국적으로 흑염소 값이 올라갔습니다. 하지만 상업화하는 데까지 가지는 못했습니다. 인수공통 감염병의 벽을 넘지 못했거든요. 기술적으로는 성공했는데, 안전성 면에서 규제 기준을 못 넘었죠.

이런 일을 정말 많이 했습니다. 계란 흰자에 단백질이 많잖아요. '자 그럼 단백질 의약품으로 가득 차 있는 계란은 어떨까?' 저희가 닭까지는 개발하지 못했는데 메추리까지는 성공했어요. 단백질 의약품을 생산하는 메추리를 개발했거든요. 그런데 이것도 상업화까지 가지는 못했습니다. 닭은 육종, 그러니까 암에 잘 걸려요. 조류의 유전자가 포유류에 비해서 불안정한 면이 있거든요.

재미있지 않나요? 연구자들끼리 앉아서 계급장 떼고 토론을 하면 이런 일들이 벌어집니다. 물론 많은 것들이 실패하죠. 하지만 실패가 없으면 배우는 것도 없어요. 인사이트도 그 안에서 찾아야지, 밖에서 이야기해주는 사람은 없습니다. 이런 것들을 최대한 지키고 유지하려고 합니다.

재미는 있는데, 쉬워 보이지는 않습니다.

한미약품은 2015년에만 6건의 기술수출을 했습니다. 일라이 릴리, 베링거인겔하임, 사노피, J&J와 같은 큰 제약기업에 기술수출을 했죠. 전체 규모가 7조 원이 넘었으니, 언론과 시장에서 기술수출 신화라는 이야기를 들으며 주목과 관심을 많이 받았습니다. 그러다가 2016년 베링거인겔하임을 시작으로 기술반환을 받게 됩니다. 기술반환이라는 것은 계약이 도중에 해지되었다는 뜻이죠. 그러자 이번에는 질타를 받았습니다. 한국에서는 기술반환이라는 개념이 아직 낯설 때였거든요. 그런데 사실 우리가 기술수출을 하고 싶어서 한 것은 아니었습니다. 임상개발로 넘어가야 하는데 너무 벅찼거든요. 연구하던 것들이 한꺼번에 너무 많이 터진 상황이었습니다. 2013년, 2014년에 개발 파트너를 찾는 것으로 방향이 정해졌는데 사실 너무 속상한 일이죠. 여력만 되면 우리가 끝까지 가지고 가볼 수도 있었던 것이니까요.

기술수출이라는 것이 가게에 진열되어 있는 물건을 파는 것은 아닙니다. 그래서 기술수출하는 과정 자체도 어려웠습니다. 퇴근을 못하기도 하고 그랬네요. 가족들에게 미안한 마음이 많았는데, 기술수출이 되고 언론에도 많이 나오니까 좋아하더라고요. 다행이었죠.

반환받았을 때는 의외로 충격이 없었습니다. 지금은 돌아가셨는데, 당시에 경영과 연구를 지휘하시던 고(故) 임성기 회장님이 계셨죠. 임성기 회장님과 최고 경영진이 '괜찮다. 신약개발하는 과정에서 만나게 되는 일이다.'라고 내부 분위기를 다잡으셨습니다. 실제로 약물에 문제가 있어서 반환받은 것은 아니었거든요. 기술을 사갔던 파트너들의 전략이 바뀌면서 돌려받는 것들이 더 많았습니다.

대신 크게 배웠죠. 좋은 것을 만들어놓고도 우리가 직접 개발하지 않으면 원하지 않는 상황으로 흘러갈 수 있다는 것을 배웠습니다. 정말 어쩔 수 없이 기술수출을 하더라도, 정말 끝까지 개발하려는 파트너를 찾아야 한다는 것도 알게 되었습니다. 또 이렇게 배워가는 것이죠. 어쨌거나 우리가 다 처음이잖아요. 기술수출도 처음, 기술반환도 처음.

그러니 마음의 평화가 중요합니다. 무슨 도를 닦는 소리 같아 보이지만, 신약개발을 해가는 과정에서 제일 중요한 것은 마음의 평화라고 봅니다. 어제까지 멀쩡했는데 아침에 와 보니 다른 데이터가 나옵니다. 그럼 심장이 쿵 하고 내려앉죠. 그런데 그렇다고 해서 엄청나게 큰일이 나는 것은 또 아닙니다. 오늘 해결하면 되는 거죠. 어제까지는 아무도 알아주지 않던 것이었는데 기술수출을 한 다음 날 아침에 출근해보니 언론이 플래시를 터트리고 여기저기서 연락이 오면 심장이 쿵 하고 터집니다. 그런데 이것도 길게 봐서는 중요한 것이 아니죠.

마음의 평화를 얻는다는 것이 어려운 일만은 아닙니다. 전 세계적 규모의 제약기업들과 연구로 경쟁하다보면, 다들 모르는 게 너무 많다는 것을 실감할 수 있거든요. 우리만 모르는 게 아니거든요. 그들도 모르는 게 많습니다. 이렇게 되면 마음의 평화를 어느 정도는 찾을 수 있어요. 만약 연구로 경쟁하고 있지 않으면 마음의 평화는 찾을 방법이 없습니다. 그들은 알고 있는데 나만 모른다고 생각해보세요. 그런데 매일 돈을 써야 해요. 얼마나 불안하겠습니까. 불안하면 연구도, 토론도, 가깝게 또는 멀리 내다보는 일을 할 수가 없어요. 그러다 큰 실수를 저지르는 것이죠.

임성기라는 이름이 나왔습니다.

지금의 한미약품을 이야기할 때 고 임성기 회장님 이야기를 뺄 수 없습니다. 고 임성기 회장님에 얽힌 이야기는 너무 많아서 다 소개할 수 없을 정도입니다. 제 개인적으로 가장 크게 남아 있는 것은 기다려주셨다는 겁니다. 실패해도 기다리셨거든요. '배운 것이 있다면 실패는 기다릴 수 있다.'라고 하시던 모습이 기억나네요. 제가 계속 한미에서 연구를 하고 있는 것도 어쩌면 고 임성기 회장님의 영향 때문일지도 모르겠습니다.

제가 한미약품에서 이렇게 오랫동안 연구를 할 것이라고 생각했던 것은 아닙니다. 왜 이렇게 오랫동안 한 곳에서 신약개발 연구를 계속 해왔는지 저도 뚜렷한 답은 없어요. 하지만 R&D를 하기에 이곳만 한 곳이 없다는 것은 확신합니다. 저는 고분고분한 연구원이 아니었습니다. 선배들이 보기에 그랬을 겁니다. 늘 불만이 많은 연구원이었는데 선배들이 잘 품어주었고, 그러다 보니 남아 있는 거죠. R&D라는 것이 계급장 떼고 토론하는 것이라고 했잖아요.

어떤 신약 과제든, 한국의 작은 연구소에서 하는 연구든 전 세계적 규모의 제약기업이 하는 연구든 책상 위에 올려놓으면 문제점이 곧바로 보입니다. 문제점을 찾는 것은 너무 쉬워요. 안 되는 이유는 금방 찾습니다. 되는 길을 찾는 것이 어렵습니다. 하지만 되는 길을 찾아야 하잖아요. 이게 제일 어렵습니다. 길을 찾는 것은 기다리면서 토론하고, 새로운 방법을 찾아보고 실패하고 다시 토론하고 또 시도하는 것을 반복하는 일입니다. 제가 한미에 왔을 때 선배들은 이미 이런 일들을 실천하고 있었습니다. 저 같은 사람이 연구하기에 너무 좋았죠. 그리고 이런 문화는 고 임성기 회장님이 만든 것이었습니다.

동료를 중요하게 생각하는데, 정말 동료가 중요해요. 이것도 고 임성기 회장님이 만든 문화입니다. 일을 하는 데 있어서 물리적인 보상이 중요하죠. 급여를 많이 주는 것은 중요해요. 그래야 뛰어난 인재를 뽑을 수 있거든요. 하지만 이것만으로 그 인재를 묶어둘 수는 없습니다. 성과를 내야 하는데, 신약개발은 혼자 할 수 없습니다. 동료들과 함께 해야 하는데, 이때 동료 그룹의 기세가 중요합니다. 위기 때 특히 빛을 발하죠. 평상시에 회의실에서 죽일 듯 살릴 듯 토론하다가도 위기가 오면 힘을 합칩니다.

물론 이렇게 되려면 우리가 하고 있는 일에 대한 자신감이 있어야 합니다. 자신감은 연구에서 나옵니다. 제대로 연구하면 자신감이 생기죠. 그리고 옆에 있는 사람이 제대로 연구하고 있다면 믿음이 생기겠죠. 믿음이 생기면 터놓고 토론할 수 있습니다. 이게 또 그룹 전체에 자신감을 형성하죠. 선순환 구조로 돌아가게 됩니다.

연구에 대한 기세가 있으면 실수를 해도 금방 털고 일어날 수 있어요. 기세가 없으면 실패했을 때 서로 책임을 돌리게 됩니다. 기세 있는 하나의 팀이 되는 것이 정말 중요합니다. 전우애가 중요하죠. 한미약품 R&D 조직은 이직률이 낮거든요. 연구 자체는 힘들지만 믿을 수 있는 팀에 있으면, 정말 신약을 개발해볼 수 있잖아요. 연구자 입장에서 가장 가슴 설레는 일이죠.

조직 문화도 정말 중요합니다. 제약기업에 연구하는 사람만 있는 건 아닙니다. 돈을 벌어오고 숫자를 보는 사람들이 있어요. 꼭 필요하고 너무 중요한 사람들이죠. 돈을 벌어야 월급도 받고 연구를 하는데, 연구소가 당장 돈을 벌지는 못하잖아요. 그러니 돈과 숫자를 매일 직접 다루는 사람 입장에서 신약개발 연구를 곱게만 보기는 어려울 수 있습니다. 당연한 일입니다. 나는 매일 한푼 두푼 벌어오려고 안간힘을 쓰는데, 언제 물건이 될지도 모르는 신약을 개발하겠다며 연구소에 앉아서 벌어온 돈을 쓰고 있는 사람을 보고 있으면 그런 생각이 드는 것이 당연합니다.

그러니까 연구자들끼리만 하나의 팀이 되는 것으로는 부족해요. 제약기업이 통째로 한 팀이 되어야 합니다. R&D에 진심인 팀으로요. 신약개발이 중요하니, 연구자들이 R&D를 할 수 있도록, 돈을 벌어들이는 우리 영업팀이 버텨주고 회사가 버텨주어야 한다는 문화가 있어야 합니다. 이 부분도 창업주인 고 임성기 회장님이 강력하게 구축하셨죠. 제약기업은 R&D를 해야 하고, 신약을 만들어야 하고, 글로벌로 진출해야 한다는 것을 정말 너무 강조했습니다. 그리고 강조만 하지 않고 기세 있게 밀어붙였습니다. 문화가 될 때까지요.

신약개발을 효율적으로 하려고 우리가 개발하는 시스템들이 있어요. 전 세계적인 규모의 제약기업들도 자신들의 R&D에 쓰려고 조직 시스템, 정보를 공유하는 시스템을 자체적으로 개발합니다. 한미약품도 프로젝트 협업을 위해 쓰는 시스템들이 있죠. 20여 년 전부터 구축한 시스템입니다. 물론 시스템을 도입한다고 해서 문화가 바뀌는 것은 아닙니다. 일을 하다보니 필요해서 시스템을 만드는 것이니까요. 시스템이 있어야 일을 하는 것이 아닌 거죠.

의지가 중요한 것이지, 돈만으로는 안 됩니다. 한국에서도 대기업들이 신약개발에 도전했다가 포기한 사례가 많습니다. 한미약품보다 돈과 인력이 더 많았을 겁니다. 물론 신약개발을 어떻게 해야 하는지 잘 알고 있었을 것이고, 리스크가 크다는 사실도 알고 시작했을 겁니다. 모르고 시작하지 않았겠지만, 자원도 충분했겠지만 그것만으로는 어렵죠. 버텨야 하거든요. 의지가 있어야 하는데, 한두 명만 의지가 있어서도 안 됩니다. 리더의 의지가 중요하지만 구성원 하나하나가 모두 의지체가 되어야 버틸 수가 있거든요. 임성기라는 리더의 의지가 한미에 새겨지는 동안, 구성원들도 다들 의지체가 되었다고 생각합니다. 지금 우리가 하고 있는 모습을 보면 말이죠.

듀비에

DUVIE

→ 로베글리타존(lobeglitazone), 제2형 당뇨병, 2013

§

2023년 종근당이 노바티스에 기술수출을 했다는 소식이 있었다. 계약금 8,000만 달러를 포함해 최대 13억 500만 달러 규모의 계약이었다. 임상1상을 마친 심혈관계 질환 치료제 물질이었는데 꽤나 충격적인 소식이었다. 작지 않은 규모의 계약이었고, 노바티스와의 계약이었다. 길지 않게 연구해왔을 테니, 기자라면 어느 정도는 알고 있었어야 했다. 뒤늦게 찾아보기 시작했다. 종근당은 당뇨병 신약인 듀비에(DUVIE®, 성분명: lobeglitazone)를 개발했다. 하지만 당뇨병과 심혈관계 질환 사이의 거리는 멀어보였다. 궁금증을 풀 수 없었는데, 인터뷰가 잡혔다. 무엇부터 물어봐야 할까 생각하면서 종근당 신약연구소로 향했다.

R&D를 취재할 때 인터뷰이는 연구소장이나 R&D를 총괄하

는 임원이지만, 홍보팀 관계자들이 함께 하는 경우가 있다. 이해할 수 있는 일이다. R&D를 하는 사람들은 기본적으로 연구자다. 연구자들은 연구한 내용을 다른 사람들에게 알려주고 싶어 한다. 이들이 입이 가볍거나 특별히 수다스럽기 때문이 아니다. 과학은 불완전하다. 그리고 연구자들은 이런 불완전함을 솔직하게 드러내는 훈련을 받는다. 이렇게 하면 서로의 불완전함을 채워주면서 조금이라도 덜 불완전한 과학으로 한발 나아갈 수 있다. 문제는 제약기업의 연구는 기초과학이 아니라는 점이다. 작은 정보 하나가 경영상 문제가 될 수도 있다. 홍보 담당자는 이런 일이 벌어지는 것을 미리 막으려고 긴 인터뷰 시간 내내 자리를 지키고 앉아 있다.

종근당도 마찬가지였다. 보안 시설을 지나, 안내에 안내를 받아 연구소장실에 도착하니 중년 남성 세 명이 인사를 건네왔다. 한 명은 그 방의 주인인 연구소장이었고, 나머지 두 명은 홍보와 대외협력 업무를 맡고 있었다. 명함을 주고받고 자리에 앉아 인터뷰를 시작했다. 아마도 늘 그렇듯 약간의 어색한 분위기 속에서 질문과 답변이 오고갈 것이었다. 그런데 상황은 예상과 다르게 흘러갔다. 인터뷰 자리에 함께 한 홍보 담당자들은 다이어리를 펼쳐놓고 계속 무언가를 메모하는 것이 보통이다. 그런데 이들은 질문과 답변으로 이루어진 대화를 진지하게 듣다가 연구소장이 모를 것 같은 내용을 대신 답변하기도 하고, 연구소장이 풀어놓는 과학적인 내용에 집중하며 공부하기도 했다. 인터뷰가 어느 정도 진행되자 자신의 솔직한 견해도 담담하게 들려주었다. 흔하지 않은 상황이 펼쳐지고 있다는 것을 알아차리고 나니, 이 세 사람이 어떤 사이일지 궁금해졌다. 원래 가깝게 알고 지내는 사이인지는 알 수 없었지만, 서로 묘하게 비슷한 구석이 있다는 느낌이 들었다. 캐릭터가 분명한 회사를, 오랫동안 함께 다니면서 서로 비슷해졌을 것이다. 특히 자신들의 R&D 앞에서 흥분하는 모습이 비슷했다. 물론 가장 흥분하는 것은 연구소장이었다. 인터뷰를 하기 전날이 아들의 생일이었지만, 오늘 인터뷰를 준비하느라 가족과의 어제 저녁 모임을 미뤘다는 그는 R&D 이야기를 쉴 새 없이 들려주었다.

이창식

종근당 신약연구소장

2006년에 종근당에 들어왔습니다. 그 전에 다른 연구소에 있었는데, 제네릭을 주로 연구했죠. 한 5년 정도 일을 했습니다. 그러다가 신약을 개발해보고 싶은 마음이 들었어요. 때마침 기회가 되어 종근당으로 옮겼습니다. 그리고 20년 정도 계속 종근당에서 연구를 했네요.

거창한 이유가 있었던 것은 아닙니다. 저는 연구자니까, 약이 없어서 죽을 수밖에 없는 사람을 10명만 살릴 수 있는 일을 해보고 싶었습니다. 이 10명에게는 가족이 있을 테니, 10명의 생명을 살려내면 수십 명의 마음을 살리는 것과 같겠죠? 게다가 죽을 운명이었던 그 10명이 살아난다면 앞으로 무슨 일을 할지 모르는 일입니다. 노벨상을 타는 과학자가 될 수도 있고, 선생님이 되어서 아이들을 훌륭하게 키워낼 수도 있겠죠. 그래서 10명만 살리면 좋겠다고 시작했는데, 10명을 살려냈는지 아직 모르겠습니다. 하지만 아직 그 이유를 버리지는 않았습니다. 앞으로 이 일을 얼마나 더 오래할 수 있을지 장담할 수는 없지만 최대한 해보고 싶네요.

제가 소장으로 있는 신약연구소에는 한 140명 정도가 모여서 연구를 합니다. 신약연구소는 주로 합성신약, 표적단백질분해

(TPD), 항체-약물접합체(ADC), 유전자 치료제 등에 집중하죠. 다른 연구소도 있습니다. 바이오연구소는 항체 신약, 바이오시밀러 등을 연구하고, 기술연구소는 주로 개량신약, 약물전달기술, 약효지속 주사제 등을 연구합니다. 기술연구소에서는 제네릭을 주로 연구하는데, 늘 고마운 존재입니다. 신약연구소의 연구비는 제네릭 수익에서 오는 것이니까요.

후배들이 많습니다. 우리 연구소에는 좋은 연구자들이 많아요. 모두 제 후배들이죠. 그런데 이 후배들이 계속 신약개발 연구를 할 수 있었으면 좋겠어요. 다들 좋은 친구들입니다. 임상시험 결과가 잘 나오면, 정말 다들 기뻐합니다. 연구가 잘 되어서 기뻐하는 것도 있는데, 아픈 사람이 조금이라도 나아지는 것을 보는 것에 더 기뻐해요. 좋은 친구들입니다. 능력도 자질도 뛰어나죠. 이 친구들이 계속 연구하고, 신약을 개발하고, 그래서 아픈 사람을 낫게 만드는 희열을 느끼면서 살아갔으면 좋겠어요. 그렇게 되려면 저희 세대에서 신약을 개발해내야죠. 증명해야 하거든요. 그래야 누군가 계속 투자하겠죠.

기술수출 이야기가 궁금합니다.

종근당은 연구 성과를 밖으로 알리는 데 신중한 편입니다. 자칫 오해를 불러일으킬 수도 있으니까요. 약으로 증명하는 것이 중요합니다. 이야기하신 대로 노바티스에 기술수출을 하고, 미국과 유럽에서 글로벌 임상시험을 진행했습니다. 아들 녀석이 한 명 있는데, 어느 날 유튜브를 보여주더군요. 우리가 개발해서 기술수출한 것에 대한 내용이었습니다. 제가 '대한민국신약개발상' 시상식에서 발표하는 동영상이었는데, 동영상에 나온 제가 '근본적인 치료가 가능한 약을 개발하고 싶었다.'라고 이야기를 하더군요. 제가 하는 일을 가족에게 인정받으리라고는 생각도 못했는데 기분이 좋았습니다.

2023년에 노바티스에 CKD-510이라는 물질을 기술수출했고, 2025년에는 FDA 임상2상 승인을 받았습니다. 대략 10년 정도 투자해서 개발한 물질인데 다행이죠. 심혈관계 질환으로 부정맥이 있습니다. 심장이 불규칙하게 뛰는 병이죠. 심장 근육을 뛰게 만드는 전기 신호에 문제가 생겨서 심장이 불규칙하게 뜁니다. 이렇게 되면 심장 안에서 피가 흐르지 못하면서 굳어 덩어리지는 혈전이 생기고 이것이 온 몸으로 퍼지죠. 이 혈전이 뇌로 가면 뇌졸중, 혈관으로 가면 색전증을 일으킵니다. 혈전이 문제가 되니까 혈전을 예방하는 약을 먹는 것이 보통입니다. 2021년을 기준으로 보면 전 세계적으로 3,700만 명 정도가 이런 문제를 겪고 있다고 합니다. 사실 더 많을 겁니다. 사망률이 높은 뇌졸중이 올 수 있다고 했잖아요. 통계가 잡히지 않는 상태에서 사망하는 환자도 많겠죠.

지금까지는 심장 근육세포에 있는 이온 채널을 막는 방식으로 치료하고 있습니다. 이온 채널로 심장을 뛰게 만드는 전기 신호가 전달되거든요. 그런데 이온 채널 기능에 이상이 생기면 비정상적인 전기 신호가 만들어집니다. 심장이 제멋대로 뛰는 것이 문제이니, 전기 신호가 전달되는 통로를 통제하는 방식으로 치료합니다. 이렇게 하면 환자의 증상이 나아져요. 다만 질병을 완전히 고치는 것이 아니라서 약을 계속 투여해야 합니다.

문제는 장기적으로 약을 투여하면 사람의 몸에서 예상하지 못했던 변화가 일어난다는 점입니다. 심장에서 아예 비정상적인 리듬이 생겨버리고 심장이 제대로 뛰지 않는 심부전 상태로 갈 수 있습니다. 심부전으로 가면 상황은 더 심각해지죠. 사망률이 더 올라가거든요. 따라서 근본적인 치료제가 필요합니다. 이온 채널을 막는 약을 개발하는 것은 근본적인 치료제 성격을 갖는 신약을 개발하는 것보다는 좀 더 수월합니다. 이미 치료제와 치료 메커니즘이 나와 있잖아요. 이런 것들을 활용하면 기존 치료제와 비슷하거나 약간 개량된 의약품을 만들어낼 수 있어요. 그리고 만들어내면 아마 한국에서는 판매할 수 있을 겁니다. 물건 파는 것은 우리 영업 부문이 잘해줄 겁니다. 하지만 환자를 근본적으로 고치지는 못해요. 환자를 근본적으로 고치는 일을 해야죠. 그래서 개발을 하고 있습니다.

개발 이야기를 좀 더 들려주실 수 있을까요?

CKD-510은 히스톤탈아세틸화효소6(HDAC6)을 억제하는 물질입니다. 히스톤탈아세틸화효소(HDAC)는 11가지 종류가 있는데, HDAC6은 이 가운데 하나죠. HDAC6은 여러 가지 역할을 하는데 이 가운데 신경전달물질이 통과하는 통로를 안정화시켜주는 역할이 있습니다. 참고로 HDAC는 유전자가 켜지고 꺼지는 것을 조절하는 단백질이라고 알려져 있는데, HDAC6은 이런 단백질이 아닙니다. HDAC 1, 2, 3, 8만 후성유전학 관련 단백질이고, HDAC6은 구조적으로 비슷하게 생긴 터라 HDAC로 분류됩니다.

HDAC에 대한 연구는 2000년부터 2010년까지가 절정이었습니다. 종근당에서도 2006년부터 HDAC 연구를 시작했습니다. 처음에는 모든 타입을 저해하는 pan-HDAC 저해제를 개발했는데 독성 문제가 있었어요. 그러다가 HDAC6을 들여다보기 시작했습니다. HDAC6과 관계가 있는 질병이 많거든요. 먼저 신경 질환이 있죠. 당뇨를 앓거나 항암제를 투여받는 경우 말초신경이 망가져서 환자에게 심각한 통증을 일으키고 움직임도 부자연스럽게 만드는 말초 신경병증(peripheral neuropathy), 디스트로핀(dystrophin)이라는 단백질 이상으로 근육이 위축되는 뒤센형 근이영양증(Duchenne muscular dystrophy), 유전병으로 잘 알려진 샤르코 마리 투스 병(Charcot Marie Tooth disease) 등 10개 넘는 질병과 관계가 있는 것으로 알려져 있습니다.

그러다 HDAC6을 저해해서 심혈관계 질환을 치료할 수 있다는 것을 알게 되었죠. HDAC6은 평상시에는 과도하게 작동하지 않습니다. 그런데 몸에 이상이 생기면, 좀 더 자세히는 세포 내 스트레스가 생기면 HDAC6이 발현되기 시작합니다. 이렇게 HDAC6이 발현되면, 심장 근육에 전기 신호를 전달하는 미세소관을 안정시키는 단백질을 감소시키고, 심장기능을 조절하는 단백질분해효소 활성이 높아지면서 세포를 이루는 필수 단백질이 줄어듭니다. 결국 심장이 잘 수축하지 못하게 되죠. 저희가 개발한 HDAC6 저해 물질이 CKD-510입니다. HDAC6을 저해하면 환자의 심장근육세포에서 필수 단백질의 감소를 억제합니다. 이렇게 심장 기능을 정상적으로 돌려주는 것이고, 근본적인 치료법이 될 수 있는 것이죠.

HDAC가 주목받던 때가 지나갔다고 했잖아요. 그래서인지 왜 아직도 그런 것을 연구하냐고 오해를 받기도 합니다. 물론 신약을 개발하는 것으로, 이런 오해를 푸는 것이 제일 좋죠. 말로 하는 것보다 신약을 개발해서 보여주면 이런 질문들은 자연스럽게 사라집니다. 하루라도 더 빨리 신약으로 내놓는 게 더 급하죠.

HDAC6을 타깃하는 신약개발 분야는 전 세계적으로도 저희가 이끌고 있습니다. CKD-510을 만들기까지 후보물질을

10,000개 정도 만들어봤고, 이 과정에서 특허를 26개 정도 얻었습니다. 최근에는 우리 HDAC6 관련 내용을 벤치마킹해서 연구하는 외국 바이오텍들도 생겼습니다. 다만 쉽지는 않을 겁니다. 질환군 정하는 것부터 해야 할 텐데 쉽지는 않을 겁니다.

20년이 걸린 일이었군요.

질환을 찾는 것부터 시작해서 시간이 오래 걸렸네요. 질병과 치료 메커니즘 사이의 연관성이 있다고 해서 모두 치료제가 되는 것은 아닙니다. 질병 전체를 놓고 봤을 때 어느 정도 비중을 차지하고 있는지가 중요하죠. HDAC6이 질병의 원인에 관여한다고 해도 다른 여러 인자가 관여하면, HDAC6 하나만 타깃해서는 질병을 고치지 못합니다. 사람의 몸도 질병도 복잡한 존재죠. 그래서 HDAC6이 원인의 80% 이상 관계되는 질환을 찾았습니다. 이 기간만 10년 정도 걸렸고, 그렇게 찾은 질환이 심혈관계 질환입니다.

사실 HDAC6은 신경계 쪽 질환과도 관계가 있습니다. 신경질환은 너무 복잡한 면이 있죠. 과학도, 치료제 개발도, 임상시험도 모두 어렵습니다. 신경세포에는 신경축삭(axon)이라는 부분이 있습니다. 신경축삭은 신호전달과정에서 중요한 역할을 하는데, 신경축삭에 있는 미세소관에 망가지거나 기능이 퇴화되었을 때 걸리는 신경 질환이 있죠. 그런데 HDAC6을 저해하면 신경물질이 전달되는 통로인 미세소관을 근본적으로 개선시킬 수 있습니다. 물론 모든 신경 질환에 적용되는 것은 아니지만, 미세소관이 망가지는 것이 특히 더 중요한 원인이 되는 질환이 있을 겁니다. 지금은 CKD-510과는 다른 물질로, 두 가지 정도의 신경 질환 치료제 개발을 위한 임상시험을 준비하고 있습니다.

시행착오도 있었습니다. HDAC 저해제는 전 세계적으로 보면 실패를 많이 한 타깃입니다. 그러니 HDAC6만을 선택적으로 저해하는 것이 중요했죠. 화합물을 찾는 데 7년이 걸렸는데, 이번에는 임상시험에서 실패했습니다. 화합물이 HDAC에 결합하려면 히드록삼산(hydroxamic acid, HA)이라는 구조를 가져야 합니다. 문제는 HA 구조를 가진 화합물이 HDAC 단백질의 활성을 잘 억제하기는 하는데, 몸속에서 대사가 되면서 독성 물질을 만들거든요. 그래서 독성 문제가 없는 방식으로 디자인했더니, 몸속에 오래 머물지 못해 약효가 떨어집니다. 이런 문제가 있다는 것을 알고 들어갔던 것이기는 합니다. 해결할 수 있을 것이라고 생각했는데 아니더라고요. 임상2상에서 면역질환 환자에게 HDAC6 저해제를 평가했는데 효능이 부족했죠. 중단하기로 결정했습니다.

그래도 연구를 계속 했죠. 방법을 아예 다르게 해야겠다고 생각했어요. HA 구조를 이용하지 않겠다는 각오로 이름도 비히드

록삼산(non-hydroxamic acid, NHA) 플랫폼이라고 지었는데, 반대가 심했습니다. NHA 플랫폼으로 여러 가지 구조의 HDAC6 저해 물질을 만드는 일을 되풀이 했죠. 그러다가 목표로 잡았던 것보다 효능이 80배 낮은 화합물을 만들었습니다. 약효가 80배가 약한 물질이니 버려야 하는 물건이었는데, 이 물건이 HDAC6을 제외한 그 어떤 단백질도 건드리지 않는다는 것을 연구원들을 찾아냈어요. 처음 보는 종류의 데이터였죠. 바로 회의를 열었고, 가능성이 있다고 판단해 올인하기로 했습니다. 이 물건을 가지고 계속 약물 구조를 바꿔가면서, 치료제로 쓰일 수 있을 수준까지 효능이 높였습니다. 처음 단서를 얻었을 때 연구소에서는 기쁜 마음에 회식을 했는데, 실제 동물에서 구현되고 경영진의 인정을 받기까지는 그로부터 또 5년이 걸렸습니다. CKD-510을 오랫동안 개발해왔는데, 노바티스와 파트너십도 맺었으니 이제 신약이 될 겁니다.

듀비에는 어떻게 개발했나요?

이상적인 약은 환자 몸에 들어가서, 원하는 치료 작용만 정확하게 하는 것이겠죠. 질병은 우리 몸에서 특정한 역할을 하는 단백질이 제대로 역할을 못하는 상황이거든요. 약은 문제가 생긴 단백질에 결합해 잘못된 작용을 하지 못하게 하는데, 결합했을 때 작동이 멈추는 부위는 여러 곳입니다. 그럼 어디에 어떻게 결합하게 만들지 결정해야 합니다.

종근당에서 제2형 당뇨병 인슐린 저항성 개선 치료제인 듀비에를 개발했습니다. 2013년에 허가를 받은 신약인데, 듀비에를 개발하면서 '질병, 메커니즘, 약물을 골라내는 문제'에 대해서 배울 수 있었고, 배운 것을 CKD-510을 비롯해 다른 연구에도 적용할 수 있었습니다.

당뇨병 치료제를 개발하기로 했던 것은… 당뇨병 치료제는 많습니다. 그래서 우리가 약을 하나 더 개발하겠다는 것에 의미를 두지는 않았습니다. '기존 약으로 치료하지 못하는 질병을 치료하는 신약'을 만드는 것이 중요하다는 것이 회장님의 뜻이었죠. 인슐린은 췌장 세포가 분비하는 호르몬인데요, 혈액 안에 있는 포도당이 세포 안으로 들어가 에너지원으로 쓰이게 돕습니다. 인슐린이 부족한 당뇨병 환자는 인슐린 주사를 매일 맞아야 하는데, 매일 주사를 맞는다는 것이 말처럼 쉬운 일이 아닙니다. 이런 이유로 먹는 약도 개발되었죠. 인슐린 생성을 늘려주는 약물인데 췌장에서 인슐린 분비를 늘려줍니다. 문제는 이렇게 하면 췌장이 인슐린을 많이 생성해야 해서 스트레스를 받거든요. 당뇨병은 만성 대사 질환이잖아요. 오랫동안 투약을 해야 하는데, 이렇게 되면 췌장이 망가집니다. 그래서 다른 메커니즘의 신약을 개발하기로 했습니다. 인슐린 저항성을 극복하는 치료제를 개발하기로 했죠.

혈액 안에 충분한 인슐린이 있는데도, 세포들이 인슐린에 정상적으로 반응하지 않을 때 '인슐린 저항성이 있다.'고 합니다. 제2형 당뇨병 환자의 몸속에서는 이런 일이 벌어집니다.

이 문제를 해결할 수 있는 타깃으로 PPAR(peroxisome proliferator activated receptor)이 있습니다. PPAR은 세포핵 수용체로 지방조직, 골격근, 간에 주로 있습니다. PPAR이 활성화되면 포도당 생성, 운반, 이용에 관여하는 인슐린 민감성을 높이는 유전자 발현이 늘어납니다. 따라서 PPAR을 활성화시킬 수 있는 물질을 환자에게 투여하면 인슐린이 세포 안으로 정상적으로 들어가면서 혈당이 조절되죠. 이런 메커니즘으로 아반디아(AVANDIA®, 성분명: rosiglitazone)라는 치료제가 개발되었습니다. 그런데 아반디아가 인슐린 민감성을 올려주었지만 심혈관계에 부작용이 나타나는 문제가 있었어요. 심장병이 일어날 수 있다는 이유로 퇴출시킨 국가도 있습니다.

PPAR도 HDAC처럼 종류가 여러 개입니다. PPARα, PPARγ, PPARδ가 있거든요. 이 가운데 PPARα, PPARδ를 저해했더니 치료 효과보다 부작용이 더 컸습니다. 그래서 PPARγ를 저해하는 물질로 만들기로 했죠. 그런데 고생이 많았습니다. PPARγ의 특정 부위에 결합해야 하는데, 물질을 만들어서 실험하면 우리가 원하지 않는 곳에 붙는 거예요. 그래서 물질을 약간 바꾸면 아예 결합하지 않고, 다시 바꾸면 또 엉뚱한 곳에 붙어서 원하지 않는 작용을 하는 것이죠. 그렇게 계속 찾고 찾고 찾다가 듀비에를 개발했습니다. PPAR 계열 약물은 혁신적인 제2형 당뇨병 치료제인데, 아반디아가 부작용으로 퇴출되면서 선입견을 심어준 것 같아요.

듀비에를 개발하면서 배운 것들이 많습니다. 선택적인 약물을 개발하는 노하우를 쌓았으니까요. PPAR 약물 개발에서 하던 일을 HDAC 저해제 개발에 적용할 수 있었습니다. PPAR에서 3개였던 것이 HDAC에서 11개로 늘어났을 뿐이죠.

듀비에 이후에 달라진 것이 있나요?

신약을 개발하는 기본적인 방식을 바꾼 것은 아니지만, 단계마다 듀비에 개발 과정에서 얻은 노하우를 많이 적용합니다. 어떤 치료 메커니즘을 다룰 것인지 목표를 정한 다음, 각 질환군에서 아직 치료제로 개발되지 못한 것들을 골라내죠. 질환군을 10개 정도 골라냈다고 하면, 10명의 연구원들이 하나씩 담당합니다. 담당자는 자기에게 주어진 질환에 대해 모든 것을 뒤집니다. 논문은 어떤 것이 나왔고, 치료제를 개발하고 있는 제약기업이 어디고, 어디까지 개발이 되었는지, 지금 들어가도 경쟁력이 있는지 등등 관계된 것을 모두 찾습니다. 뭐가 있는지 알아야 새로운 걸 할 수 있잖아요. 이 작업이 마무리되면 조사하고 분석한 것을 깔아놓고 다시 3~4개로 줄입니다. 전부 진행할 수 있는 자원은 없으니까요. 이렇게 개수를 줄이고 협업할 교수님들을 찾습니다. 동물모델에서 유전자를 없애면 어떤 영향이 있는지, 정말 질환과 관련이 있는지 살펴보는 작업이죠. 우리 연구진만으로는 할 수 없습니다. 기초과학 연구자들과 함께 해야 합니다. 이렇게 1~2년 정도 기초연구를 진행하고 다시 개수를 줄여서 한 가지만 남깁니다. 여기까지 오면 이제부터 본격적인 연구가 시작된다고 보시면 됩니다. 화합물을 합성하고, 화합물을 고르기 위한 평가 시스템을 만들고, 동물 모델을 구축하고, 사람 몸에 들어가면 어떤 일이 벌어지는 살펴보기 위해 환자의 세포를 구하고… 이런 일들을 차례대로 진행합니다. 물질의 구조를 바꿔가면서 활성을 살펴보는데, 이런 것들을 매주 발표해서 조정하고, 또 다음 주에 발표하기를 되풀이합니다.

화합물이 단백질에 결합했다고 해서 곧바로 신약으로 가는 것은 아닙니다. 약물 구조와 약효 사이의 관계를 설명할 수 있어야 하죠. 화합물은 약효가 나오는 부분과 아닌 부분으로 나뉩니다. 그런데 약효와 관련이 없어야 하는 부분의 구조를 바꿨는데도 약효에 변화가 나타나면 개발을 멈춰야 합니다. 몸속에는 무수히 많은 단백질이 있는데 이 화합물이 엉뚱한 단백질에 달라붙어서 알 수 없는 일을 벌일 수도 있으니까요. 보통 이런 현상이 벌어지면 부작용이나 독성이 나타나기도 합니다. 그래서 물질의 구조를 다시 바꿔서 실험합니다.

백업 작업도 중요합니다. 첫 번째로 내놓는 물건이 완벽할 수는 없겠죠. 하지만 치료 메커니즘이 맞다면 포기할 필요도 없습니다. 첫 번째 물건이 가진 단점을 보완할 백업 물질을 준비해두면 됩니다. 첫 번째로 내놓은 물건에 대해서는 우리가 제일 잘 알 수 있으니, 단점이나 문제점도 우리가 제일 잘 알죠. 그러니 백업을 준비하는 것도 잘 할 수 있습니다.

물질을 하나 찾으면 계속 튜닝을 하고, 먼저 했던 것이 실패해도 다른 방향으로 진행되던 것들은 또 진행을 시키고, 진행하다보면 또 갈래를 쳐서 다른 분야로 확장이 되기도 합니다. 이런 것들이 동시에 진행되다보니 전체적으로 보면 오래 걸리는 것처럼 보여요. 하지만 시스템으로 진행합니다. 이런 연구개발 시스템을 좀 더 정교화하는 작업들도 하고 있는데, 이렇게 하면 기간을 줄일 수 있겠죠. 지금은 좀 느려 보일 겁니다.

이 과정에서 가장 중요한 대목은 무엇인가요?

물질을 찾는 노하우겠죠. HDAC6 관련해서 선택성 문제를 풀 때 이 노하우를 활용할 수 있었죠. 기초과학을 하는 분들이 단백질 연구를 열심히 해놓았습니다. 우리 몸에서 어떤 단백질이 어떻게 작동하는지 정말 많이 밝혀놓았죠. 단백질에 대한 정보는 있는데, 여기에 결합하는 물질이 어렵습니다. 핵심은 선택성입니다. 어떤 단백질의 어디에 물질을 붙여서 약효를 나타낼 것인가.

물론 결합한다고 다 약이 되는 것은 아닙니다. 흡수, 배설과 같은 대사 작용 이슈가 남아 있죠. 보통 화합물은 약효를 발휘하는 부분과 약효를 발휘하지 않는 부분으로 나뉩니다. 약효를 발휘하는 부분은 말 그대로 치료 효과를 위한 곳이죠. 그럼 약효를 발휘하지 않는 부분은 대충 만들면 될 것 같은데 그렇지 않습니다. 이 부분이 대사 작용과 관계가 있거든요. 어떻게 만드느냐에 따라서 너무 빨리 배출되는 문제, 너무 배출되지 않는 문제가 있어요. 이 모든 것을 조화롭게 디자인해야 합니다.

말은 이렇게 쉽게 할 수 있지만 정답이 없다보니 어려운 일입니다. 약효를 나타내는 부분, 즉 단백질과 결합하는 부분은 서로 다른 약들 사이에도 모양이 같거나 비슷합니다. 그래야 원하는 약효를 나타내니까요. 그런데 대사와 관계 있는 부분은 다르죠. 어떻게 만드느냐에 따라 너무 다른 효과를 나타내거든요. 이런 것들을 감안해서 디자인을 해야 합니다. 새로운 메커니즘을 활용하는 신약을 퍼스트 인 클래스(first in class)라고 부르잖아요. 퍼스트 인 클래스인 경우에는 더 어렵습니다. 베스트 인 클래스(best in class), 그러니까 이미 개발된 치료제보다 업그레이드된 신약을 개발할 때는 이미 개발된 치료제에 대한 정보가 있잖아요. 그 치료제에서 약효를 발휘하는 부분의 구조가 알려져 있으니까 이것은 그대로 두고 다른 구조를 바꾸는 데 300~400개 정도 만들어보면 된다고들 합니다. 이 정도는 만들어봐야 좀 더 나은 신약이 될 만한 물건을 찾을 수 있죠. 하지만 퍼스트 인 클래스 약물은 적어도 2,000개는 만들어봐야 합니다.

결국은 예측의 문제죠. 예측이라고 하면 인공지능(AI)이 먼저 떠오르잖아요. 저희도 AI를 활용하고는 있지만, 아직은 제한적이라고 생각해요. AI는 알려진 데이터를 학습해서 움직이잖아요. 그렇기 때문에 완전히 새로운 구조를 찾아내서 약물을 디자인한 사례는 아직 없다고 알고 있습니다. 현재까지의 최대치는 기존에 알려진 구조를 바꾸는 정도죠. 아직은 사람이, 그러니까 우리 연구원들이 더 잘 알아요. 연구원들 머리속에 있거든요.

물론 AI가 이미 잘 하는 영역도 있습니다. 예를 들어 저희는 이렇게 활용합니다. 단백질에 대한 정보는 많으니 AI가 이걸 학습합니다. 그리고 우리가 사용하려는 물질에 대한 정보도 학습시킵니다. 이것저것 다 합치면 종근당에는 8억 개 정도의 데이터 베이스가 있거든요. 이제 AI를 돌려보면 특정 타깃에 결합할 가능성이 높은 후보를 50개 정도 추려줍니다. 이 정도만 해줘도 큰 도움이 되죠.

일단 AI를 계속해서 활용하려고 합니다. 아직 활용이 제한적이지만 어느 시점이 되면 강력해질 겁니다. 계속 관심을 기울이지 않으면 정작 써야 할 때 늦어요. 아 그리고 임상시험 단계에서도 AI가 효과적입니다. 사람에게 효과가 있는지 확인해보는 과정이다보니 데이터가 너무 많습니다. 학습할 데이터가 매우 많아서, 효과적으로 분석해줍니다.

20년이라는 시간을, 개인과 기업은 어떻게 버틸 수 있었을까요?

사실 20년 정도 걸릴 것이라고 생각했으면 아무도 안 했겠죠. 신약개발이 오래 걸린다는 것을 누구나 알고 있지만, 그 시간이 자기 자신에게도 해당될 것이라고 생각하기는 어려워요. 연구자도 의사결정권자도 20년 걸릴 일을 어떻게 하겠습니까. 다만 20년 동안 배운 것이 있는 것이죠. 그리고 앞으로 할 때는 20년보다는 짧게 할 수 있도록 바꿔가는 것이고요. 10년, 5년으로 줄이는 것이죠. 그래야 기업도 개인도 계속 투자할 수 있죠.

종근당 정도의 제약기업은 전 세계적 규모의 제약기업처럼 할 수 없습니다. 글로벌 빅 파마들은 어마어마한 자원을 투입해서 한꺼번에 모든 것을 다 하잖아요. 가능성이 있다 싶으면 다른 회사가 시추공을 뚫기 전에 일단 권리부터 사서 시추공을 뚫어보는 거대 석유 기업처럼 말이죠. 그렇다고 종근당 정도 규모의 제약기업이 벤처처럼 할 수도 없어요. 하나에 올인해서 갈 수도 없습니다. 이미 회사의 규모가 크기 때문에 그렇게 해서는 먹고 살 수가 없어요. 그러니 우리가 잘하는 것을 먼저 해야죠. 저희는 화학 물질을 합성해서 개발하는 신약에 강합니다. 그럼 이걸 기준으로 해야죠. 합성 신약을 기반으로 해서, 여기에 바이오를 붙이는 것을 고민합니다. 이 경계가 중요합니다. 바이오가 주목받는다고 바이오 연구소를 설치해서 운용하는 것이 아니거든요. 내가 잘 할 수 있는 것에 어떻게 바이오를 붙일 것인지를 고민하는 것이죠. 전 세계적 규모의 제약기업이면 이런 고민을 안 하겠죠. 그냥 바이오텍을 사버려요. 반대로 스타트업이나 벤처라면 크게 모험을 걸 겁니다. 가장 주목받고 뜨거운 것에 올인하죠. 하지만 종근당 정도면 경계를 잘 따라서 움직여야 합니다. 안 그러면 돈과 시간과 노력만 쓰고, 아무것도 얻지 못하고 철수하게 됩니다.

라이선스 아웃도 해봤고 신약도 개발해봤습니다. 여러 경험을 했죠. 그리고 얻은 결론이 있습니다. 글로벌을 기준으로 했을 때, 임상시험 노하우가 부족합니다. 왜 노바티스에 팔았냐고 질문을 받으면, 답은 간단합니다. 대규모 글로벌 임상시험을 우리가 직접 할 수 없거든요. 돈이 없어서 판 것도 아닙니다. 노하우가 없는 것이죠. 대규모 글로벌 임상시험으로 넘어가면 시간과 돈을 얼마나 써야 할까요? 인정할 것은 인정해야 한다는 것을 배웠습니다.

약을 만들었으면 성공시켜야 합니다. 성공한 약의 최종 도착지는 환자잖아요. 매출이 중요하지만, 궁극적인 목적은 아픈 사람 고치는 거거든요. 여기까지 어렵사리 연구를 끌고 왔으면, 어떻게든 개발해서 질병을 고칠 수 있게 해야죠. 냉정하게 판단해야 합니다. 우리가 글로벌 임상시험을 직접 하면서 그 노하우를 획득할 수도 있어요. 종근당 정도의 제약기업이면 투자할 여력이 있다고 봅니다. 하지만 그렇게 되면 약이 너무 늦게 나오잖아요. 아예 안 나올 수도 있고요. 신약을 개발하는 데 시간이 오래 걸립니다. 하지만 오래 걸리는 것이 좋은 것은 아니잖아요? 20년을 해보니, 20년 걸려서는 안 되겠다는 것을 절감했어요. 그래서 어떻게든 시간을 줄이려고 시스템화를 하거든요. 노바티스에 기술수출한 것도 그런 이유에서였죠. 빨리 약을 만들어야 한다.

바이오텍과도 협업합니다. 바이오텍은 타깃을 잘 찾아요. 바이오텍이 찾은 타깃, 물질을 1년에 적게는 50개, 많게는 100개 정도 검토합니다. 글로벌 임상시험은 전 세계적 규모의 제약기업들이 잘 하는 것이니 그쪽과 협업하듯이, 타깃을 찾는 것은 바이오텍과 협업하는 것이죠. 내가 모든 것을 다 잘 할 수 없으니까요. 그런데 벤처와 스타트업에서 물건을 가져올 때 오해하는 부분이 있어요. 벤처와 스타트업은 가능성이 있는 무언가를 찾아내잖아요. 그런데 이렇게 찾은 무엇인가를 완성된 물건이라고 생각하기도 합니다. '이렇게 좋은 물건을 찾았으니 신약으로 만듭시다!'라고 하는 경우가 있어요. 그런데 약으로 만드는 것은 다른 문제거든요. 타깃을 찾았으면 이제 시작하는 느낌이 있는 건데, 일단 임상시험부터 들어가려고 합니다. 이해하지 못하는 바는 아닙니다. 계속 투자를 받아야 하니까 임상시험에 들어갔다는 성적표가 있어야죠. 그렇다보니 무리해서라도 임상시험에 들어가려고 합니다. 안타깝게도 꽤 많이 실패하죠. 한두 번은 통하지만 되풀이되면 신뢰가 깨져요. 정말 좋은 물건을 찾아도 투자를 못 받습니다. 이 부분을 잘 보면 좋을 것 같아요.

바이오텍, 전 세계적인 규모의 제약기업들과 협업하고 우리가 내부적으로 얻은 노하우를 시스템화하는 구조를 짜면 3~5년마다 구체적인 성과를 낼 수 있을 것이라고 봅니다. 그게 목표죠. 계속 가다보면 전 세계적인 제약기업이 되는 날도 올 겁니다. 그렇게 되면 물량공세를 퍼부으면서 하고 싶은 신약개발을 원없이 할 수 있겠죠. 그 과정에서 종근당에서 스핀아웃된 바이오텍들도 있을 겁니다. 그럼 또 혁신적인 타깃, 기술, 플랫폼이 개발되겠죠?

이렇게 하려면 제약기업의 최고 경영진부터 해서 말단 직원까지 신약개발과 관련된 과학을 알고 있어야 해요. 공부해야죠. 실제로 저희 최고 경영진과 회장님도 공부를 하거든요. 연구에 대해 보고하러 가보면, 의사결정권자들이 얼마나 공부를 열심히 하는지 알 수 있어요. 심지어 질책을 받기도 합니다. 저는 신약연구소장이니 신약개발에 대한 내용을 보고하는데, 어려운 신약개발에서 벗어나서 약간 쉬운 것을 하겠다고 하면 혼납니다. 신약을 개발하라고 했는데 왜 그런 것을 하냐는 질책이죠.

물론 겉멋을 빼야겠죠. 전 세계적인 규모의 제약기업들이 이미 앞서거니 뒤서거니 하는 분야에 덤비는 것도 피해야 할 겁니다. 세상에 공짜는 없어요. 정말로 경쟁하러 들어가보면 절대 따라갈 수 없는 격차가 있을 겁니다. 하지만 좌절할 필요도 없어요. 세상에는 못 고치는 병이 너무 많거든요. 뭐라도 하나 제대로 고치는 약을 만들면 됩니다. 제약 산업, 적어도 신약개발에서는 약삭 빠른 것이 안 통합니다. R&D하는 것 말고는 답이 없어요. 멋진 사업전략으로 돌파할 수 있었다면, 이미 돌파했을 겁니다. 그러니 R&D 생태계를 지키는 것 말고는 답이 없죠.

신약개발 생태계라는 말을 자주 듣지만 공감하기는 어려웠습니다.

예전에 동남아시아의 여러 나라들이 한국보다 앞선 분야가 많았습니다. 제약 산업도 마찬가지였어요. 한국보다 앞서나가고 있었죠. 그런데 지금은 그렇지 못합니다. 전 세계적인 제약기업들이 오리지널 의약품을 가지고 동남아시아 국가들에 직접 진출했거든요. 그런데 동남아시아 국가들은 손을 놓고 있었어요.

제네릭도 포기했거든요. 생태계라는 관점에서 보면 제네릭이 중요합니다. 생태계라는 것이 어느 한 부분이 무너지면 전체적으로 무너집니다. 일본을 보세요. 제네릭을 지키면서 개량신약에 도전하고, 그렇게 덩치를 키워가며 살아남았잖아요. 생태계를 지킨 겁니다. 종근당도 오랫동안 제네릭을 했습니다. 20년 동안 누가 신약개발 연구비를 댔겠어요. 제네릭이 댄 겁니다. 버티는 거죠. 그렇게 버텨줬으니 이제 R&D에서 다음 단계로 치고 나가줘야죠.

미국은 어떨까요? 저분자 화합물 의약품에서 전통적인 강자는 독일이었습니다. 독일이 화학이 강하거든요. 그래서 미국은 독일로 유학생을 엄청 보냈습니다. 그리고 돌아온 연구자들이 지금 미국 제약 산업의 기틀을 닦았어요. 지금은 이런 일을 중국이 하고 있죠. 미국으로 엄청나게 많은 유학생들을 보내잖아요. 그리고 그들이 중국으로 돌아와서 중국의 신약개발 생태계를 만들어가고 있죠.

중국이 빠르게 성장하고 있습니다. 그런데 오해가 있습니다. 경쟁을 피하고 싶어서 중국이 안 하려는 분야를 찾아가는 경우가 있어요. 저는 반대로 생각합니다. 더 경쟁적으로 파고 들어서 제대로 붙어야 해요. 중국은 정부가 투자를 많이 해줍니다. 중국 바이오텍이나 제약기업 입장에서는 이런 종류의 자원을 얻어야 하니까 비슷비슷한 것을 많이 개발합니다. 개수를 늘리는 것이죠. 하지만 하나하나 들어가서 보면 경쟁력이 없는 것들이 있어요. 그러니까 우리 입장에서는 오히려 경쟁력을 확보하기에 쉬울 수도 있어요. 게다가 중국이 하지 않는 분야가 거의 없습니다. 피해 다니면 아예 할 일이 없을 겁니다. 너무 걱정하지 않아도 됩니다. 할 수 있어요. 제대로만 하면 할 수 있습니다

생태계를 이루고 있는 구성원들의 특징은 모두 자신들의 생존을 가장 우선순위에 둔다는 것입니다. 살아남으려고 경쟁하죠. 그런데 여기서 오해하는 부분이 있습니다. 생태계의 구성원 모두가 자기 생존을 위해 이기적으로 행동하는데, 이기적인 행동만 하면 결국 다 죽는다는 점입니다. 따라서 생태계에는 아흔아홉 가지의 이기적인 행동만 있는 것이 아니라 한 가지의 이타적인 행동이 있어요. 자기 자손을 위해서는 이타적으로 행동하잖아요. 이런 세팅이 없으면 생태계라고 할 수 없습니다. 경쟁만 하다가 다 죽을 테니까요.

그래서 다음 세대를 위한 일을 해야 합니다. 오늘의 종근당은 내일의 종근당을 위해 이타적인 행동을 해야죠. 제네릭으로 돈을 벌면 신약개발에 투자하는 겁니다. 연구소의 선배 연구자는 후배 연구자에게 노하우를 전수해야죠. 정부는 다음 시기에 있을 나라를 위해 이타적인 일을 해야 합니다. 이를테면 R&D 투자겠죠. R&D 예산을 갑자기 줄이는 말도 안 되는 사건이 있어서 충격이 있었지만, 더 충격적인 일이 있다는 것은 잘 몰라요. 1년

에 한국 정부가 R&D에 지원하는 예산이 24조 원 정도 됩니다. 글로벌 제약기업 한 곳의 R&D 비용에도 못 미치는 규모인데요. 그나마도 이 24조 원의 R&D 예산은 대한민국의 모든 과학기술 분야로 흩어집니다. 신약개발과 관련해서 제약기업에 할당되는 예산은 1,500억 원 정도 수준입니다. 종근당 1년 R&D 예산과 비슷할 겁니다. 물론 제약기업은 영리 기업이죠. 영리 기업이 돈 벌려고 하는 일에 정부 예산을 넣는 것에 대해 문제를 제기할 수도 있어요. 하지만 영리 기업이 신약을 개발해야 생태계도 유지될 수 있어요. 정부도 장기적인 안목을 가지고 투자하는 것이 필요하다고 봅니다.

후속 세대 문제는 어떻게 보시는 편인가요? 이후에도 계속 신약을 개발할 수 있을까요?

종근당 신약연구소에 연구하는 인력이 140명 정도 되고, 행정을 도와주시는 분들까지 하면 170명 정도 됩니다. 전에는 나가는 사람도 많았는데, 요즘은 나가는 사람이 많지 않아요. 제약 업계 전체적으로 R&D 투자가 줄어들고 있거든요. 정말 놀라운 일입니다. 성장의 폭이 작을지언정 제약 산업은 계속 성장하고 있거든요. 심지어 정부가 말하는 미래 먹거리에는 제약 바이오가 꼭 들어가요. 그런데도 전체적으로 R&D 분야 투자가 줄어드는 것이 사실입니다. 이렇다보니 신약연구소에서 일하는 연구자들 입장에서는 신약개발 연구를 하려면 종근당에 남아 있어야 하는 상황이 되었습니다. 그래도 우리는 온전히 연구만 하니까요.

이렇게 된 원인은 여러 가지일 겁니다. 어떤 원인들이 있고 어떻게 대응해야 하는지에 대해서는 사실 잘 모르겠습니다. 하지만 확실한 것은 계속 이렇게 갈 수는 없다는 거예요. 일본에는 꾸준히 노하우를 쌓고 규모를 키워서 제법 글로벌 제약기업의 단계까지 올라간 곳들이 있어요. 글로벌 제약기업처럼 신약개발을 한다는 뜻이죠. 그런데 한국은 어느 길목에서인가 멈춰 있습니다. 그리고 중국이 있죠. 솔직히 중국과 경쟁한다는 것도 이미 비현실적인 주장이 되었어요. 중국에서 나오는 물건을 우리가 살 수도 없어요. 글로벌 제약기업들이 엄청나게 비싼 값을 주고 사들이는데, 우리는 그만큼 돈을 줄 수 없거든요. 판이 이미 바뀌었죠.

결국 사람이 문제입니다. 20년 동안 버둥거리면서 노하우를 찾았는데, 넘겨줄 사람이 있어야죠. 그래야 그 다음도 있으니까요. 의견이 엇갈리겠지만 노하우라는 것은 단순히 기술적인 것만은 아니라고 봅니다. 거기에는 태도나 습관 같은 것들도 포함되고, 생각이나 신념 같은 것들도 포함되죠. 기술도 마찬가지입니다. 잘 정리해놓은 연구노트가 다음 사람에게 도움이 되는 것은 분명합니다. 하지만 연구노트를 읽는 것만으로 기술이 이전

되지 않아요. 어떻게 말로 설명하기가 어려운데, 그런 것이 있습니다. 신약을 개발하는 것은 의학, 약학과 직접 관계가 있죠. 의학과 약학은 경험 학문입니다. 환자를 많이 본 의사가 최고가 되는 것이고, 오랫동안 약을 개발해본 사람을 이길 수 없어요.

따라서 신약개발을 해보는 경험을 줄 수 있는 곳이 많아야 하거든요. 그건 제약기업의 신약개발 연구소여야 하겠죠. 종근당에는 노하우를 계속 쌓아가는 연구자들이 있어요. 몇년 전까지만 해도 들고나는 일이 많았죠. 바이오 붐이 일어나서 갈 곳이 많았거든요. 그런데 지금은 그렇지 않아요. 갈 수 있는 곳이 줄어들고 있습니다. 그런데 종근당에서는 연구를 계속해서 할 수 있으니 남아 있고, 우리 노하우는 강력해집니다. 다만 한국 제약산업 전체로 보면 마이너스죠. 종근당 신약연구소만 잘 된다고 R&D 생태계가 살아나는 것은 아니니까요.

큐록신

Q-ROXIN

→ 발로플록사신(balofloxacin), 항균제, 2001

§

'중외'를 일본어로 읽으면 '주가이'다. 1945년 해방이 되던 해, 중외제약은 일본 주가이 제약이 한국에 설립한 사무소를 인수하면서 시작됐다. 현재 주가이는 로슈의 자회사로도 알려져 있으며, 일라이 릴리가 먹는 당뇨병 치료제 및 비만 치료제로 개발하고 있는 GLP-1 수용체 작용제 올포글리프론(orforglipron)을 맨 처음 개발한 곳이기도 하다. 사실 저분자 화합물 기반의 GLP-1 경구용 약물은 많은 제약기업들이 실패한 영역이다. 주가이는 어려운 것을 잘 하는 제약기업이다.

중외제약은 CI에서 한자를 사용하지 않기로 하고 JW중외제약으로 브랜드를 손봤다. JW중외제약에 대해 내가 갖고 있는 인상은 윈트 신호 경로(Wnt signaling pathway, 이하 윈트)다. 윈트 관련 국제 심포지엄을 후원한다는 이야기를 들은 적이 있고, 가끔씩 윈트와 관련된 발표를 했던 것이 기억났다. 하지만 윈트는 영 마땅치 않은 타깃이라는 평이 많았다. 2010년대 중반 『네이처(*Nature*)』에는 「윈트 경로를 안전하게 타깃할 수 있을까?(Can we safely target the WNT pathway?)」라는 논문이 실렸는데, 이 논문에는 JW중외제약도 나온다. 분명 윈트는 생물학적으로 그리고 질병 치료를 위해서도 중요한 메커니즘이지만, 아직은 과학이 더 필요한 타깃이라고 생각했다. 그런데 뉴스를 거슬러 올라가보면 JW중외제약은 1990년대부터 윈트를 파고 있는 중이니 20년이 넘은 이야기다.

JW중외제약 사람들을 만나보면 지나치게 깔끔하고 단정한 느낌을 받을 때가 있다. 옷차림부터 말하는 태도, 소개하는 데이터들도 흠잡을 데 없이 정돈된 느낌이다. 이 단정한 사람들은 왜 이렇게 오랫동안 윈트를 하는 것일까? 깔끔하게 정리하지 못하고? JW중외제약 인터뷰는 거의 2시간 넘게 진행되었는데, 막상 원고로 정리하다보니 이마저도 깔끔하게 마무리되었다. 윈트를 이렇게 오랫동안 잡고 있는 이유도 마찬가지로 깔끔하게 정리되었다.

강진석

JW중외제약 신약연구센터장

윈트 신호전달은 1980년대에 발견돼 활발하게 연구되었습니다. 지금은 재생의학 분야에서 주목을 받죠. 배아 발생, 항상성 유지 등에 중요하거든요. 진화적으로 보면 초파리부터 사람까지 거의 모든 생명체에서 윈트가 비슷한 형태로 있어요. 그래서 연구하기에 좋습니다. 초파리로 연구하면 되거든요.

윈트는 여러 종류의 개체에서 줄기세포 재생, 세포 증식, 분화 등에 관여하죠. 그리고 여러 질환에도 관여합니다. 윈트 경로가 잘못되는 것과 암, 신경 질환, 대사 질환, 섬유화 질환, 면역 질환 등이 밀접하게 연관되어 있거든요. 그래서 항암제 개발로 연구가 많이 되었죠. 다만 약물 개발은 여전히 초기 단계입니다. JW중외제약에서는 윈트 신호 경로를 오랫동안 연구해오고 있습니다. 햇수로 보면 20년이 넘었습니다. 윈트 연구 이전에도 신약개발을 했었지만, 본격적인 신약개발은 윈트 연구로 시작했다고 봐야겠죠.

1990년대 윈트를 타깃으로 하는 신약개발 붐이 일었는데, JW중외제약도 뛰어들었습니다. 1980년대 연구센터를 설립했는데, 당시까지만 해도 자체적으로 의미 있는 신약을 개발하는 것은 어렵다고 판단했습니다. 공동연구를 하기 위해 외국 연구자들을 찾았죠. 1990년대 말 워싱턴 대학교의 랜달 문(Randall T. Moon) 교수, PNRI(Pacific Northwest Research Institute)에서 연구하고 있던 마이클 칸(Michael Kahn) 박사 같은 연구자들과 윈트 약물을 개발하는 공동연구를 시작했던 인연이 지금까지 이어져 왔네요. 당시 최고 경영진이 이 연구자들을 직접 만나봤고, 함께 연구하기로 결정했습니다. 처음 연구했던 분야는 항암제였습니다. 2010년대에 윈트 저해제로 혈액암 환자 대상 미국 임상시험에도 들어갔었는데, 여러 가지를 고려해 멈추기로 했습니다. 완전히 접은 것은 아니지만, 다른 적응증으로 눈을 돌려 가능성을 찾기로 했죠.

JW중외제약은 20년 동안 윈트에 특화된 화합물 라이브러리를 내부에 구축해 왔습니다. 처음에는 윈트를 타깃하는 항암제 개발을 목표로 신약 후보물질들을 개발해서 라이브러리를 구축하기 시작했고, 물질 데이터를 지금도 계속 쌓아가고 있습니다. 윈트를 계속 연구하다보니 자연스럽게 플랫폼 개발 연구로 이어졌습니다. 윈트 신호 경로가 여러 질병과 관계가 있으니, 윈트 신호 경로에 있는 어떤 곳을 저해하거나 활성화했을 때 해당 질병을 조절할 수 있을지 확인하고, 저해하거나 활성화할 수 있는 물질까지 찾아내는 스크리닝 플랫폼입니다. 랜달 문 교수와 공동연구로 개발한 것이죠.

그리고 이 플랫폼으로 탈모 치료제 개발 가능성이 있는 물질을 찾았습니다. 윈트 연구를 오래 하다보니 관련 연구들이 어떻게 이루어지고 있는지 금방 파악하게 되는데, 여러 연구 가운데 탈모 치료제로서의 가능성을 보여준 연구를 찾아냈습니다. 윈트는 머리카락이 자라는 메커니즘에도 관여하거든요. 윈트는 피부 줄기세포가 모낭 줄기세포로 변해 모낭으로 분화되는 데 필요하고, 모근 끝 모발 성장과 유지를 조절하는 모유두 세포 증식에도 관여합니다. 머리카락은 세 단계를 거쳐 자랍니다. 머리카락이 자라는 생장기가 2~5년이고, 한 달의 퇴화기가 이어집니다. 이후 다시 한 달의 휴지기를 거친 다음 생장기로 돌아가는 사이클이 반복됩니다. 그런데 탈모 환자는 머리카락이 자라는 생장기가 짧아요. 지금 우리 머리에 있는 머리카락의 90%는 생장기 단계에 있는 녀석들이거든요. 그래서 윈트 경로를 활성화시켜서 생장기를 되돌려줍니다. 2026년에 임상시험을 시작하려고 하고 있습니다. 이것도 8년 정도 걸린 일이네요. JW중외가 첫 시도는 아닙니다. 사무메드(Samumed, 현재 Biosplice)라는 곳에서 바르는 약으로 탈모를 치료하는 윈트 활성화 약물의 임상3상을 진행한 적이 있는데 결과는 알려지지 않았고, 지금은 중단된 상태죠.

윈트를 연구하면서 제브라피쉬(zebrafish) 동물모델을 이용했던 것도 확장하고 있습니다. 제브라피쉬는 사람과 유전체 유사도가 80% 이상인데다가, 수정란부터 발생 단계의 변화를 관찰하기 좋습니다. 그래서 후보물질을 제브라피쉬 동물모델에 처리하면 변화하는 모습을 보기가 좋아요. 중추 신경계(central nervous system, CNS) 질환 치료제 개발에 활용할 만한 장점도 있죠. 뇌파 검사가 가능하거든요. 제브라피쉬는 특정 질병에 약물이 효과가 있는지 알아보는 동물모델을 만드는 데도 이점이 있습니다. 마우스로 동물모델을 만들면 시간도 오래 걸리고 비용도 많이 들어가는데, 제브라피쉬는 이 대목에서도 이점이 있습니다. 그래서 아예 제브라피쉬만을 위한 시설을 만들었어요. 동물모델 플랫폼으로 개발하려고요. 여기에는 또 다른 이유도 있습니다. 동물실험에 포유류를 사용하는 것에 대한 문제제기가 현실화되고 있잖아요? 미국 FDA에서도 계속 이 부분을 고민하고 있습니다. 이런 이유로 동물실험에 제브라피쉬를 쓰는 연구를 하고 있죠. 동물실험에서 제브라피쉬의 활용도는 높아질 것 같아요.

20년은 꽤 긴 시간입니다.

윈트를 타깃으로 하는 항암 신약개발에 도전했던 제약기업, 바이오텍이 많았는데 성공한 곳은 없어요. 저희도 성과를 거두지는 못했죠. 완전히 접은 것은 아니지만 항암제로 계속 자원을 넣기보다는 다른 적응증으로 눈을 돌려서 좀 더 연구에 집중하기로 했습니다. 이미 연구했던 데이터, 개발 기술 등을 바탕으로 다른 적응증에 적용하려는 시도죠.

JW중외제약이 윈트 연구를 하고 있다고 하면 '아직도 윈트를 하고 있어?'라고 질문을 받기도 합니다. 충분히 이해할 수 있습니다. 윈트 트렌드가 어느 정도 지나갔기 때문이죠. 그런데 그런 것이 중요한 문제는 아닙니다. 의미 있는 신약개발이 퍼스트 인 클래스라는 점에 누구나 동의합니다. 퍼스트 인 클래스 신약을 개발하려면 기초과학부터 시작해서 원천 기술을 확보해야 한다는 점도 모두 알고 있습니다. 오래 걸리는 일이죠. 돈이 많다고 할 수 있는 일도 아닙니다. 시간을 버티는 일은 돈만 가지고는 할 수 없거든요. 우리는 지금 그 일을 하고 있을 뿐입니다.

대신 시간을 버티면 버틸수록 강력해집니다. 제대로 해야 한다는 전제가 있지만, 기초과학부터 차분히 쌓아가다보면 어느 순간에 남들이 따라올 수 없는 무언가를 가지게 되거든요. 그러니까 시간은 신약개발에 들어가는 비용이기도 하지만, 신약개발을 하는 데 필수적인 자산이 되기도 합니다. 어떻게 쓰느냐에 따라서 달라지죠.

윈트 연구자들이 매년 여는 '윈트 미팅(Wnt Meeting)'이라는 학술대회가 있습니다. 윈트 미팅은 기초과학 학술대회에 가깝습니다. 제약기업들이 상업화를 염두에 두고 주로 참여하는 컨셉의 학회들과는 거리가 있죠. 이런 이유로 우리가 윈트 미팅에 가면 주목을 받습니다. 심지어 윈트 미팅에 정기적으로 참여하거든요. 새롭게 업그레이드된 연구 결과들을 학습하고, 저희 연구도 발표하죠. 윈트 활성화 약물을 탈모 치료제로 개발할 수 있다는 연구 결과도 2022년 윈트 미팅에서 처음 공개했습니다. 기본적으로 윈트 미팅에서는 대학이나 기초 연구기관이 많이 발표하니, 제약기업이 이런 종류의 발표를 하는 것은 드문 경우죠. 윈트 미팅에 가면 다른 연구자들과 정보도 교류합니다. 오랫동안 연구 결과를 가지고 학회에 참여하고, 개최를 후원하고, 그곳의 윈트 연구자들과 함께 프로젝트들을 계속 하다보니 윈트 연구자 네트워크에서 JW중외제약이 알려져 있는 편입니다.

윈트 미팅에 가면 저희를 반기는 분위기가 있어요. 윈트에 대한 트렌드가 가라앉아서인지 학술대회를 지원하는 제약기업이 많지 않거든요. 그런데 JW중외제약이 꾸준히 후원하니까 다들 환영해주죠. 덕분에 연구 네트워킹을 할 때 수월한 편입니다. 좋은 연구와 연구자를 소개받고, 여러 프로젝트에 대한 아이디어와 조언도 많이 받습니다. 무엇보다 기초과학 단계에서 많은 이야기를 나눌 수 있다는 점이 좋습니다. 신약개발 초기 단계, 원천기술을 확보해가는 차원에서는 기초과학이 중요하니 크게 도움을 받고 있습니다. 이런 상상도 해보는데요. 요즘 추세를 보면 실용화, 상업화에 성공한 기초과학 발견에 노벨상을 주거든요. JW중외제약이 윈트를 타깃해서 혁신적인 신약개발에서 성공하면,

관련해서 노벨상 수상자가 나올 수도 있겠죠.

제약기업이 신약을 개발하겠다고 하면서 기초과학 학술대회에 꾸준히 참여하는 것이 이상해 보일 수도 있겠지만 연구자는 물론이고 제약기업 입장에서도 큰 기회입니다. 원천 기술을 확보할 수 있는 기회니까요. 물론 쉬운 결정은 아닙니다. 최고 경영진 입장에서 보면 장기 투자를 하는 셈이잖아요? 매 순간 매출, 수익, 주가를 책임지는 최고 경영진은 그때그때 주목을 받는 타깃을 따라가면서 신약개발 연구가 진행되길 바랄 겁니다. 남들이 하는 것을 하지 않으면 불안하잖아요.

JW중외제약이 윈트를 처음 시작했던 당시를 돌이켜보면, 윈트가 당시에 트렌드였으니 저희도 트렌드를 따랐던 것이죠. 그런데 윈트가 트렌드에서 뒤로 밀린 다음에도 계속 연구하는 것으로 방향을 잡았습니다. 최고 경영진 입장에서는 어려운 결정이죠.

하지만 생명과학이라는 것은 아직 완전하지 않아요. 많이 아는 것 같지만 모르는 것이 훨씬 더 많습니다. 그러니까 아직도 기초과학 분야에서 혁신적인 신약이 나올 수 있는 기회가 많다고 봐야겠죠. 항암제 분야에서 혁신적인 블록버스터 신약인 키트루다, 옵디보 같은 면역관문억제제가 대표적인 사례잖아요? 면역학이라는 기초과학에서 나온 연구 결과에서 비롯된 혁신이었습니다. 키트루다, 옵디보가 가진 혁신성은 기초과학 연구에서 나온 것이었기에 가능했습니다. 윈트도 기초과학 연구가 더 필요해요. 차분히 따라가면서 혁신적인 기회를 만들고, 원천 기술을 확보하는 것은 바람직한 전략입니다. 물론 실천하기는 어렵습니다. 저희 신약개발 R&D가 기초과학 차원에서 윈트 연구에 무게를 둘 수 있는 것은 최고 경영진의 참을성 덕분이죠.

기초과학을 충실하게 쌓는 것에 무게를 두는군요.

'경험적으로 안다.'는 말을 많이 하잖아요. 그런데 무언가를 경험적으로 알려면 정말 경험을 많이 해야 해요. '경험적으로 아는 것'과 '감으로 아는 것'은 완전히 다르거든요. 윈트 연구를 오래 하다보니 '경험'과 '감'의 차이가 대략 무엇인지 실감하는 편입니다. 처음에는 윈트 관련 논문을 접해도 제대로 평가하기 어려웠습니다. 하지만 지금은 꽤 근접해서 가치를 평가할 수 있게 되었습니다. 물론 지금도 완전하다고 할 수는 없죠. 어쨌거나 탈모 치료제 쪽으로 가능성을 제시한 논문은, 저희가 보기에 가치가 있었습니다.

이렇게 보면 지난 20년은 윈트를 알아가는 시간이었던 것이죠. 이제야 윈트를 조금 이해하게 되었으니, 이제야 윈트를 타깃하는 신약개발을 제대로 시작해볼 수 있는 시간이 된 것이라고 볼 수 있습니다. 윈트를 오래 연구하다보니 개발 가능성에 대해 내부적으로 판단할 수 있게 되었는데, 그런 차원에서 CNS 쪽 질환 치료제 개발도 검토하고 있어요. 알츠하이머 병 환자나 파킨슨 병 환자에게 윈트 시그널링이 낮아지는 현상이 발견되거든요.

신약개발 이야기에서 미국이 빠지지 않습니다. 감히 따라갈 수 없는 존재들의 감히 따라할 수 없는 이야기처럼 유통됩니다. 현실적으로 미국과 한국은 차이가 많이 나죠. 하지만 정말 하나하나 열어보면 꼭 그런 것만은 아닙니다. 전 세계적 규모의 제약기업은 한꺼번에 엄청나게 많은 타깃을 가지고 신약개발을 합니다. 돈으로 확률을 사버리는 전략을 갖고 게임에 참여하고 있는 것이죠. 결국 게임에서 이기려면 판돈이 많아야 한다는 결론으로 이어집니다.

그런데 글로벌 빅 파마가 많은 것을 하고 있다는 것보다는, 오랫동안 하고 있다는 것에 주목하고 싶어요. 기초과학부터 내공을 쌓고, 원천기술을 획득해서, 이것을 가지고 퍼스트 인 클래스 신약을 개발하는 과정에 집중해야 하지 않을까요? 물론 글로벌 빅 파마라고 해서 내부에서 모든 것을 하지는 않습니다. 밖에서 사오는 것이 많죠. 단 기초과학의 가치를 인정하고 그것에 무게를 두거든요. 개발만 놓고 보면 10년 정도 걸리잖아요. 이것도 오래 걸린다고들 합니다. 하지만 기초과학까지로 눈을 돌리면 20년, 30년은 기본입니다.

그러니까 정말 퍼스트 인 클래스 신약을 내놓고 싶다면 정말 오래 해야 합니다. JW중외제약 입장에서 보면 윈트를 20년 가까이 해오고 있지만, 정말로 이제서야 윈트에 대해 조금씩 이해해가고 있다는 느낌을 받습니다. 윈트 미팅에 가면 여전히 기초과학 단계에서 윈트를 연구하는 연구자들이 많아요. 주로는 미국 연구자들인데 저희와 공동연구를 많이 합니다. 그리고 아직도 새롭게 밝혀지는 것이 많다는 점에 늘 놀라죠. 당연히 어떤 적응증으로 신약을 개발할 것인지도 열려 있습니다. 다시 암으로 돌아갈 수도 있고, CNS 쪽으로 길이 열릴 수도 있죠. 그리고 대사질환 치료제 개발 가능성도 보고 있고요.

제약기업이 기초과학자들과 함께 연구하려면 어떻게 해야 할까요?

우선 믿을 수 있는 기초과학 연구자를 찾아야겠죠. 단순히 페이퍼를 검토하거나 소개를 받아서는 믿을 수 있는 연구자인지 알기 어려워요. 여러 차례 직접 만나서 이야기를 해봐야 합니다. 저희는 거의 매년 최고 경영진과 R&D 부문 연구자들이 함께 미국 투어를 갑니다. 기초과학 연구자들을 만나러 다니거든요. 일단 만나서 직접 이야기를 해보면 알 수 있는 것들이 있어요. 정말 연구를 열심히 하고 있는 과학자인지 아닌지 느낌이 옵니다. 물론 상대방 입장에서도 마찬가지죠. 우리가 하고 있는 윈트 연구를 소개하고 어떤 프로젝트를 어떻게 진행하고 있는지 설명하면, 이야기를 듣는 기초과학자도 우리가 어떤 사람들인지 알아차립니다. 진짜 윈트로 뭘 해보려는 사람들인지 아닌지 금방 확인할 수 있죠. 이렇게 서로를 알아보고 난 다음에 공동 연구를 진행합니다. 이것도 한두 번으로는 안 됩니다. 뭐든지 한두 번으로는 안 되는 것 같아요.

찐으로 기초과학을 연구하는 과학자들을 만나면 반응이 다릅니다. 물론 우리가 연구비를 펀딩할 수 있는 제약기업이라는 점에서 기본적으로는 환영하죠. 하지만 엄밀히 말해서 JW중외제약만 펀딩할 수 있는 것은 아니잖아요? 제대로 연구하고 있는 과학자라면 어떻게든 연구비는 확보해낼 겁니다. 더 중요한 것은 윈트 연구를 함께 하고 있는 동료를 만났다는 점, 내 연구의 가치를 알아주는 제약기업을 만났다는 점, 그리고 합을 맞춰 진짜로 뭔가 해볼 수 있게 되었다는 점에 흥분합니다. 좋은 파트너를 만나면 들뜨잖아요. 서로의 연구 이야기를 듣고, 서로 코멘트를 하고, 해볼 수 있는 프로젝트를 계획하는 토론을 하면 신나죠. 물론 우리도 신납니다.

물론 여기에는 전제가 있습니다. 우리가 준비가 되어 있어야 한다는 점인데요, 파트너십을 맺고 공동 연구를 하는 기초과학 연구자도 자신의 자원을 쏟아야 하기 때문이죠. 시간과 노력을 쓰고, 자기 연구실의 인력을 동원해야 합니다. 자기 자신의 귀한 자원을 가지고 아무 연구나 하지 않아요. 그러니까 기초과학자가 우리에게 충분히 매력적이어야 하는 만큼, 우리도 기초과학자에게 충분히 매력적이어야 합니다. 물론 가장 중요한 매력 요소는 실력이죠. 제약기업도 그동안 어떤 물질을 개발해왔는지, 어떤 물질을 가지고 공동연구를 제안하러 왔는지, 학계에서 어떤 평가를 받는 연구를 해왔는지 등을 어필해야 합니다.

이런 조건이 맞아떨어지면 공동연구를 합니다. 기초과학 공동연구는 시간이 오래 걸리죠. 길게는 4~5년 정도 공동연구를 이어가는데, 처음부터 이 정도로 계획을 짜는 것은 아닙니다. 서로에게 부담이니까요. 1년 단위로 연구한 다음, 성과를 놓고 갱신 여부를 결정합니다. 기초과학 연구자나 제약기업 모두, 성과를 바탕으로 파트너십을 이어가는 것이 서로에게 도움이 되는 것이니까요.

성과가 나는 경우도 있지만 예상했던 것과는 다른 결과가 나오기도 해요. 연구라는 것이 그런 것이죠. 하지만 신뢰관계가 있다면 다른 가능성이 열립니다. 다른 연구로 넘어가기도 하고, 다른 연구자와 프로젝트를 소개받기도 합니다. 믿을 수 있는 사람들끼리 공동연구는 계속 이어집니다. 이런 과정은 단기간에 할 수 있는 일이 아닙니다. 오래도록 실력을 갖추고, 관계를 맺고, 평판을 쌓아야 가능해지죠. 돈만으로는 얻을 수 없는 강력한 자산입니다.

놀라운 퍼포먼스를 보여주는 기초과학자들을 만났을 때 그들에게 느껴지는 공통점이 있다면, 과학 이야기를 할 때 정말 진지해진다는 점입니다. 우리 연구에 대해 궁금한 것이 많다는 뜻이겠죠. 우리가 과학을 제대로 하고 있는 것 같다는 판단이 내려지면 질문해오고 토론하려고 하거든요. 부탁하지 않았는데도 피드백을 주고, 우리가 제안을 하러 갔는데 우리에게 먼저 제안하기도 합니다. 제약기업 입장에서도 즐겁습니다. 어떤 경우에는 제약기업을 그저 연구비를 내는 곳으로만 여기기도 합니다. 과학을 잘 모르는 장사꾼 정도로 여기는 것이겠죠. 그런데 찐으로 연구하는 기초과학 연구자들을 만나면 좀 다른 것 같아요. 정확하게 설명하기는 어렵지만 뭔가 다른 점이 있습니다. 그러니 저희도 준비를 많이 하게 됩니다. 우리도 물어볼 것이 많지만, 대답해줘야 할 것들이 많으니까요.

전략이라기보다는 습관, 태도, 문화처럼 들립니다.

제약기업에서 연구하는 연구자라면 이렇게 일할 수 있는 소양을 갖추고 있어야 한다고 생각하는 편입니다. 밖에 있는 연구자들과 협업을 하려면, 일단 자기가 만족할 수 있는 정도로 자기 연구를 해놓아야 합니다. 연구자들끼리는 딱 보면 알거든요. 제대로 연구를 하고 있는지 아닌지. 좋은 외부 연구자와 협업을 하려면, 내가 좋은 내부 연구자여야 하는 것이죠. 연구비 펀딩을 하겠다고 돈을 가지고 가는 것만으로는 협업할 수가 없어요. 상대가 안 받으니까요.

물론 제약기업이 내부 연구자들에게 좋은 환경을 갖춰주는 것이 중요하겠죠. 그런데 이런 환경도 자연스럽게 자극을 주는 방식이어야 합니다. 내부 연구자들에게 무작정 연구를 열심히 하고, 성과를 내라고 일방적으로 이야기할 수 없어요. 외부의 실력 있는 연구자들을 만나게 해주고, 공동연구를 할 수 있게 해주면 자연스럽게 자극을 받거든요. 더 실력을 쌓고 공부해야 한다는 자극이죠.

제약기업이 이런 환경을 갖추는 것은 쉬운 일이 아닙니다. 한 가지 타깃을 가지고 기초과학부터 쌓아가며 20년 넘게 연구를 이어간다는 것이, 말처럼 쉽게 내릴 수 있는 경영적인 판단이 아니잖아요. 이렇게 해야 한다는 것을 머릿속으로 알고 있어도, 기업을 책임지는 최고 의사결정권자 입장에서는 쉬운 결정이 아닙니다. 그래서 최고 경영진이 직접 외부 연구자들을 만나러 다니는 것 같아요. 이론적으로만 머리속으로만 이런 방식의 전략을 계속 끌고 가기는 어렵거든요. 그런데 현장 연구자들을 만나서 직접 이야기를 나눠보고, 연구자들의 열정을 직접 눈으로 확인하면 달라지죠. 최고 경영진도 우리처럼 몸으로 직접 느끼는 것들이 있습니다. 최고 경영진이 저희와 함께 매년 미국을 돌아다니면서 연구자들을 만나는 것도 이런 이유에서가 아닐까 합니다.

눈에 보이는 성과를 만들어낸 것도, 이런 방식으로 R&D를 할 수 있게끔 도와주었습니다. JW중외제약이 지금까지 한 번씩 크게 성장한 계기는 대부분 뭔가를 개발했거나 개발하려고 노력했을 때였거든요. 1960년대에 리지노마이신(RIZYNOMYCINE®, 성분명: tetracycline) 합성에 성공했을 때, 2000년대 초반 항균제 신약인 큐록신(Q-ROXIN®, 성분명: balofloxacin)을 개발했을 때, 병원에서 꼭 필요한 수액 국산화와 수출에 성공했을 때가 대표적입니다.

예를 들어 C&C신약연구소도 마찬가지죠. 지금은 로슈에 합병된 일본 주가이 제약과 1990년대 초반에 5 : 5로 출자해서 신약개발만을 위한 연구소를 열었던 것이 C&C신약연구소입니다. 지금이나 그때나 주가이 제약은 일본에서 5위권 안에 드는 대형 제약기업입니다. 그런 주가이 제약과 함께 연구소를 운영한다는 것은 큰 결정이었죠. C&C신약연구소가 시작했을 당시에는 신약개발에 나설 수 있는 우리의 토대가 매우 허약했습니다. 그래서 우리 연구자들이 주가이 제약 쪽으로 넘어가서 공동연구를 하면서 배워왔습니다. 6개월씩 파견을 가서 연구 경험을 쌓고 돌아오는 식이었죠. 시간이 걸리는 일이지만 시간을 써야 하는 일이기도 하니까, 당시 최고 경영진이 기꺼이 결정했던 것 같습니다.

지금 C&C신약연구소는 JW중외제약의 100% 자회사가 되었습니다. 이곳에서 STAT(signal transducer and activator of transcription)를 타깃으로 해서 항암 신약을 개발하는 연구를 20년 정도 이어오고 있죠. STAT 단백질은 세포 안에서 여러 가지 신호를 전달합니다. 이 신호전달로 인해 유전자를 발현시키는 등의 일이 일어나죠. 즉 세포의 증식, 생존, 면역 반응과 관계가 있습니다. STAT는 암세포에서도 역할을 하는데, STAT의 활성을 조절하면 항암 치료제를 개발할 수 있을 것으로 보고 있습니다. 이렇게 항암 신약 개발로 시작했는데, 면역 쪽으로도 확대하고 있습니다.

JW중외제약의 자부심인 수액도 마찬가지입니다. 의료 행위를 하는 데 수액은 절대적으로 필요한 물건이잖아요. 그런데 많이들 개발하지 않습니다. 의외로 전문성이 많이 필요한 영역이거든요. 특히 식사를 할 수 없는 환자들에게 영양분을 공급하는 영양 수액 같은 경우는 기술력이 많이 필요합니다. 게다가 제조업의 성격이 있기 때문에 생산하기 위한 플랜트에 투자를 많이 해야 하고, 수액 원료에 대한 소재 공학 연구도 필요합니다. 전 세계적으로 봐도 수액은 특정 기업들이 주로 합니다. 박스터(Baxter)와 프레지니우스 카비(Fresenius Kabi), 비브라운(B. Braun) 같은 기업들이죠. JW중외제약은 오랫동안 수액을 개발해서 공급해왔고, 지금은 JW생명과학에서 수액을 맡고 있습니다. 저희만 수액을 생산에서 공급하는 것은 아니지만, 우리가 한국에서 독보적이라는 자부심이 있어요. 우리만 할 수 있는 일이라는 자부심이죠. 예를 들어 수액 매출이 1년에 2,000억 원이 안 되던 시절에 1,600억 원을 투자해서 공장을 지었습니다. 오랫동안 연구하고 개발하고 공급해서, 우리만 할 수 있는 일을 하는 것이죠. 이런 분위기가 있으니 신약개발도 기초과학부터 시작해서 오랫동안 우리 내공을 쌓고, 우리만 할 수 있는 것을 하는 쪽으로 방향을 잡을 수 있었습니다.

결국에는 자신감이 중요한 것 같아요. 오랫동안 제대로 연구하면, 아는 것이 늘어나고 안목도 좋아지죠. 내가 스스로 판단할 수 있으니 불안함을 느끼면서 트렌드를 지나치게 따라가는 방식으로 연구하지 않아도 됩니다. '결국에는 될 것 같다!'라는 판단을, 근거를 가지고 할 수 있으면 꾸준히 투자할 수 있습니다. 물론 세상일을 모두 알 수 없으니 결국에 실패할 수도 있습니다. 하지만 그 시간 동안 제대로 했다면 노하우는 쌓여요. 어디에서도 얻을 수 없는 노하우, 신약개발 R&D를 어떻게 해야 한다는 개념 같은 것들이 잡히거든요. 그것만으로도 큰 자산이 되죠. 그것을 가지고 다시 하면 되니까요.

JW중외제약이 신약개발을 하기에 완벽한 조건이라고 생각하지는 않습니다. 부족한 것이 많죠. 기업 규모가 더 커져서 R&D 비용이 늘어나면 당연히 더 좋을 것이구요. 하지만 완벽한 조건을 다 갖추고 신약을 개발한다는 것도 말이 안 된다고 봅니다. 전 세계적인 규모의 제약기업이라고 해서 크게 다르지 않겠죠. 누구에게나 부족함이 있습니다. 우리도 부족하고 불안하지만, 점점 확신도 생기고 있어요. 이대로 제대로 하면 결국 되겠다는 확신이죠.

펠루비

PELUBI

→ 펠루비프로펜(pelubiprofen), 비스테로이드성 소염 진통제, 2007

§

대원제약을 취재하러 간 적은 없었다. 종종 눈에 띄는 R&D 결과 발표를 본 적이 있고, R&D를 위해 다른 제약기업이나 바이오텍과 협업에 나선다는 소식을 들었던 것이 전부다. 오히려 감기약 광고로 더 익숙했다. 신약을 개발했을 것이라고는 생각하지 못했는데, 인터뷰 목록에 올라와 있는 것을 보고 잠깐 놀랐다. 대원제약이 신약을 개발했었다고?

펠루비(PELUBI®, 성분명: pelubiprofen)는 2007년에 대원제약이 국산 신약 12호로 출시한 비스테로이드성 소염 진통제(NSAIDs)다. 펠루비의 매출은 성장세다. 2020년 298억 원, 2024년 621억 원의 매출을 올렸다. 비스테로이드성 소염 진통제 시장에는 이부프로펜(Ibuprofen)이나 디클로페낙(diclofenac) 같은 오래된 약물들이 있다. 이미 시장에서 한 자리씩 차지하고 있는 약물들이 있는데, 뒤늦게 개발한 약물로 꾸준한 성장세를 만든다는 것은 쉽게 설명하기 어려운 일이다.

문을 열고 들어간 대원제약 사옥 로비에는 미술품들이 여러 점 전시되어 있었다. 새로 지은 건물인지는 알 수 없었지만 새로 단장했다는 느낌이 뚜렷했다. 로비에서 전화를 하자 담당자가 내려와 명함을 건넸다. 보통은 홍보팀 직원이 먼저 나와 맞이하는데, 명함을 읽어보니 연구자였다. 대원제약은 제법 오래된 제약기업이었고, R&D를 책임지고 있는 인터뷰이도 오랫동안 대원제약에서 연구를 해온 중견 연구자였는데, 인터뷰를 하는 내내 '젊다.'는 느낌이 컸다. 제약기업에 와 있다기보다는 바이오텍에 와 있는 느낌이었다. 바이오텍이 자리를 잘 잡아 성장한다면 이런 느낌일 수 있겠다는 생각이 들었다.

김주일

대원제약 R&D 부문장(부사장)

1997년에 대원제약에 합류했는데, 올해가 2025년이니까 꽤 오래 다녔네요. 계속 R&D 분야에 있었으니 연구도 오래한 편입니다. 저는 신약개발 연구를 하는 것이 좋습니다. 아픈 사람을 고치고, 죽어가는 사람을 살리는 일을 하는 것이잖아요. 신약을 개발하지 못해도, 그래서 실패하더라도 적어도 다음 사람에게 알려줄 수는 있죠. '이쪽 연구는 내가 해봤는데, 이쪽으로는 오지 마!' 어떤 식으로든 신약을 만드는 데 도움을 줄 수 있어서 좋습니다.

대원제약에서는 수지타산이 맞지 않는 저가약도 만듭니다. 페노바르비탈(phenobarbital)이라는 약물이 있는데요, 값이 아주 싼 간질 약이죠. 한 알에 30원 정도 받는데, 포장비만 900원입니다. 만들면 손해가 나는 약이기는 하지만 생산합니다. 환자가 많지 않지만 필수의약품이거든요. 돈이 안 되거나 손해가 나는 제품도 만드는데, 써도 그만 안 써도 그만인 물건이 아니라 약이니까 만드는 거죠. 이런 점도 좋습니다.

무엇보다 신약을 개발하면서 성장해가는 것이 좋았습니다. 대원제약은 펠루비라는 소염 진통제를 개발했습니다. 저는 개발 과정의 중간부터 참여했지만, 그래도 거의 전 과정을 지켜볼 수 있었습니다. 펠루비 이전과 이후를 다 경험할 수 있었는데, 그 차이가 꽤 크더라구요. 이런 성장을 경험하는 것도 좋았습니다.

대원제약에 들어왔을 때, 펠루비 연구가 이미 진행되고 있었습니다. 임상2상을 하고 있었던 것으로 기억되네요. 펠루비는 일본에서 개발이 진행되다 멈춘 것을 저희가 도입해서 개발을 완료했죠. 일본의 산쿄가 록소프로펜(loxoprofen)과 펠루비프로펜(pelubiprofen)이라는 물질로 신약을 개발하고 있었습니다. 록소프로펜으로 소염 진통제를 개발하는 프로젝트가 먼저 성공해서 시장에 나왔고 반응도 좋았습니다. 펠루비프로펜 프로젝트는 자연스럽게 접었더군요. 그래서 저희가 이것으로 개발을 한번 해보자는 생각으로 도입했습니다. 해볼 만한 전략이라고 판단했죠.

펠루비프로펜을 사올 것이냐 말 것이냐를 최종 결정하는 테이블에서는 '남들이 포기한 것을 사와서 신약으로 개발하는 것이 정말 잘 하는 일인가?'를 두고 고민이 많았겠죠. 개발을 시작하면 돈 들어갈 일들만 기다리고 있으니까요. 심지어 개발에 성공해도 그 다음에 어떻게 해야 하는지에 대한 감도 없었습니다. 펠루비프로펜을 사왔을 때, 대원제약에는 의약품을 합성하는 능력도 없었거든요. 쉽게 말해 원가 계산조차 할 수 없는 수준이었습니다.

당시 최고 경영진이 무슨 생각으로 이런 무모한 일에 덤벼들었는지 가늠이 잘 안 되지만, 펠루비프로펜을 사기로 결정했습니다. 그리고 신약개발을 하는 데 필요한 것들을 하나씩 사들였습니다. 가장 먼저 한 일은 상용화 제품으로 합성할 수 있는 능력을 가진 연구자를 중앙연구소장으로 스카웃한 것이었죠. 그리고 원가 계산을 해보고, 규제기관에서 허가를 받으려면 어떻게 해야 하는지 스터디했죠.

상업화에서 제일 중요한 것 가운데 하나가 약의 가격을 좋게 받는 것입니다. 맨 처음에는 시장에서 판매되고 있던 비스테로이드성 소염 진통제인 디클로페낙이라는 약물과 펠루비프로펜의 효능을 비교하는 임상시험을 했습니다. 임상시험을 성공적으로 끝마쳤는데, 디클로페낙과 같은 가격으로 우리 신약을 공급해야 한다더군요. 1978년에 특허를 받고, 1988년에 판매가 승인된 디클로페낙과 같은 가격으로 우리 신약을 공급하면 망하는 거죠. 그래서 1993년에 특허를 받고 1999년에 승인을 받은, 좀 더 최근에 개발된 약물인 COX-2 저해제 세레콕시브(celecoxib)와 비교하는 임상시험을 다시 했습니다. 세레콕시브와 비교한 임상시험에서 결과가 좋았지만 이때도 합리적인 가격을 받지는 못했습니다. 다만 원가 계산하는 법부터 하나하나 세팅해갔다고 했잖아요? 약가를 낮게 받았지만 생산원가를 낮추는 방법을 찾아서 펠루비를 출시하게 되었죠.

한국 제약기업들 가운데 현재 대원제약은 처방약을 기준으로

10위 안에 듭니다. 대원제약이 개발한 펠루비가 10위 안으로 들어가는 데 큰 역할을 해주었죠. 개발 첫 해에는 5억 원 정도 매출이 있었는데, 이후 7~8년까지도 50억 원을 못 넘겼습니다. 그러다가 2024년에 700억 원 정도까지 올라갔습니다. 펠루비 개발을 시작했을 때 대원제약의 연매출이 300억 원 정도였는데, 지금은 연매출이 약 6,000억 원 정도 됩니다. 신약과 함께 성장하고 있는 셈이죠. 아주 단순한 명제입니다. '신약개발 R&D라는 모험을 해서 1개라도 성공하면 한국에서는 10위권 제약기업에 들어갈 수 있다!' 그런 면에서 대원제약과 펠루비 사례는 의미하는 것이 있겠죠.

펠루비를 개발할 수 있었던 요인을 무엇이라고 보시나요?

현재 대원제약은 2세분들이 오너십을 가지고 있습니다. 1958년 설립된 회사이고, 1996년부터 2세 경영이 시작되었죠. 창업주가 갑자기 세상을 떠나시는 바람에 그렇게 되었다고 들었습니다. 그리고 2세 경영이 시작되던 당시에 의약 분업이 있었습니다. '진료는 의사에게, 약은 약사에게'라는 말이 이때 나왔죠. 의약 분업 전에는 많은 제약기업들이 동네 병의원에 의약품을 공급하는 것에 힘을 기울였습니다. 당시에는 동네 병의원에서 의사가 약을 처방하면, 그 병의원에서 약을 직접 제조해주었거든요. 그래서 개별 병의원에 의약품을 공급하는 영업 전략이 유효했습니다. 대원제약도 이런 방식이 주력이었죠.

그런데 2세 경영이 시작되던 때 의약 분업이라는 환경이 만들어졌고, 이를 돌파하기 위해 본격적으로 신약개발에 들어가기로 했습니다. 병의원 개별 영업은 수익률이 낮을 수밖에 없어요. 다른 제약기업들과 비슷한 의약품을 가지고 경쟁력을 가지려면, 가격을 낮게 공급하는 것 말고는 특별한 전략을 세우기 어려우니까요. 그런데 의약 분업이 실시되고 판이 달라진 것이죠. 그래서 이참에 신약개발 쪽으로 전략을 바꾸었습니다. 물론 준비가 되어 있지는 않았죠. 완전히 다른 일을 하는 것이니까요.

그리고 처음으로 개발하려고 했던 것이 소염 진통제였습니다. 여러 가지 분야 가운데 소염 진통제 개발로 방향을 잡은 것은 '해볼 수 있을 것 같은 분야'였기 때문인데요. 사실 소염 진통제 신약을 개발한다고 해도 높은 가격을 받을 수는 없습니다. 이미 시장에 저렴한 소염 진통제들이 나와 있었으니까요. 하지만 반대로 개발 과정에서 리스크를 줄일 수 있다는 장점이 있었죠. 이미 의약품이 나와 있다는 것은 개발이든 임상시험이든 활용할 수 있는 데이터가 많다는 뜻이었으니까요. 소염 진통제는 약효를 예측하기도 좋았는데, 화합물의 핵심 골격(모핵)이 잘 알려져 있고 약물이 몸속에서 어떻게 흡수되고 퍼지고 대사된 다음 배출되는지에 대한 것도 잘 알려져 있었습니다. 당시 상황에서 당뇨 치료제 같은 것을 개발하겠다고 했으면 멋은 있었겠지만, 신약개발로 끌고 가기는 정말 어려웠을 겁니다.

그럼에도 전형적인 신약개발 전략은 아니었습니다. 그럴 수밖에 없죠. 그동안 신약개발을 해오던 것이 아니었으니 전형적인 신약개발 전략을 쓴다는 것이 더 이상한 것이죠. 일단 우리가 해볼 수 있는 것을 찾아야죠. 우리 개발 능력, 임상시험 능력으로 감당할 수 있는 물건을 찾아내서 싸게 사오는 것이 유일한 방법이었습니다. 저도 독일에 가서 무작정 연구실들을 찾아다니고는 했거든요. 건질 수 있는 물건을 찾으러 다니는 것이죠. 글로벌 빅파마 입장에서 굳이 개발할 필요를 느끼지 못하는, 하지만 가능성이 있는 물질을 좋은 가격에 사오는 전략이었습니다.

연매출이 300억 원이면 1년에 영업이익이 30억 원 정도 됩니다. 그런데 신약개발 과정에서 임상시험을 한 번 하려면 1년에 30억, 40억 원 이상 들어가요. 1년치 영업 이익을 모두 투자하는 정말로 큰 리스크가 걸린 모험을 하는 것인데, 더 큰 문제는 시간입니다. 펠루비는 적응증을 1년에 1개씩, 2년에 1개씩 늘려갔습니다. 돈을 벌어서 적응증 늘리는 임상시험을 1개 진행하고, 또 돈을 벌어서 임상시험을 1개 더 하고… 이렇게 나아간 것이죠. 비교할 대상은 아니지만 전 세계적 규모의 제약기업은 신약을 개발할 때 한 번에 여러 가지 적응증 임상시험을 동시에 합니다. 합리적인 전략이죠. 신약이 확실하다면 한 번에 여러 가지 적응증으로 허가를 받고, 특허가 끝나기 전까지 시장점유율을 최대한 올려놓을 수 있으니까요. 물론 돈이 있어야 가능한 일이잖아요? 한국의 제약기업, 특히 대원제약 정도 규모의 제약기업이 하기 어려운 일이죠.

이렇게 이야기하면 설득력이 떨어질 수는 있기는 한데… 다들 꿈을 꾸고 있었다고 생각합니다. 신약을 개발하는 꿈을 꾸고 있었으니까 이런 일들을 벌일 수 있었을 겁니다. 그런 이유가 아니라면 설명이 잘 안 됩니다. 여기서 '꿈'도 중요하지만 '다들'도 중요해요. 기업이라고 하면 엄청 역동적일 것 같잖아요. 그런데 실제로는 기업처럼 안 움직이는 곳도 없어요. 누군가 '이런 것을 해보자!'라고 하면 모두가 다른 입장을 가집니다. 저마다 이해관계가 다르잖아요. 게다가 해보자는 것이, 한 번도 해본 적이 없고 리스크가 엄청나게 큰 신약개발이라면 더 그렇죠. 보수적이 되는 것이 자연스럽습니다. 검토하고 검토하고 검토하면, 하지 말아야 할 이유가 겹겹이 쌓입니다. 망하는 길로 들어가자는 결정일 수 있으니까요. 펠루비 개발을 하겠다고 마음을 먹었던 것은 정말 비합리적인 결정이었는지도 모릅니다. 아무리 오너의 결심이라고 해도, 최고 경영진의 전략이라고 해도 전사적으로 결정을 내리기는 어려워요. 돌이켜보면 좋게 말해 오너부터 막내 직원까지 다들 꿈을 꾸고 있었던 것이고, 다들 미쳐 있던 것 같아요. 이렇게 미쳐 있을 수 있었던 이유는, 이쩌면 기업의 규모가 너무 크지 않았기 때문이었던 것 같기도 합니다. 대기업처럼 규모가 컸다면, 아마 더 세련된 방식으로 반대하는 목소리가 나왔겠죠? 그런데 규모가 작으니까, 몇 명이 모여서 '일단 가보자!' 이렇게 결정할 수 있었을 겁니다. 두렵기는 했는데, 지나고 나서 보니 시간이 많이 걸리고 해야 할 일이 많았을 뿐이지 못 할 일은 아니었다는 생각이 듭니다.

펠루비 개발에 다른 성공 요인은 없었나요?

펠루비를 개발하던 시기, 한국의 여러 제약기업들이 신약개발에 막 뛰어들고 있었죠. 개별 제약기업뿐만 아니라 업계 전체, 규제기관까지 전체적으로 '할 수 있다! 해보자!' 이런 분위기가 있었는데, 이런 분위기도 크게 작용했다고 생각합니다.

펠루비를 개발하면서 규제기관과의 파트너십도 좋았던 것으로 기억합니다. 의약 분업이라는 상황에서 제약 업계가 전체적으로 바뀌어야 했고, 변화의 방향은 국산 신약을 개발해보는 것으로 잡혔거든요. 규제기관에서도 적극적으로 신약개발을 위한 백업을 해주었죠. 예를 들어 펠루비를 처음 내놓았을 때 적응증이 1개였습니다. 골관절염 치료제라는 라벨 하나만 달고 나왔거든요. 이걸 10년 동안 요통, 류마티즘 관절염, 급성 상기도 감염증으로 적응증을 늘렸습니다. 중간에 약물이 천천히 방출되는 펠루비 서방형 제제도 개발했지만, 어쨌거나 처음에는 적응증이 1개인 의약품을 개발하겠다고 임상시험을 신청했는데도 규제기관에서 적극적으로 상담해주고 적극적으로 허가를 내주려고 했습니다. 규제기관의 열정이 없었다면 저희 힘만으로는 어려웠을 겁니다. 다들 용감했죠.

돌이켜보면 규제기관이 정말 적극적이었습니다. 오래전 일이고, 개인적인 느낌이며, 규제기관의 모든 구성원들이 그랬는지는 자신할 수 없지만 적극적이었다는 기억이 남아 있어요. 규제기관이 자기 소명을 이루려는 것 같은 느낌이었습니다. 한국에서 신약을 개발하는 과정에 규제기관으로서 함께 하려고 하는 느낌이요. 같이 고민하는 시간도 많았습니다. 펠루비를 개발하기 시작했을 때, 제약기업들만 신약개발 역량이 부족했던 것은 아닙니다. 규제기관 입장에서도 신약을 규제하고 승인하는 일이 낯설었죠. 규제기관도 답을 가지고 있지 않으니, 어떤 일이 생기면 함께 논의하고 같이 문제를 풀려고 했어요. 그런 태도만으로도 큰 힘이 되었습니다.

규제기관의 도움이 없으면 대형 제약기업도 신약을 개발하기 어렵습니다. 하물며 작은 제약기업은 말할 것도 없죠. 대원제약이 펠루비 개발에 뛰어들어 우당탕탕하고 있을 때, 한국에서 50위권 제약기업이었습니다. 50위면 그래도 중상위권 아니냐고 볼 수도 있지만 그렇지 않습니다. 어떤 선이 있는데, 그 선 아래에 있으면 신약개발을 못하는 것은 마찬가지입니다. 1등부터 몇 백 등까지 순서대로 있는 것이 아니고, 신약을 개발할 수 있는 그룹과 그렇지 못한 그룹으로 나뉜다고 봐야죠. 대원제약은 그 선을 넘으려는 시도를 하고 있었고, 이때 규제기관의 도움이 꼭 필요했던 것이죠. 모르는 것을 물어볼 수 있는 곳, 같이 답을 찾아갈 수 있는 파트너가 절실한데 규제기관이 그 역할을 해주었죠. 지나간 일은 대부분 좋게 기억하게 되잖아요. 그래서인지는 모르겠지만 규제기관과의 파트너십이 좋았고, 큰 힘이 되었습니다.

펠루비 이전과 이후에 달라진 것들이 있다고 하셨는데.

신약을 개발하는 것은 단순히 돈을 많이 벌어들이는 제품을 한 가지 가진다는 것에 머무르지 않습니다. 제 경험에 따르면 그렇더라구요. 신약을 개발하는 과정 자체가 제약기업이 성장해가는 과정이죠. 신약을 개발하면서 기업의 시스템을 바꾸고, 문화를 바꿀 수 있었습니다. 사람들의 생각이 바뀌어가는 것도 보았죠. 최고 경영진부터 신입사원까지 'R&D를 해야 한다.' '신약을 개발해야 한다.'는 생각이 강해지죠. 물론 팔리는 신약을 개발했기 때문입니다. '개발할 수 있다.' '돈이 된다.' '성장할 수 있고 달라질 수 있다.'와 같은 공감대가 강력하게 자리를 잡아가는 것이 눈에 보입니다. 이런 자산들이 쌓여가는 것이 더 중요한 것 같아요.

펠루비를 개발하고 나니 회사 전체적으로 분위기가 달라졌습니다. 직원들이 영업을 하러 나가면 의료진을 만나야 하잖아요. 신약이 없을 때는 뭔가 자신감이 부족했다면, 신약을 들고 나가면 자신감이 생긴다고 하더라고요. 우리는 신약을 개발한 회사다 이거죠. R&D 부문 직원들은 말할 것도 없습니다. 최고 경영진도 자신감이 생기면서 R&D에 투자하는 리스크를 기꺼이 떠안는 방향으로 전략을 짜고 경영을 펼치게 되었습니다.

우리는 자신감이 넘쳤지만 밖에서는 그렇게 보지 않는 시선도 있었습니다. 개발 첫 해에 펠루비 매출이 5억 원 정도 되었을 겁니다. 그런데 록소프로펜 제네릭을 하면 몇십 억 원 매출은 거뜬했죠. 바보 같은 짓을 한 것 아니냐는 말을 듣고는 했습니다. 하지만 그런 시선은 결국 시장이 정리해주지 않았나 싶습니다. 펠루비 이전에 대원제약 매출의 90% 정도가 동네 병의원이었고 종합병원은 10% 남짓이었습니다. 그런데 펠루비 이후에는 점점 비중이 달라졌죠. 지금은 종합병원이 40% 정도를 차지합니다. 동네 병의원 영업은 아무래도 영업 담당자와 의사 사이의 스킨십이 중요했다면, 종합병원은 임상 데이터 같은 것들이 더 중요하죠. 이제는 영업 파트가 R&D의 중요성을 실감하고 적극적으로 요청합니다. 그리고 종합병원과 접점이 생기다보면 의도하지 않아도 새로운 기회들을 검토하게 됩니다. 임상시험 아이디어가 들어오고, 새로운 프로젝트에 대한 제안이 들어옵니다. 이런 것들을 검토하다보면 R&D 파트는 늘 분주해집니다. 의도하지 않아도 회사의 체질이 바뀌는 것이죠. 외부자들도 이런 변화를 보게 되면서 자연스럽게 우리를 향한 시선도 달라졌습니다.

첫 성공 이후, 다음 프로젝트들은 어땠나요?

펠루비는 처음으로 도전했던 신약이었는데, 여러 가지 조건과 분위기가 맞물리면서 개발에 성공했습니다. 첫 도전이 성공으로 이어졌으니 얼마나 자신감이 붙었겠습니까. 그래서 여러 가지에 도전했는데 아쉽게도 대부분 실패했습니다. 돌이켜보면 당연한 일이었습니다.

펠루비 이후 얻은 자신감을 바탕으로 프로젝트를 많이 열었습니다. 고지혈증 치료제 개발은 임상2상까지 갔는데 원료비를 맞출 방법이 없어서 멈췄습니다. 임상2상 결과가 좋게 나왔지만 상업화에 이르지는 못했고, 또 한 수 배운 거죠. 메커니즘이 좋고 독성이 없어도, 상용화되기 어려운 원료 의약품 구조도 있더라고요. 나중에 보니 신약개발을 많이 하는 제약기업들은 초기에 검토하는 부분이더군요. 이렇게 하나를 배우고, 계속 프로젝트를 열었다가 접고, 진행하다가 멈추면서 배우는 것들이 늘었네요. 지금도 배우고 있는 중이죠.

비만 치료제도 실패한 경험이 있습니다. 임상1상까지는 살이 빠지는데, 임상2상에서는 안 빠지더라고요. 마침 비만 치료제 시장이 변하고 있었습니다. 전에는 5~8% 정도만 빠져도 괜찮다고 생각했는데, GLP-1 계열 약물이 나오면서 10% 이상은 빼야 하는 세상으로 변해버린 거죠. 일단 멈추기는 했는데 완전히 중단한 것은 아닙니다. 약간은 기회를 보고 있어요.

다만 개량신약 쪽에서는 어느 정도 안정적으로 성과를 내고 있습니다. 펠루비와 그 이후 신약개발을 하면서 임상시험 조직을 새로 갖추었습니다. 그런데 임상시험 조직이 유지되려면 신약이 계속 나와서 임상시험이 계속 돌아가야 합니다. 물론 신약을 계속 쏟어낼 수는 없죠. 그래서 이 조직을 가지고 개량신약 분야에 도전하기로 했습니다. 그런데 안정적인 성과가 나기 시작했습니다. 지금은 신약개발이 주는 리스크를 덜어주는 역할을 톡톡히 해주고 있죠. 이것도 펠루비를 개발하면서 임상시험 분야를 경험하지 않았다면, 그리고 투자하지 않았다면 얻을 수 없었겠죠. 이렇게 균형을 잡아가고 있습니다.

눈에 보이는 작은 성과들을 소중하게 생각하는 것이 중요해 보입니다. 펠루비 같은 신약은 매일 나오지 않습니다. 성공하면 매출이 늘어나고, 자신감이 솟구치고, R&D만이 살 길이라는 명제에 대한 공감대가 강력해지죠. 그런데 매일 일어나는 일이 아니다보니 다시 원래로 돌아가려는 관성이 있어요. 그런 점에서 보면 개량신약을 했던 것이 중요했습니다. 개량신약 파트에서는 작은 성장의 결과물들이 꾸준히 쌓이거든요. R&D 파트, 영업 파트, 경영진까지도 작은 성공을 꾸준히 보면서 믿음이 생깁니다. 연구를 하면 성과가 나고, 성과가 나면 매출이 늘고, 신약을 개발할 가능성이 점점 높아지는 회사가 되어간다는 것을 실감하게 되는 거죠. 그리고 어느 순간이 되면 의심이 사라집니다. R&D는 당연히 해야 하는 것이고, 신약은 당연히 개발해야 하는 것이 되더라고요. 모두가 이 부분을 당연하게 여기면 또 새로운 장이 열립니다. 기업이 항상 좋을 수는 없잖아요. 어떤 식으로든 위기가 한 번씩 찾아옵니다. 그럼 위기를 R&D로 돌파해야 한다는 공감대가 전체적으로 만들어지고, 또 실제로 R&D를 통해 위기를 돌파합니다. 그리고 다시 이런 문화가 더 강화되는 거죠.

사실 여전히 제네릭을 잘 하는 것이 더 쉽게 가는 길인 것은 맞아요. 한국에서는 아직 통하는 면이 있습니다. 신약개발은 너무 어렵고 개량신약도 쉽지 않아요. 고생이죠. 그런데 작은 성공과 작은 성공 이후의 변화를 경험하면 '고생했다.'는 것을 잊어버리는 것 같아요. 단기 기억상실증에 걸립니다. 고생했다는 것은 다 까먹고는 'R&D를 좀 더 강화해야 하는 것 아닌가?' 하고 몸이 그냥 움직이죠.

그래도 사람들이 이제 많이 익숙해져 있는 것 같아요. 근력 운동 같은 것이겠죠. 처음에는 가벼운 무게를 들 때도 힘들잖아요. 하지만 조금씩 중량을 올려가다보면 나중에는 꽤 무거운 중량을 들 수 있죠. 그런데 무거운 중량을 들고 있을 때도 힘들기는 마찬가지입니다. 계속 힘든 거죠. 제 기억에 위기가 아니었던 적이 한 번도 없어요. 경기는 항상 안 좋았는데 성장한 것을 보면 신기하더라고요. 근육이 멋지게 붙어 있는 것을 가끔씩 보고는 합니다. 이런 패턴을 되풀이하고 있습니다.

지금 갖고 계신 고민들이 궁금합니다.

펠루비를 개발할 당시, 그러니까 2000년도에 연매출 300억 원 정도를 했는데 2024년에는 6,000억 원까지 연매출이 올라왔습니다. 지금 목표는 연매출 1조 원을 넘기는 겁니다. 1조 원을 넘기면 자체 R&D 비용으로 1,000억 원 넘게 쓸 수 있거든요. 글로벌 임상시험을 우리 힘으로 할 수 있습니다. 전 세계적 규모의 제약기업들과 파트너십을 맺고 신약을 개발할 수 있죠. 이런 것을 꿈꾸는데, 물론 다 같이 꾸는 꿈이 되어야 해서 R&D하는 직원들에게 늘 이야기합니다. '1조 원을 넘기면 우리도 글로벌로 간다!' 글로벌로 나가서 임상시험도 하는 등 글로벌 플레이어가 되는 것이 R&D하는 사람들의 가장 큰 꿈이니까요.

그래도 여전히 제일 어려운 것은 R&D입니다. 대학에서 기초과학을 하는 것이 아니고 기업에서 하는 R&D이다보니 시장성을 예측해야 하는데 쉽지 않네요. 아무리 좋은 의약품이어도 쓰겠다는 사람이 없으면 안 되죠. 팔릴 의약품을 만들어야 하는데, 처음엔 좋다고 예상했는데 막상 만들고 나면 왜 만들었는지 모르는 제품들도 많거든요. 그래도 연구를 멈출 수는 없잖아요. 누군가는 책임을 지고 프로젝트를 결정해야죠. 이 부분이 제일 어렵습니다.

상대적으로 네트워킹은 잘 되는 편입니다. 기초과학 연구자들과의 네트워크가 중요한데, 이 부분만큼은 자신하고 있어요. 기초과학을 하시는 분들은 한눈팔지 않고 자기 연구를 깊게 팝니다. 그렇게 하는 것이 당연하죠. 다만 한눈을 팔지 않다보니 시장 가치에는 어두운 편입니다. 자기 연구가 소중하지 않은 연구자는 없어요. 그래서 시장 상황과는 무관하게 높은 가치를 매기기도 합니다. 기업과 학계 사이에 있는, 이런 평가의 차이를 메울 수 있는 방법은 마땅히 없습니다. 다만 연구자 입장으로 다가가서 토론하는 편입니다. 왜 우리가 교수님 연구의 가치를 이 정도로 평가하는지에 대해 의견을 제시하고, 그에 대해 이야기를 나누죠. 연구 자체에 대한 이야기도 많이 합니다. 어떤 실험을 했을 때 결과가 의도대로 나오지 않았다면, 어떤 부분을 변경해서 한 번 더 해보면 좋을지 서로 의견을 나누고 그렇게 새로 실험을 해봅니다. 중요한 것은 실패한 결과를 가지고 연구자에게 책임지라고 몰아붙이지 않는 것인데, 중요한 기업 문화라고 생각합니다. 이렇게 하다보면 신뢰가 쌓입니다. 신뢰가 쌓이면 다른 프로젝트를 할 수 있는 원동력이 되죠. 다른 기초과학 연구자를 소개받기도 하면서 네트워크가 넓어집니다.

기초과학자들과 신뢰 관계를 쌓아가며 네트워킹을 하고, 그렇게 R&D를 해나갈 수 있는 바탕에는 장기근속 연구자들이 있습니다. 따로 세어본 것은 아닌데 R&D 파트 직원 가운데 40% 이상이 10년 이상 대원제약에서 연구한 사람들입니다. 이런 사람들이 신약개발의 ABC를 다 경험하고, 기초과학자들과 연구로 관계를 맺어갈 수 있는 힘이 되죠.

마지막으로는 리더십이죠. 오너가 어떤 사람인지, 의약품에 대해 어떻게 생각하는지, 신약개발을 정말 꿈꾸고 있는지가 제일 중요할 겁니다. 전문 경영인이어도 크게 다르진 않을 겁니다. 꿈을 꾼다는 것은 막연히 생각만 하고 있다는 뜻이 아닙니다. 간절하게 바라고 행동한다는 뜻이죠. 신약을 개발하지 않으면 제약기업은 성장할 수 없습니다. 성장하지 않는 기업은 죽는 것이고요. 숨만 붙여놓을 수도 있겠지만, 기업으로서 살아 있다고는 할 수 없잖아요? 대원제약이 펠루비를 개발하는 과정에서, 끊임없이 몸이 바뀌고 성장하는 것을 직접 보았습니다. 신약을 개발하면 성장하고, 개발하지 못하면 성장하지 못합니다. 의사결정을 내리는 사람들이 절실하게 신약을 꿈꾸고 있다면, 그 제약기업이 죽지는 않을 겁니다. 아직까지 그리고 앞으로도 당분간은 대원제약의 의사결정권자들은 계속 꿈을 꿀 것 같기는 합니다. 저도 그렇구요. 고민이 많지만 또 해보는 것이죠.

슈가논
SUGANON

→ 에보글립틴(evogliptin), 제2형 당뇨병, 2015

§

전교에서 1등을 하는 학생과 2등을 하는 학생 가운데 누가 더 힘들까? 2등을 하는 학생은 더 노력하면 1등을 할 수 있다는 희망을 가지고 공부하겠지만, 1등을 하는 학생은 언제 1등 자리에서 밀려날지 몰라 불안한 마음으로 공부할 것이다. 그렇다면 가장 힘든 학생은 누구일까? 내내 1등 자리를 놓치지 않다가 어느 순간 그 자리를 빼앗긴 학생일 것이다. 불안했던 마음이 현실이 되었으니 말이다.

2025년을 기준으로 보면 한국에서 1위 제약기업은 동아ST가 아니다. 하지만 동아ST는 오랫동안 한국에서 1위 제약기업 자리에 있었다. 한국의 제약 산업이 전 세계적인 수준으로 올라갈 수 있을 것이라는 기대가 생길 무렵, 내내 선두를 지키던 동아ST는

1위 자리에서 내려왔다. 속이 많이 상했을 것이다. 궁금한 것은 앞으로의 일이다. 동아ST는 다시 1위 자리에 올라갈 수 있을까? 올라간다면 어떤 식으로 올라갈까? 신약을 개발해 전 세계 시장으로 진출하는 정공법으로 올라갈까? 아니면 몸집을 불리는 방식으로 1위 자리에 다시 올라갈까? 더 앞선 궁금증도 있다. 동아ST는 다시 1위가 되고 싶을까? 1위는 아니지만 그렇다고 성적이 확 내려간 것도 아니다. 이들은 어떤 마음일까?

취재를 갈 때 늘 연구소를 찾는 것은 아니다. 학회가 열리는 곳이나 네트워킹만을 위한 자리에서 인터뷰를 하고 취재를 하는 경우가 많다. 교통이 편리한 어느 곳에서 만나기로 약속을 잡기도 하지만, 전화로 인터뷰를 하거나 데이터를 전달받아 분석하는 경우도 많다. 그런 이유에서였는지 동아ST를 직접 찾아간 기억은 없다. 가본 적이 없으니 선입견도 없어야 하지만, 보지 않은 것도 본 것처럼 머릿속에 그려넣는 것이 사람이다. 아무 근거 없이 머릿속에 그려넣은 동아ST 본사는 '커다랗고 오래된 빌딩 한 채'였다. 그리고 역시나 선입견은 제대로 깨졌다.

택시를 타고 찾아간 그곳에는 오래된 건물도 있었지만 새로 지은 건물도 있었다. 여러 채의 크고 작은 건물들이 흩어져 있는 모습이 마치 대학교 캠퍼스처럼 보였다. 땅값이 비싼 서울 시내 한복판에서 이렇게 부지를 쓰는 것은 보기 드문 풍경이다. 그런데 더 흥미로운 것은 건물과 건물 사이가 멀찍이 떨어져 있다는 점이었다. 더 큰 캠퍼스를 계획하고 있었던 것일까? 잠깐만 살펴봐도 건물들을 차례대로 하나씩 둘씩 올린 것이 분명했으니, 이 계획이 계속되었다면 서울 시내 한복판에 제약기업의 거대한 캠퍼스가 자리 잡았을 것이다. 1등을 해본 사람과 계획을 해본 사람은, 그렇지 않았던 사람과는 반드시 무엇인가 다른 점이 있었다.

김미경

동아ST 연구본부장

동아ST의 주력 R&D는 네 가지 분야로 나눠볼 수 있습니다. 소화기계 질병 치료제, 내분비계 질병 치료제, 항생제, 항암제 분야입니다. 이렇게 갈래가 잡힌 것이 10~15년 정도 되었죠. 소화기계 질병 치료제, 내분비계 질병 치료제, 항생제는 오랫동안 해오던 것이었고, 항암제가 가장 최근에 잡혔습니다. 신약개발이라서 그런지, 가장 최근이라고 말했지만 기간으로는 10년 정도 되었네요. 저는 주로 내분비계 치료제, 그러니까 대사 질환 치료제 개발 쪽에 참여했습니다.

동아ST는 2016년에 슈가논(SUGANON®, 성분명: evogliptin)이라는 당뇨병 치료제를 개발했습니다. 2005년에 시작했으니 11년만에 개발에 성공했죠. 전 세계적으로 보면 아홉 번째로 성공한 DPP-4 저해제입니다. DPP-4는 인크레틴(incretin)이라는 호르몬을 분해하는 효소입니다. 비만 치료제에 대한 관심이 높아지면서 인크레틴에 대한 관심도 높아졌잖아요. 하지만 인크레틴은 원래 당뇨병 치료제로 연구되던 호르몬이고, 슈가논은 DPP-4를 저해해서 혈당을 낮추는 의약품입니다. 동아ST에서 진행했던 당뇨병 치료제 프로젝트가 11개였어요. 이 가운데 제품으로 성공해서 나온 것이 슈가논이죠.

대사 질환 가운데 비알코올성 지방간염(non alcoholic steatohepatitis), 전에는 NASH라고 불렀는데 최근에 대사 이상 관련 지방간염(metabolic dysfunction associated steatohepatitis, MASH)이라고 부르는 질병이 있습니다. 지방간이라고 하면 술을 먼저 떠올리게 되잖아요. MASH는 음주와는 관련이 없는 것으로 알려져 있어요. 사실 술을 많이 마시는 사람일수록 간 걱정을 많이 합니다. 검사도 꾸준히 받죠. 그런데 술을 많이 마시지 않는 사람은 간에 문제가 없을 것이라고 여겨서 그런지 경각심이 떨어져요. 이렇게 예상도 못하고 있다가 MASH에 걸려 있는 것을 발견하는 경우가 많습니다.

MASH는 치명적인 질병입니다. 간염은 간세포에 염증과 손상이 생긴 것입니다. 이후 섬유화가 진행되면 간경변이나 간암으로 진행될 가능성이 높지만 마땅한 치료제가 없었습니다. 그러다가 마드리갈 파마슈티컬스(Madrigal Pharmaceuticals)가 MASH 치료제로 레즈디프라(REZDIFFRA™, 성분명: resmetirom)라는 신약을 개발했습니다. 2024년에 미국 승인을 받았고, 2025년 8월에는 노보 노디스크의 위고비(WEGOVY®, 성분명: semaglutide)가 두 번째로 승인을 받았죠. 다만 충분한 치료 효과를 보여주지는 못합니다. 동아ST에서는 MASH 치료제도 개발하고 있습니다. DA-1241이라는 프로젝트인데, GPCR 수용체에 속하는 GPR119(G protein-coupled receptor 119) 작용제(agonist)입니다. 글로벌 임상2상까지 진행했습니다. 2016년에는 DA-1726라는 비만 치료제 프로젝트를 시작했고요. GLP-1과 글루카곤(glucagon)을 동시에 활성화하는 이중작용제를 개발하는 프로젝트입니다.

요즘에는 GLP-1과 관계된 비만 치료제에 너무 관심이 많죠.

DA-1726을 처음 시작했을 때, 비만 치료제에 대해 이렇게 큰 관심은 없었습니다. 비만 치료제라고 하면 한국에서는 미용을 먼저 떠올리는 경우가 많잖아요. 저희도 그렇게 보고 있었고, 개발을 할 것인지를 놓고 내부에서 의견이 나뉘었어요. 그런데 지금은 비만 치료제가 더 주목을 받네요. 트렌드라는 것이 참 어렵습니다.

DA-1726은 베스트 인 클래스, 그러니까 좀 더 효과가 좋은 비만 치료제를 개발하는 것입니다. 그런 면에서 보면 MASH 치료제 개발 프로젝트인 DA-1241은 퍼스트 인 클래스, 그러니까 새로운 메커니즘으로 MASH에 대응하는 첫 번째 신약이라는 의미가 있지만 주목도가 오히려 더 낮아요. DA-1241은 2011년부터 해오고 있어서 상대적으로 진도가 많이 나가 있고, MASH라는 질병 자체가 가진 심각성도 큰 데 말이죠.

2005년에 일라이 릴리가 제2형 당뇨병 치료제로 바이에타

(BYETTA®, 성분명: exenatide)를 내놓습니다. 인크레틴 호르몬 GLP-1 수용체를 활성화해 혈당을 낮추죠. 인슐린 분비를 늘리고, 글루카곤 분비를 억제합니다. 바이에타는 당뇨병 치료제로 인크레틴 메커니즘을 입증했다는 의미가 있어요. 그리고 미국 머크의 자누비아(JANUVIA®, 성분명: sitagliptin)가 2006년에 미국에서 승인을 받아요. 자누비아는 당뇨병 환자의 혈당을 내려주는 DPP-4 저해제입니다. 슈가논도 같은 컨셉이죠. 바이에타가 피하주사로 투여하는 방식인데 비해, 자누비아는 먹는 약입니다. 슈가논도 먹는 약이고요. 혈당을 떨어뜨리는 인크레틴 개발 경쟁이 시작됐고, 자누비아가 나오면서 먹는 약으로 개발하는 인크레틴 시장까지 열리게 됐죠. 우리도 경쟁을 하고 있으니, 슈가논 다음에는 무엇을 할까 고민하다가 GPR119라는 타깃을 알게 되었어요. GPR119는 2003년 논문을 통해 처음 알려진 타깃인데, 혈당과 지질대사에 영향을 미치는 인자입니다. 처음부터 MASH 치료제로 접근했던 것은 아니고 당뇨병 치료제로 시작했죠.

신약개발 연구를 하다보면 너무 많은 연구자들이 이미 무수히 많은 연구를 해놨다는 것을 알게 됩니다. 슈가논이 전 세계에서 아홉 번째로 개발한 DPP-4 저해제라고 했잖아요. 슈가논 개발 과정에서 열심히 연구해서 논문을 발표해도, 이미 앞선 여덟 개의 신약이 개발되는 과정에서 밝혀낸 것들이 이미 발표가 되어 있었죠. 그래서 우리 논문이 학술지에 실리기가 어려웠습니다. 새로울 것이 없었거든요. 결국 원하든 원하지 않든, 이 업계에서 일을 하려면 다른 것, 남들이 안 한 새로운 것을 할 수밖에 없어요. 하고 싶어서 하는 게 아니라 그럴 수밖에 없는 것이죠. 그래서 GPR119로 해보기로 했습니다. 연구가 많이 되어 있지 않아서 완성도가 높지는 않았지만 뚜렷한 작용 메커니즘이 있었거든요. 도전해보기로 했습니다.

GPR119는 췌장 베타세포에 있는 수용체로, 활성화되면 인슐린을 분비시켜 혈당을 떨어뜨리는데, DPP-4처럼 저혈당 위험 없이 식후 혈당을 낮추는 특징이 있습니다. 그런데 자료를 더 찾아보니 GPR119가 안전하게 혈당을 낮추는 것뿐만 아니라 지질과도 관계가 있더라고요. 2010년에 GPR119를 우리 새 프로젝트로 정할 때 GSK와 메타볼렉스(Metabolex) 같은 곳에서 당뇨병 환자를 대상으로 초기 임상시험 결과를 발표한 상황이었습니다. 그런데 결과가 좋지 않았어요. 혈당을 잘 낮추지 못한 결과가 나왔거든요. 실패한 임상시험이었는데 저희는 거기서 가능성을 보았죠. 당뇨에 걸린 환자의 60~80% 정도가 고지혈증을 함께 앓습니다. 그래서 보통 스타틴 계열의 고지혈증 약을 함께 먹어요. GPR119가 지질까지 조절할 수 있다면 가능성이 있겠다고 판단했습니다. 이상지질혈증을 동반한 고위험군 당뇨병 환자가 스타틴을 먹기 전 복용하는 치료 옵션이 될 수 있다고 봤습니다.

치료제 시장에 들어갈 틈이 있어 보였죠. 그래서 개발을 시작했습니다. 앞서 진행된 임상시험 데이터에서 GPR119 활성화가 스타틴을 먹은 것만큼 지질을 개선시킨다는 것이 밝혀졌으니, 혈당을 떨어뜨릴 수 있게만 하면 되는 것이죠.

의외의 결정이네요.

동아ST는 2002년에 '당뇨병 치료제 신약특성화센터'로 선정되었습니다. 보건복지부 사업에 뽑혔죠. 2003년부터 연구를 시작했는데, 대사 질환을 특화해서 연구했습니다. 여기서 진행했던 당뇨병 치료제 관련 프로젝트가 11개였고, 이 가운데 상업화까지 성공한 것이 슈가논입니다. 그러니까 나머지 다른 프로젝트들은 중단된 것이죠. 실패한 셈인데, 실패할 때마다 눈이 좋아집니다. 뭘 해야 하고, 어떻게 하면 되고, 결정적으로 이것이 될 것인지 말 것인지에 대한 눈이 좋아지거든요.

예를 들어 신약개발에서 중요한 것은 평가입니다. 효과가 있느냐 없느냐를 평가해야 하는데 쉽지 않아요. 그래서 어떤 신약개발 프로젝트를 할 것인지 정할 때, 평가 기준이 잘 정리된 분야부터 시작하는 것이 좋습니다. 예를 들어 당뇨병 치료제라면 혈당을 내려주느냐 그렇지 못하느냐가 중요하잖아요? 그런데 혈당을 재는 것은 어렵지 않습니다. 혈당을 어디까지 내려야 어느 정도 효과가 있다는 것도 정립되어 있죠. 정량적으로 정리가 되어 있으니 신약을 개발하는 입장에서 평가가 명확해집니다. 다른 경쟁 약물들과의 비교도 깔끔하게 정리되죠. 그런데 내가 개발하고 있는 약물이 좋은 것인지 나쁜 것인지, 지금 연구가 잘 되고 있는 것인지 아닌지 알 수 없는 개발 시도가 많아요. 이런 분야에서는 신약을 개발하면서 평가 기준을 함께 잡아나가야 하죠. 전 세계적인 규모의 제약기업이라면 가능할지 모르지만, 한국 제약기업 규모에서는 너무 위험한 도전입니다.

노하우도 마찬가지입니다. 동아ST에서 당뇨병 치료제 개발을 오래 해왔는데요, 오래 해왔기 때문에 알게 되는 것들이 있어요. 사람에게서 혈당이 얼마나 떨어졌는지는 측정하기가 쉽지만, 마우스에서는 평가하기가 쉽지 않습니다. 마우스는 민감한 동물이거든요. 예를 들어 비가 내리는 날은 기압이 낮잖아요. 기압이 낮으면 마우스가 스트레스를 받으면서 혈당이 내려가요. 따라서 비가 오는 날에 동물시험을 하면, 그날 나온 데이터에는 오류가 있을 확률이 있습니다. 한 가지 예를 들었지만 이런 것들이 제법 많아요. 전 세계적인 규모의 제약기업들은 오랫동안 신약개발을 해왔으니 이런 노하우를 바탕으로 한 매뉴얼이 있을 겁니다. 하지만 그런 것들을 우리에게 공유해주지는 않잖아요. 우리 매뉴얼을 만들어야 하는데, 실패하지 않으면 매뉴얼을 얻을 수 없어요. 그런데 신약을 개발하다가 실패하는 과정에서 이렇게 얻는 것들이 있습니다. 결과적으로는 실험 데이터가 정말로 경쟁력이 있는지 보는 눈이 생기니까, 빠르고 정확하게 결정을 내릴 수 있습니다. 물론 신약개발을 포기하지만 않는다면 말이죠.

DA-1241은 차별화 포인트가 있었습니다. 기존 약물들은 대부분 저해하는 방식으로 약효를 냅니다. 활성을 모두 없애는 게 100%라고 하면, 80~90% 수준으로 낮추는 약물이 치료제로 쓰입니다. 그런데 작용제(agonist), 즉 활성화시키는 방식은 다릅니다. 작용제는 상한선이 없어요. 약물을 투여해 어느 정도를 활성화하는 것이 적절한지 기준을 정하기 어렵습니다. 또 같은 타깃을 활성화하는 정도에 따라 작용하는 메커니즘이 달라질 수 있습니다.

그래서 가용한 모든 물질, 논문에 나와 있는 아주 초기 단계 물질을 모두 합성해서 실험을 해봤습니다. 역시 결과는 천차만별이었습니다. 일단 대조 물질 가운데 가장 효능이 좋았던 물질보다 최대 1.5배 정도 효과가 좋은 물질을 찾기로 했습니다. 2,000여 개 이상의 물질을 내부에서 만들었고, 이 가운데서 적합한 것을 찾았죠. 일단 동물실험에서 효과가 좋았어요. 혈당을 낮추고 지질 이상까지 잡는 결과가 나왔거든요. 경쟁 제약기업들의 성과와 비교해도 결과가 좋더라고요. 미국에서 임상1b상을 했는데 당뇨병 환자에게 8주간 투여했습니다. 그리고 경쟁 약물인 자누비아만큼 혈당을 낮췄습니다.

과정이 쉽지 않았는데 재미있었죠. 재밌어요. 슈가논은 프로젝트를 끝까지 해서 신약으로 출시했던 재미가 있었죠. DA-1241 프로젝트는 모든 단계마다 우리가 전 세계 최초라는 재미가 있었습니다. 상업적으로 성공할 수 있을지를 아직 예단할 수는 없지만 재미있습니다. 저는 정말 운이 좋았어요. 신약을 개발한다는 일이 호흡이 길잖아요. 그런데 저는 완결을 지어서 실제로 신약을 출시하는 데 참여한 경험이 있고, 지금도 그런 프로젝트를 하나 더 끌고 가고 있으니 운이 정말 좋은 거죠.

당뇨병 치료제로 개발을 시작했는데, MASH로 확장하는 것인가요?

동물실험 단계에서 이미 MASH 연구까지 해놓았습니다. 이건 미리 결정했죠. 당뇨만 할 것인가, 아니면 MASH도 갈 것인가. 글로벌 규모의 제약기업이라면 여러 가지 적응증에 대한 개발을 동시에 할 수도 있겠지만, 우리한테 그 정도의 자원은 없잖아요. 그래서 당뇨를 먼저 했습니다. 더 급한 치료제가 MASH 분야였지만, MASH는 알려진 것이 많지 않아요. 신약개발을 위한 기준도 모호하고 효과가 있는지에 대한 평가도 어렵죠. 최근에서야 치료제가 두 개 나왔으니까요. 하지만 당뇨병 치료 효과에 대한 기준, 혈당을 낮추는지 아닌지에 대한 평가는 이미 확립되어 있어요. 그래서 일단 당뇨병 치료제부터 하기로 했습니다.

혈당을 낮추는 의약품이 이미 많이 나와 있고 심지어 포화 상태죠. 그런데 반대로 보면 데이터도 너무 많다는 뜻이거든요. 이 데이터들을 충족하는 당뇨병 치료제로 일단 개발에 성공하면 프로젝트를 살려놓을 수 있어요. 당뇨병에서 먼저 약물이 제대로 작동하는지 확인하는 개념입증(proof-of-concept, PoC) 데이터를 확보하고, 이걸 바탕으로 MASH 치료제로 개발하는 전략이죠. MASH는 간을 직접 들여다보지 않는 이상, 짧은 시간 내 혈액에서 약물이 제대로 작동하는지 평가할 수 있는 마커가 없으니까요.

반대의 경우도 따져봤습니다. 한국은 당뇨병 치료제의 약가를 높게 받을 수 있는 환경이 아니거든요. 마케팅을 하시는 분들은 이런 포인트들을 많이 보시더라고요. 그래서 MASH 치료제로 시판허가를 먼저 받고, 나중에 당뇨병 치료제로 확장하는 이중 전략도 가져갈 수 있습니다.

현재 MASH 치료제는 간에서 지방산 생합성을 억제하는 메커니즘을 중심으로 신약개발이 진행되고 있어요. 간에서 지방산이 덜 만들어지면 염증과 섬유화가 개선되기는 하는데, 이건 간접적으로 병을 치료하는 방식이죠. 레즈디프라도 이 방식으로 접근합니다. 주사로 맞는 치료제도 개발 중인데, 섬유화와 지방 생합성을 직접 억제하는 방향입니다.

DA-1241은 먹는 약으로 개발하고 있어요. 마드리갈 파마슈티컬스의 레즈디프라와 같은 방식이죠. 레즈디프라는 지방산 생합성을 억제하는데, 이렇게 되면 간접적으로 염증과 섬유화가 개선됩니다. 그런데 DA-1241은 면역 반응도 통제합니다. 지방이 쌓이는 과정에서 면역 세포가 모여 염증 반응을 일으키는데, DA-1241이 면역 세포에 직접 작용해 염증 작용을 억제할 수 있다는 것을 확인했거든요. 여기에 더해 간세포에서 지방산 생합성도 억제하고요. 간에서 섬유화 단백질인 콜라겐을 만드는 섬유 아세포의 활성화도 억제하죠. 따라서 주사 치료제로 할 수 있는 일을 먹는 약으로 하는 겁니다. 주사제의 경우 MASH 치료를 위해서 일주일에 한 번 주사를 맞는 방식으로 치료제가 개발되고 있습니다. 주사제는 먹는 약보다 효과가 강력하죠. 하지만 보통 만성 질환에서 치료를 꾸준히 받느냐 그렇지 않느냐의 차이가 중요하거든요. 먹는 약으로 만들면 '꾸준한 치료'라는 부분에서 도움이 됩니다.

지금까지 진행한 연구에서는 16주 동안 약물을 평가한 결과 안전성을 확인했습니다. 염증 지표를 개선하는 효과도 좋았고, 일부 환자에게서 지방간과 섬유화도 개선했습니다. 이제 남아 있는 것은 임상2b상과 임상3상이죠. 대규모로 오랫동안 해야 하는 임상시험이라, 남은 연구를 어떤 방식으로 끌고 갈지 고민하고 있습니다.

대사 질환 치료제 개발 경험이 많으시군요.

대사 질환 치료제 연구를 27년, 28년 정도 하고 있습니다. 1998년에 동아ST에 들어왔는데, 지금까지 다니고 있습니다. 오래 다녔네요. 저는 약학을 전공했습니다. 약학대학을 다녔는데 졸업할 때가 되어서 어떤 일을 해야 하는지 고민되더라고요. 그래서 4학년 때 최대한 많은 종류의 일을 해보기로 했어요. 여기저기서 인턴십을 했죠. 직접 해봐야 알 수 있는 것들이 있으니까요. 대학원 실험실에도 가보고, 일반 약국과 병원 약국에서 인턴도 했습니다. 제약기업에서 품질관리(QC) 인턴도 하고, 외국 제약기업 인턴도 했죠. 생각해볼 수 있는 직업군들을 모두 경험하려고 했는데, 실험하는 것이 저에게 가장 잘 맞는 것 같더라고요. 그래서 대학원에 갔는데 실험하는 것이 잘 맞기는 했지만, 제가 기초과학과는 어울리지 않다는 것을 알았습니다. 그래서 실제 신약을 개발하는 일을 해보기로 했습니다. 일단 10년 동안 신약 개발하는 곳에서 일해보기로 했고, 그렇게 동아ST에서 첫 10년을 보냈죠.

10년 동안 신약개발 연구를 했는데 너무 좋았어요. 저는 즐겁지 않으면 일을 못하거든요. 아무 가치 없는 물질일 수 있는 것들 가운데, 병을 고칠 수 있는 가치 있는 물질을 찾아내는 일이 재미있더라고요. 또 계속 논문도 낼 수 있습니다. 논문을 한 편내면 그만큼 성장하는 느낌을 받고, 또 논문을 내면 다시 또 그만큼 성장하고 있다는 느낌을 받을 수 있었습니다. 제가 아이를 두 명 낳았거든요. 그런데 일이 너무 재미있어서 출산 휴가도 정말 필요한 만큼만 쓰고 연구실로 출근하고 그랬습니다. 다만 석사인 것이 아쉬웠어요. 박사를 하면 더 재밌게 일을 할 수 있겠다 싶어서 학교를 다시 찾았습니다. 운도 좋았습니다. 제가 기업연구소에서 10년을 보내는 동안, 기초과학 분야가 엄청나게 발전했죠. 새로 배울 것이 많았습니다. 그리고 다시 동아ST 연구소로 돌아왔습니다. 너무 힘이 들기는 했는데 재미있었어요.

제가 동아ST에 입사했을 때부터 지금까지도, 회사 안에서 우리끼리 주고받는 메시지가 명확해요. '일을 하면서 가장 설레는 대목은 신약을 개발한다는 것이다!' 경제성만 보면 이렇게 긴 시간 동안 실패에 실패를 거듭하면서, 돈을 또 얼마나 많이 씁니까. 이런 일을 계속해서 할 수 없어요. 사람들이 이 일을 계속 하게끔 하는 이유는 따로 있을 겁니다. 그리고 그 맛을 아는 사람이어야 신약개발을 하겠다고 나설 수 있는 것 아닐까요? 제가 막내 연구자였을 때 어떤 일들이 있었나 하고 가만히 생각해보면, 뚜렷하게 기억나는 것은 많지 않아요. 다만 선명하게 기억나는 장면들도 있어요. 지금은 돌아가셨지만 창업주였던 고(故) 강신호 회장님이 연구소에 자주 오셨거든요. 연구자들을 붙들고 '실패할 수 있다. 어렵다는 것을 잘 안다. 실패할 수 있지만 계속 해야 한다. 그러니 조금만 더 해보자.' 이런 이야기를 많이 하셨습니다. 그 기억이 꽤나 선명하게 남아 있어요. 이런 기억은 저 말고도 많은 사람들이 공유할 겁니다. 이런 것들이 신약개발을 계속 이어가게 해주는 것이겠죠.

재미만으로 버틸 수는 없지 않나요?

당뇨 치료제 개발 프로젝트가 11개였다고 했잖아요. 그런데 동아ST 전체로 보면 11개만 있었던 것은 아니겠죠? 훨씬 더 많은 과제가 있었고, 대부분 중단되었습니다. 저도 말단 연구자로만 일하지는 않았고, 승진을 하면서 책임이 늘어났습니다. 수십 개의 프로젝트에 참여했다는 뜻이겠죠? 그러니 저 개인적으로만 봐도 멈추고 엎어진 프로젝트들이 훨씬 많아요.

이렇게 중단되고 엎어지는 것이 많은데, 도대체 어떻게 매일매일 일을 할 수 있는지 궁금해 하는 경우가 있습니다. 연구자 개인의 입장에서 보면 2~3년 동안 어떤 프로젝트에 들어가서 연구합니다. 그런데 어느 날 중단되죠. 그리고 다시 다른 걸 시작하는 겁니다. 이것을 몇 번 되풀이하면 10년이 훌쩍 지나 있어요. 10년을 했는데 개발 비슷한 단계까지 와 있는 것이 없잖아요. 회의가 들 수 있죠.

제약기업 입장에서도 마찬가지입니다. 신약을 개발하면 매출이 오르고, 언론의 주목도 받습니다. 아픈 사람들을 치료하는 일을 하니 좋은 일을 하면서 돈도 벌고 신나는 일이죠. 하지만 1년 365일 가운데 이런 날은 거의 없어요. 10년을 보내도 이런 날을 만나기 어려워요. 중심이 되는 기술 한두 개, 핵심적인 물질 한두 개에 집중해서 얼른 개발하고 얼른 라이선스 아웃을 하는 바이오텍이나 스타트업하고는 또 다릅니다. 제약기업은 끝까지 물건을 만들어야 해요. 제약기업은 기술을 파는 곳이 아니라 물건을 파는 곳이잖아요. 기업 입장에서 언제 터질지 모르는 신약을 오랫동안 기다리기 어려운 것이 사실입니다.

물론 2010년대를 지나면서 동아ST에서 기술수출을 하는 경우가 종종 생겼습니다. 제 개인적인 생각이지만, 동아ST는 기술수출보다는 끝까지 들고 가서 제품으로 내놓는 일을 잘 할 것 같아요. 기술수출을 하면 연구 파트는 빛이 나지만, 임상시험 파트나 영업 파트와 계속 같이 갈 수 없는 면도 있습니다. 제약기업에는 사람이 많아요. 연구하는 사람만 있지 않죠. 당장 영업 파트만 해도 규모가 굉장히 큽니다. 그리고 이 사람들이 돈을 벌어옵니다. 그것도 아주 어렵게 돈을 벌어옵니다. 매일 밖으로 나가서 돈을 벌어오는데, 그렇게 번 돈을 연구소에 계속 보내줘요. 하루 이틀도 아니죠. 다른 산업군에서 제약 산업에 진출했다가 버티지 못하는 이유는, 이런 상황에 직면했을 때 크게 놀라기 때문일 겁니다. 그런데 연구 파트에서 기술수출을 해버리고나면 임상시험 파트는 할 일이 없어집니다. 우리 손으로 신약개발을 끝내지 않으면 영업 파트는 팔 물건이 없죠. 그러니 마지막 단계까지 가서 직접 개발을 완료하는 것이 맞다고 봐요.

매일매일을 버티는 힘은 '충실하게 일희일비하는 것'이 아닐까요? 저는 이런 태도가 나쁘지 않다고 봐요. 신약개발도 기본적으로는 과학 연구잖아요. 세웠던 가설이 맞는지 틀린지 실험해서 확인하는 일입니다. 아주 작은 가설일지라도 실험에서 원하는 결과가 나오면 너무 기분이 좋아요. 충분히 '일희'하면 됩니다. 가설이 틀렸으면 복잡하게 생각하지 말고 그냥 '일비'하면 되는 것이죠. 그리고 나서 또 다른 가설을 세우고 새 연구를 하는 겁니다. 그러다가 일희할 수 있는 결과가 나오면 연구실 동료들과 신나하면 됩니다. 이렇게 계속 가다보면 어느 사이엔가 신약을 개발하는 것이겠죠.

매년 연말이 되면 전체 프로젝트를 검토합니다. 어떤 프로젝트는 가능성이 보이고, 어떤 프로젝트는 가능성이 안 보이죠. 가능성이 안 보이는 프로젝트는 접어야겠죠? 슬픈 일입니다. 그런데 그렇다고 끝난 것은 아닙니다. 다른 프로젝트를 하면 되니까요. 그럼 또 즐거운 일들이 기다리고 있죠. 저는 어떤 프로젝트를 중단할 때는 기분이 좋았어요. 보통 이런 것을 프로젝트의 생사를 결정하는 실험(killer experiment)이라고 합니다. 저는 이렇게 목적이 뚜렷한 실험을 좋아합니다. 딱 했는데 안 나오면 이제 미련 없이 툭툭 털고, 가능성이 있는 새 프로젝트를 시작할 수 있잖아요. 물론 허탈한 마음이 있죠. 그럼 충분히 허탈해하면서 풀어버리는 거죠. 그리고 다시 시작하면 됩니다.

연구자는 기본적으로 과학자잖아요. 과학은 재미있는 일이거든요. 그러니까 신약을 개발하려고 나선 연구자는, 기본적으로 재미있는 일을 하고 있는 겁니다. 자신이 재미를 찾느냐 찾지 못하느냐가 문제겠죠. 큰 대가나 성공을 바라면서 이 일을 할 수는 없어요. 적어도 오래 할 수는 없습니다. 그날그날 작은 성공에 작게라도 기뻐하고, 작은 실패에 작게만 슬퍼하면서 하루하루를 버텨가야 합니다. 그냥 하루하루 고민하면서 충실히 살아야죠. 만약 자기 성격이 조금 급하다고 느끼면, 연구보다는 전략이나 투자 같은 쪽의 일을 하는 것이 맞을 것 같아요.

다만 엄격해야 합니다. 동아ST는 이걸 잘한다고 생각합니다. 신약을 개발할 때 후보물질을 찾아놓고 효능을 평가합니다. 이미 나와 있는 다른 치료제의 효능과 내가 찾은 물질의 효능을 비교하죠. 이럴 때 정말 엄격한 기준을 적용해야 해요. 적당히는 안 됩니다. 예를 들어 비만 치료제 후보물질의 가능성을 평가한다고 하면, 경쟁 제약기업의 경쟁 약물의 용량이 최대 효능을 나타낼 수 있는 기준을 바탕으로 실험하고 비교해야 합니다. 우리 약물이 갖는 가치를 정확하게 평가할 수 있도록 엄격하게 디자인해야죠. 과학이 즐거운 일이지만, 신약개발 연구가 즐기려고만 하는 일이 아니니까요. 심지어 혼자만 하는 것도 아니죠. 함께 하는 동료 연구자들이 있고, R&D를 기다리고 있는 임상시험 파트도 있고, 우리를 믿고 돈을 벌어오고 있는 영업 파트도 있잖아요. 제약기업에 다니는 사람들은 모두 R&D가 중요하다고 말해요. 논쟁의 여지가 없는 명제죠. 마음속으로 그렇게 생각하지 않는 사람이라고 해도, 겉으로는 이 명제에 다 동의합니다. 그러니까 사실 제약기업에 있는 모든 구성원들은 R&D 파트에 목을 매고 있는 것과 같아요. 당연히 연구에서는 엄격해야 합니다.

과학자는 재미를 찾을 수 있지만, 제약기업 입장에서 내내 즐거울 수만은 없을 것 같습니다.

기업은 맷집이 있어야겠죠. 잘 때리기만 하는 권투 선수는 경기에서 이길 수 없거든요. 링에 올라가서 한 대도 안 맞을 수는 없어요. 경쟁하는 상대도 훈련을 열심히 한 권투 선수잖아요. 그래서 맷집이 있어야 합니다. 내가 제대로 때릴 수 있을 때까지는, 맞아도 쓰러지지 않을 수 있는 맷집. 신약개발을 하는 데 실패하지 않는다? 어떻게 그럴 수 있겠어요. 실패하죠. 두들겨 맞기도 하고, 심지어 넘어집니다. 그럼 얼른 다시 일어나서 자세를 잡아야죠. 안타깝지만 맷집을 키우는 방법은, 많이 맞아보는 것 말고는 없는 것 같아요. 실패를 많이 해서, 실패했을 때 어떻게 할 것인지 몸이 익히고 있어야 하는 것이죠. 동아ST는 맷집이 있는 제약기업입니다. 저도 맷집은 좀 있는 것 같네요.

2032년이 되면 동아ST는 100주년이 됩니다. 100년 기업에 몸담고 있다는 것은 자랑거리입니다. 적어도 저는 자부심이 있거든요. 100년 동안 얼마나 많은 일들이 있었겠어요. 그런데 그걸 다 돌파하고 지금까지 온 것이죠. 아픈 사람 고치는 약을 만들겠다는 원칙을 가지고 신약을 개발하겠다는 사람들이 아직도 모여 있잖아요. 저력이 있는데 눈에 딱 보이지는 않아요. 증명하는 유일한 방법은 신약을 개발하면 되는 것이죠. 2032년에는 사람들의 눈에 확실히 보일 수 있게 해보려고 합니다.

100주년이 되기 전에 MASH 치료제를 개발하지 않을까요? 미국에서 MASH 환자를 치료하는 방식을 보면, 환자의 체중이 많이 나가면 먼저 GLP-1 계열 약물로 몸무게를 줄입니다. 몸무게가 줄었는데 간에서 섬유화가 보이면 레즈디프라를 처방하죠. 또는 비만을 동반하지 않은 상태인데 섬유화가 2~3단계 수준이면 레즈디프라를 처방할 수 있습니다. 노보 노디스크의 세마글루타이드를 포함해 GLP-1 유사체 약물들이 MASH에서 임상 결과를 발표하고 있는데, 간에 직접 작용하기보다는 몸무게를 줄여서 간접적으로 대사를 개선해 효능을 나타냅니다. 그런데 동아ST의 DA-1241은 체중 감소를 일으키지 않으면서, 직접적으로 간에 작용할 수 있어요. 즉 현재 처방되는 약물과 병용투여할 수 있는 가능성이 있습니다. 마우스 모델에서 병용투여 실험을 했는데 효능이 잘 나왔습니다.

마드리갈의 레즈디프라와 병용하는 전략도 고민하고 있어요. 레즈디프라를 먹을 때 같이 먹는 약이 될 수 있거든요. 보통 대사 질환 치료를 할 때 환자가 딱 한 가지 약물만 먹지 않습니다. 두세 가지 약을 같이 먹죠. 그러니 레즈디프라를 먹을 때 함께 먹는 약으로 참여하는 전략이 가능해요. 다만 마드리갈이 우리와 파트너십을 맺고 병용투여 연구를 하게끔 더 노력해야죠. 파트너십에서 제일 중요한 것은 데이터니까, 데이터를 잘 만들어야죠. 그런 작업을 시작하고 있습니다. 레즈디프라는 몸무게를 줄이는 효과가 없어요. 이런 상황에서 우리가 마드리갈에 제안할 수 있는 방식은, 두 약물을 병용해서 섬유화가 더 진행된 4단계 환자까지 치료하는 것이 될 겁니다.

시작은 생각보다 쉽습니다. 정말 어려운 것은 열매를 거둘 때까지의 과정이죠. 잘 드러나지도 않고 시간이 오래 걸려요. 하지만 이 과정을 거쳐야 다음 단계로 갈 수 있습니다. 맞다고 판단되는 것에 대해서는 끝까지 가볼 수 있게 하는 것이 제 역할이겠죠.

케이캡

K-CAB

→ 테고프라잔(tegoprazan), 위식도 역류 질환, 2018

§

위식도 역류 질환(gastro esophageal reflux disease, GERD)은 위나 식도에 있어야 할 것들이 거꾸로 올라오는 질병이다. 속이 조금 쓰린 정도도 있지만, 심장이 멎는 것 같은 고통을 호소하는 환자들도 있다. GERD 환자의 위나 식도를 내시경으로 보면 얕게 헐은 경우인 미란(erosion) 또는 깊게 헐은 경우인 궤양(ulcer)이 있지만 미란과 궤양이 없는 경우도 있다. 이를 비 미란성 역류 질환(non erosive reflux disease, NERD)이라고 부른다.

위와 식도에 있는 괄약근에 문제가 생겨 내용물이 거꾸로 올라왔을 때 통증을 일으키는 이유는, 위와 식도에 있어야 할 내용물 가운데 위산이 있기 때문이다. 위산은 pH가 1~3 정도로 매우 강력한 산성을 보인다. 이런 이유로 산성을 중화시키는 알칼리성 약물을 먹으면 된다. 일반의약품인 겔포스나 개비스콘 같은 것들인데, 알칼리성 약물을 먹으면 위산이 화학적으로 중화되면서 통증이 줄어든다. 하지만 이런 방식은 근본적인 치료제가 될 수 없다.

1970년대 H_2 수용체 길항제(H_2 receptor antagonist)를 이용한 치료제가 개발되었다. 음식물이 위에 도착하면 가스트린(gastrin)이라는 호르몬이 분비된다. 가스트린은 장 점막에 있는 내분비세포(ECL)에 영향을 주어 히스타민(histamine)이라는 물질을 분비시킨다. 그리고 히스타민은 위벽 세포에 있는 H_2 수용체와 결합한다. 이렇게 되면 위벽 세포 표면에 있는 프로톤 펌프(proton pump)가 작동해서 위산이 분비된다. 따라서 GERD 환자의 위산 분비를 줄이려면 히스타민이 H_2 수용체와 결합하는 것을 방해하면 된다. 물론 프로톤 펌프가 작동하지 않도록 막는 방법도 있다. 프로톤 펌프를 막는 방식이 PPI(proton pump inhibitor) 치료제인데, 1989년 시장에 나온 이후 표준치료제로 자리 잡았다. 대표적으로 아스트라제네카의 넥시움(NEXIUM®, 성분명: esomeprazole)이 있다. 프로톤 펌프의 작동을 억제하는 또 다른 방식도 있다. P-CAB(potassium competitive acid blockers)이라고 불리는 방식의 약물도 프로톤 펌프 작동을 억제한다.

P-CAB 영역에서 한국은 독특한 위치를 가진다. 2005년 유한양행이 P-CAB 방식의 레바넥스(REVANEX®, 성분명: revaprazan)

로 한국에서 시판허가를 받았다. 전 세계 최초였다. 하지만 레바넥스는 간 독성과 효능 부족으로 시장에서 철수했다. 아스트라제네카도 P-CAB인 리나프라잔(linaprazan)을 개발하려고 했지만 간 독성 문제로 포기한다. 한편 2014년 다케다는 일본에서 P-CAB 약물인 보노프라잔(vonoprazan)의 시판허가를 받았다. 보노프라잔은 연간 8~9억 달러 어치가 팔렸다. 그리고 HK이노엔은 2018년에 P-CAB인 케이캡(K-CAB®, 성분명: tegoprazan)을 개발했다. 케이캡은 한국 시장에서 출시된 지 3년만에 연간 매출액 1,000억 원을 넘어섰다. 2024년에는 한국에서 원외처방 1,969억 원의 매출을 올렸고, 누적 매출액은 7,000억 원을 기록했다. 이는 한국 소화성 궤양용제 원외처방실적 1위다.

PPI 치료제가 표준으로 자리를 잡았는데 P-CAB 치료제를 또 개발한다? 그런데 케이캡이 시장에서 좋은 반응을 얻고 있다. 거의 다 알려졌고, 거의 다 개발된 줄 알았는데 그렇지 않았던 것일까? 심지어 미국에서 개발된 신약이 미국 아닌 다른 지역으로 퍼지는 것과 달리, 일본에서 시작한 신약이 한국을 거쳐 전 세계 다른 지역으로 퍼지고 있다. 도대체 무슨 일이 벌어지고 있는 것일까?

HK이노엔 연구소는 판교에 있었다. 판교에는 바이오텍과 제약기업들의 연구소가 많아 그리 낯설지 않은 동네인데, HK이노엔은 낯선 곳에 있었다. 분명히 내가 알고 있는 판교는 이미 정리가 다 된 곳이었는데, HK이노엔 주변에는 여전히 새 건물을 짓는 공사장들이 펼쳐져 있었다. 개발이 다 끝난 동네라고 생각했지만 케이캡처럼 아직 개발할 곳이 많이 남아 있었다.

송근석

HK이노엔 부사장, R&D총괄, 글로벌사업본부

2010년에 케이캡을 '라이선스 인'하셨다고 들었습니다.

계약서에 '라이선스 인'이라고 되어 있기는 한데, 일반적인 라이선스 인과는 다릅니다. 화이자에는 일본에서 위장관 계열 치료제 연구를 하던 연구소가 있었습니다. 그런데 화이자가 더 이상 이 분야 연구를 지속하지 않기로 했고, 일본에 있던 인력과 연구 프로그램의 권리를 바탕으로 라퀄리아파마(RaQualia Pharma)가 설립되었습니다. 이것이 2008년의 일입니다.

라퀄리아파마는 초기 연구만 하는 곳이거든요. 물질을 찾아도 약으로 개발할 역량이 없어요. 라퀄리아파마에서 P-CAB 약물을 하나 찾았는데, 약으로 개발할 곳을 찾다가 한국에 왔습니다. 한국이 P-CAB 의약품 개발 경험을 갖고 있었으니까요. 논문에서 우리를 찾아내고 개발자를 만나고 싶다고 찾아왔죠. 그때는 HK이노엔이 아니었고 CJ헬스케어 안에 있었습니다. 우리 팀은 유한양행에서 P-CAB을 개발했던 경험을 갖고 CJ헬스케어에 와 있었거든요. 참고로 2018년에 한국 콜마가 CJ헬스케어를 인수했고, 2020년에 HK이노엔이 되었습니다.

다시 이야기로 돌아와서… 라퀄리아파마의 제안을 받은 다음,

이번에는 우리 팀이 일본으로 찾아갔습니다. 물건을 보러 갔죠. 이전에 개발했던 경험에 비추어서 물건을 살펴보니 '되겠다.' 싶더라고요. 이렇게 초기 물질을 획득했고, 지역 권리를 조금씩 사모았습니다. 지금은 일본을 제외한 전 세계 권리를 갖고 있습니다. 케이캡을 약으로 만들어냈으니, 지금도 라퀄리아파마에 가면 연구원들이 무척 반가워합니다. 2025년 3월에는 HK이노엔이 라퀄리아파마에 투자하면서 지분 약 10%를 확보했죠.

2009년을 기준으로 보면 위장관계 질환 치료제 개발을 접는 분위기였습니다. 위장관계 질환 치료제는 전 세계적 규모의 제약기업들이 크게 관심을 갖지 않는 영역이었습니다. PPI가 마지막 솔루션이라고 본 것이었죠. 다들 관심이 줄어들고 있었는데… 우리는 P-CAB을 개발해본 경험이 있으니까 다른 판단을 했죠. 일단 잘 아는 영역이라 리스크가 낮다고 보았고, 내과 계열뿐만 아니라 모든 진료과에 진출할 수 있는 시장이 여전히 있다고 보았습니다.

물론 수익성을 높게 본 것은 아니었습니다. 다만 우리가 잘 할 수 있고, 경험이 있다는 것이 중요했죠. 지금처럼 될 것이라고 예상했던 것은 아니고, 도입하면 우리가 개발할 수 있겠다고 생각했죠. 한국에서 허가받으면 한국형 신약으로 팔 수 있을 것이라고 보았습니다.

일본에서는 P-CAB 약물을 다케다가 하고 있던 터라, 일본을 제외한 동아시아 시장으로 조금씩 진출해보기로 했습니다. 처음은 중국이었습니다. 중국에는 다케다의 보노프라잔이 먼저 진출해 있었는데, 2015년에 케이캡을 중국의 뤄신 파마슈티컬스(Luoxin Pharmaceuticals)에 라이선스 아웃했죠. 중국에서 임상개발을 진행했고, 2022년 신약으로 판매를 시작했습니다. 중국 보험급여 등재도 됐습니다. 2018년에 한국에서도 승인받았고, 2019년에 출시했죠. 이때까지가 CJ헬스케어였네요. 그 이후 한국 콜마로 넘어오고 나서 일본을 제외한 글로벌 판권을 완전히 샀습니다.

2015년을 기준으로 보면, 일본에서는 다케다가 P-CAB 방식 치료제로 연 8,000억~9,000억 원 정도 매출을 올리고 있었고, PPI 약물 란소프라졸(lansoprazole)로 8조 2,000억 원 정도의 매출을 내고 있었는데, P-CAB 방식 치료제로 교체해가고 있는 과정이었습니다. 일본 시장이 아니라면 미국과 유럽 시장으로 가야 하는데, 당시에는 이런 환경이 매력적이라고 볼 수는 없었죠. 미국 시장 진출은 리스크가 큰데, 미국 파트너를 구하지 못할 수도 있으니까요. 그래도 전략적으로 결정을 내렸죠. 미국은 워낙 사이즈가 크기 때문에 한국 제약기업이 단독으로 진출할 수가 없어요. 개발하려면 파트너를 찾는 것이 핵심이죠. 2021년에 위장관계 치료제를 전문으로 하는 세벨라 파마슈티컬스(Sebela Pharmaceuticals)의 계열사 브레인트리(Braintree Laboratories)라는 곳에 기술수출을 했습니다. 브레인트리가 북미 지역 권리를 갖기로 하고, 자신들이 펀딩을 받아서 개발하고 있습니다. 지금은 미국 임상시험을 마치고 FDA 허가 신청을 준비하고 있습니다. 최종적으로는 100개국 이상 수출하는 것이 목표입니다. 완제품이든, 원료 수출이든, 기술을 전달하는 형태든 아직 수출할 곳은 많이 남아 있습니다.

PPI가 이미 대세였다고 보셨음에도 개발에 들어가셨군요.

PPI가 1980년대 후반부터 시장에 나왔으니 40년 넘게 팔렸죠. 'PPI면 충분하다.'고 생각할 만한 기간입니다. 다만 케이캡으로 우월성이 더 높은 치료제가 가능하다는 것을 보여주었죠. 비열등성이 아니라 우월성입니다. 중등도 이상의 환자에게서 우월성 입증, 2주째 8주째도 우월하다는 입증이었죠. 이 정도면 미국 소화기학회(AGA)의 가이드라인을 바꿀 수 있는 정도라고 기대해봅니다. 미국 가이드라인이 바뀌면 그에 따라 전 세계 각 나라의 가이드라인도 바뀝니다. 한국에서 잘해보자고 시작한 것이었는데, 개발하다보니 글로벌 사이즈의 신약까지 내다볼 수 있게 되었습니다.

물론 이런 것도 있었죠. 동양 환자들과 서양 환자들의 유전자 차이 같은 것들이죠. PPI는 임상시험을 해보면 인종에 따라서 효과가 다르거든요. 간에는 대사를 담당하는 효소가 있습니다. 이 효소가 대사작용을 해서 의약품을 분해하는데, 이 효소를 발현하는 동양인의 유전자와 서양인의 유전자 사이에 차이가 있습니다. 이로 인해 약물을 잘 분해하지 못하는 경우와 잘 분해하는 경우로 나뉘거든요. 약물을 잘 분해하면 약효는 떨어지고, 약물을 잘 분해하지 못하면 약효가 강해집니다. 같은 PPI 약물이라고 하더라도 동양인에게서 효능이 좋고, 그에 비해 서양인에게는 효능이 상대적으로 낮은 이유죠. 문제는 이렇게 될 경우 약물의 우월성을 입증하기가 어려워요. 그런데 케이캡은 인종에 따른 차이가 없습니다. 미국에서 진행한 임상시험에서 케이캡과 PPI 약물을 직접 비교해서 확인할 수 있었어요. 이것까지 예상하고 개발한 것은 아니었는데, 운이 좋았습니다.

케이캡은 약을 먹은 2주부터 효과가 나타납니다. 보통은 4주 동안 처방한 다음 효과를 보고 약을 바꿉니다. 그러니 2주는 속도가 매우 빠른 셈입니다. 차트에서 보면 2와 4라는 숫자의 차이지만, 환자 입장에서 느끼는 고통은 이 정도 차이가 아니거든요. 전체 환자 가운데 40% 정도가 증상이 심한 중등도 이상 식도염인데, P-CAB 약물은 가슴쓰림 증상을 완화시켰어요. 그런데 케이캡은 P-CAB 계열 약물 가운데 처음으로 가슴쓰림과 위산역류 증상을 모두 개선시켰습니다.

기존 P-CAB 계열 약물이 장기적으로 위산을 억제하면서, 혈중 가스트린을 높이는 문제도 케이캡은 극복합니다. 고 가스트린 혈증이라고 하는데 복통, 메스꺼움, 구토, 소화불량, 위궤양 등을 일으킬 수 있습니다. 임상에서 보면 케이캡을 장기간 투여해도 혈중 가스트린에 영향을 주지 않습니다.

임상시험을 할 때 미국 의사들의 도움도 받을 수 있었습니다. 미국 의사들이 임상시험 수탁기관(contract research organization, CRO)을 통해서 알아봤는지 케이캡의 효과가 좋다는 것을 알게 된 듯합니다. 그래서 미국 의사들이 꽤 적극적으로 임상 대상자를 모아주었습니다. 시장이라는 것이 단순히 소비자가 많으냐 적으냐의 문제만은 아닌 것 같습니다. 어떤 소비자로 구성되어 있느냐도 중요하겠죠. 미국에서 신약이 많이 나오는 이유가 있겠죠. 어쨌든 운이 좋았습니다.

다행스러운 일이지만, 어쨌거나 결과론 아닌가요?

예측만으로 신약을 개발할 수는 없다고 봅니다. 그런 능력이라는 것이 있을까요? 운이 중요한데요, 그 운이라는 것도 무언가를 할 때 생겨나는 것이죠. 아무것도 하지 않으면 운을 맞이 할 기회도 없으니까요. 그러니 예측했다가 틀렸다고 실망할 필요도 없고, 아무것도 하지 않으면서 운을 기다려서도 안 됩니다. 미국 판권을 사간 파트너사가 케이캡이 서양인들에게서 PPI보다

확연한 우월성을 보일 것이라고 예측했을까요? 그렇지 않거든요. 운은 확인을 해봐야 아는 것이죠. 동양인 가운데는 중증도가 낮은 환자들이 많고, 유전적 특성으로 약효가 좋게 나타납니다. 이런 이유로 동양인을 대상으로 임상시험을 하면, 약물 우월성을 입증하기가 어려워요. 결국 해봐야 압니다. 실전을 치러야 알게 되는 것이 많아요. 케이캡이 미국에서 이런 결과를 일으킬지 알 수 없었지만, 직접 가서 해보다가 이렇게 된 것이죠.

케이캡은 가역적입니다. 비가역적이라는 것은 약물이 한번 붙으면 떨어지지 않는다는 뜻입니다. PPI 방식은 위산을 분비하는 프로톤 펌프를 비가역적으로 저해하기 때문에 새로운 프로톤 펌프를 억제하지 못합니다. 게다가 PPI 방식은 위 내부의 산성 환경에 노출되면서 활성화됩니다. 즉 식사 30분~1시간 전, 공복에 미리 약을 먹어야 두어야 합니다. 하지만 케이캡은 식사 여부와 상관없이 복용할 수 있고, 가역적이라 새 프로톤 펌프를 저해할 수 있습니다. 다른 장점도 있습니다. PPI는 약물 반감기가 짧지만 케이캡은 반감기가 깁니다. 따라서 위산을 지속적으로 저해할 수 있으니 환자가 자고 있을 때 위산이 분비되는 문제도 극복할 것이라고 봤습니다.

이런 것들이 있으니 '케이캡은 PPI 약물보다 증상을 완화하는 시간을 앞당길 수 있지 않을까?' 하고 추측했습니다. 그런데 처음에는 빠르다는 것이 환자에게 어떤 이점이 있는지 정확하게는 몰랐습니다. 그저 상상을 해본 것이죠. 정말 속도가 빠르면 환자의 증상이 빨리 나아지는 이점이 있을까요? 사실 상관관계가 있는 것은 아닙니다. 크게 상관이 없다는 연구 결과도 있었거든요. 그런데 환자들에게 나타날 장점을 확인해볼 수 있게끔 임상시험을 설계했죠. 해보는 겁니다.

우월성을 입증하는 포인트는 전략을 어떻게 짤 것이냐에 달려 있습니다. 그런데 이것도 다 알고 들어가는 것은 아니죠. 예를 들어 안전성에서 우월함을 입증한다고 해봅시다. 어떤 약물의 안전성을 시험하는데 이 약물만의 안전성을 확인하면 우월하다고 볼 수 있을까요? 위장관계 질환 치료제를 처방받는 환자들은 보통 다른 질환도 앓고 있는 경우가 많습니다. 그럼 다른 의약품과 이 약물이 환자 몸속에서 어떤 반응을 일으키느냐 하는 것들이 더 중요할 수 있습니다. 이런 것들은 예측하기가 어려워요. 오랫동안 실제 임상 현장에서 환자들이 처방을 받아서 약을 먹어봐야 결과가 나오는 것이죠. 그러니까 일단 제한적으로라도 승인을 받는 것이 중요합니다. 승인을 받아서 환자들에게 처방해보고, 장기적으로 데이터를 모으면서 확인해가는 것이죠. 단기간에 개발하고 끝내는 것은 아닙니다. 가역적인 이점이 있다고 말을 하지만, 이것도 끝까지 가봐야 아는 것입니다. 모든 것을 예측할 수 있다고 생각하면, 임상 규모만 키웠다가 낭패를 보는 수가 있습니다.

그런데 이런 배경을 이해하지 못하면, 기업 입장에서 투자하기가 쉽지 않습니다. 신약을 개발하겠다고 하면서 차별점을 정확하게 예측하지도 못하는데 어떻게 투자를 하겠습니까? 그러니까 신약개발에서만 존재하는 특별한 조건들이 있는 것이죠. 왜 저기에 저만큼 투자를 하는지 일반적인 분석으로는 설명할 수 없는 부분이 있어요. 물론 전 세계적 규모의 제약기업들은 다릅니다. 그들은 시간 싸움을 하거든요. 서둘러 3위 안에 들어가지 못하면 4위부터는 손해가 납니다. 그러니까 자본을 확 집어넣어서 빨리 확인하는 것이 더 나은 전략이죠. 물론 돈이 있으니까 가능한 것이죠. 하지만 한국의 제약기업들이 그렇게 할 수는 없잖아요. 처해 있는 상황과 조건이 다르면, 그 상황과 조건에 맞게 가야죠. 미국처럼 할 수 없으면, 우리가 할 수 있는 방법을 찾아야 합니다. 먼저 허가를 받고 그 다음부터 또 하나씩 우월성을 찾아가는 거죠.

케이캡이 시장에서 일으킬 반응도 예측하지 못했을 것 같네요.

속도가 빠르다는 것이 환자들에게 어떤 의미일지, 어떤 장점일지 개발자인 우리들이 처음부터 정의내릴 수는 없었습니다. 환자들이 써보다가 장점이 발견되어지는 것이죠. 그래서 입소문이 중요합니다. 입소문을 확인할 수 있는 데이터를 만드는 임상시험을 설계해야 하거든요. 장기 데이터를 모으고 건강보험심사평가원 데이터 등을 수집해서 분석을 해보니, PPI를 장기 복용했을 때 우려되는 지점들에서 케이캡을 처방했을 때의 이점이 보였죠. 지금까지 5년 동안 약이 처방되고 있는데 6년, 7년, 8년을 써보면 좀 더 구체적으로 잡힐 겁니다.

GERD 치료제는 필요한 만큼만 위산 분비를 억제해야 합니다. 위산 분비를 너무 억제해도 음식물을 제대로 소화시키지 못하고, 위산이 해야 하는 다른 작용들을 제대로 수행하지 못합니다. 그런데 케이캡은 조절이 가능합니다. 환자의 상태에 맞게 용량을 달리 처방하면, 딱 그만큼의 효과를 보죠. 용량에 따라 약물이 효능을 보이는, 용량 의존성(dose dependency)이 탁월합니다. 용량 의존성이 좋으면 의사가 환자 증상에 따라 약을 처방하기가 더 수월합니다. 이것도 예상하지 못했던 장점입니다. 하다 보니 알게 된 것들이죠. 물론 결과론적인 것이기는 하지만, 다 알고 다 예측해서 성공하는 신약도 없습니다.

이 과정에서 미국 데이터가 큰 역할을 했습니다. 미국은 샘플사이즈가 다르거든요. 샘플 사이즈가 몇 천이 안 되면 논문을 쓸 수도 없는데, 미국에서는 이런 데이터를 얻을 수가 있습니다. 미국에는 GERD 환자가 6,000만 명이 넘습니다. 이 가운데 70% 정도가 NERD입니다. 내시경으로 들여다봐도 이상이 없는데 속이 엄청 쓰리고 흉부에 통증이 옵니다. 하지만 그대로 둘 수 없으니까 약을 먹어야 합니다. 그래서 케이캡을 처방했는데 여기서 통계적으로 유의미한 결과가 나왔죠. NERD의 전형적인 증상이 두 가지입니다. 환자에게 가슴 통증이 있고, 위산 역류가 일어납니다. 그런데 전 세계 최초로 케이캡이 이 두 가지 증상을 모두 완화시키는 것으로 나왔거든요. 같은 P-CAB 계열이어도 나중에 제품으로 나왔을 때 라벨링이 달라집니다.

단 미국 임상시험 디자인은 한국 임상시험 데이터를 기준으로 짰습니다. 우리 데이터를 참고로 해서 샘플 사이즈도 정했습니다. 빠르다는 것을 정확하게 입증하려면 빨리 내시경을 또 해야 하거든요. 사실 역류를 평가하기가 어렵습니다. 환자는 역류하고 있다는 것을 가슴이 아픈 것으로 알게 됩니다. 그런데 하루 종일, 심지어 잠을 자면서도 그 통증을 기록하고 있는 것은 아니잖아요. 게다가 환자는 자신이 기억하는 것만 보고할 테니까요. 약물이 정말 효과가 있었는지 보려면 내시경을 해야 하는데, 2주만에 다시 내시경을 한다는 것이 참여자 입장에서는 힘든 일이죠. 즉 확신이 없으면 임상시험 대상자를 찾기가 어려운 겁니다. 그런데 도전적으로 한 번 해본 거죠. 2주, 4주. 샘플 사이즈는 작았지만 패턴이 보였습니다. 그래서 샘플을 확대하면 되겠다 판단했고, 그걸 가지고 미국에서도 2주를 했어요. 그런데 이 패턴이 그대로 나타난 것이죠. 운이 좋았습니다. 약은 거꾸로 개발되거든요. 끝을 예측해놓고 개발하는 것이 아니라, 개발된 약의 효과를 찾아가는 것이죠.

어떤 사람들은 '약을 개발했다.'라고 감히 말하기도 하는데, 약은 개발되는 것이죠. 개발될 때까지 살려놓는 것도 중요합니다. 이게 뭔지 정확하게 알 수 없잖아요. 뭔지 모르고 죽일 수도 있습니다. 개발자들이 뭔가를 죽인다고 할 때, 이 부분을 고려해봐야 할 겁니다. 그래야 정말로 죽여야 할 것을 빨리 죽일 수 있어요. 또한 무엇을 시작할지 결정해야 할 때도 '약은 개발되는 것이다.'라고 생각해봐야 합니다. 신약은 내가 개발하는 것이 아니고, 개발되는 것입니다. 나는 진화할 수 있게끔 도울 뿐입니다.

GERD라는 분야에 대한 연구가 많이 진행되어 있었고, 이미 강력한 치료제들이 있었음에도 '왜 케이캡을 개발하려고 했는지'에 대해서는 여전히 잘 설명이 안 되는 것 같습니다.

연구자는 어떤 연구, 어떤 개발을 할지 고를 수 있습니다. 그럼 어떤 것을 고를까요? 보통은 최초의 MoA, 항암 신약처럼 멋져 보이는 선택지를 고릅니다. 연구자라면 세계 최초 약을 개발하고 싶겠죠. PPI, P-CAB 같은 것은 눈에 안 찰 겁니다. 하지만 이는 연구만 볼 뿐, 시장을 보지 않기 때문입니다. 약이라는 것은 세상에 나와서 무슨 일인가를 해야만 하는데, 그것까지 보지 않는 경향이 있습니다. P-CAB 프로젝트를 할 때는 '이런 약을 왜 개발하냐?'는 말을 많이 들었습니다.

신약을 연구하는 연구자가 의약품 시장을 모르면 신약을 개발할 수 없습니다. 신약개발 연구자가 의약품 시장을 모른다는 것이 말이 안 될 것 같잖아요. 그런데 모릅니다. 의약품 시장을 모르면 그나마 다행이죠. 다른 연구자들이 어떤 연구를 어떻게 하고 있는지 모르는 경우도 많아요. 연구자는 자기 연구실에서 자기 연구만 열심히 하면 당장 큰 문제가 생기지 않거든요. 이런 이유로 신약이 많이 안 나온다고 봅니다. 신약을 개발하는 연구자는 임상시험, 규제기관의 승인이나 허가, 의약품의 제조, 마케팅까지 알고 있어야 합니다. 물론 각각의 분야에는 전문가들이 있고, 정말로 매우 전문적인 것까지 다 알기란 불가능하죠. 그럼에도 어느 정도까지는 알고 있어야 해요. 연구자들이 하는 오해 가운데 대표적인 것이 '최초'입니다. '전 세계 최초', '국내 최초'가 중요하죠. 하지만 '최초' 그 자체가 산업적으로 의미를 갖는 것은 아닙니다. 따지고 보면 모든 연구자들이 각자 최초의 무엇을 연구하고 있잖아요. 두 번째 연구를 하는 사람은 없어요. 그러니 최초이기만 해서는 신약으로 가기 어렵다는 점을 연구자들이 알아야 해요.

역사를 볼까요? 전 세계를 기준으로 놓고 봤을 때, 일본은 의미 있는 수준으로 신약을 개발할 수 있을 만큼 제약 산업이 성장한 국가입니다. 하지만 처음부터 그랬건 것은 아니었습니다. 1960년대와 1970년대 일본에서 본격적으로 제약 산업을 시작할 때, 미투 신약(me-too drug)이라고 하는 개량신약에 힘을 쏟았습니다. 당시 시장에 나와 있던 신약 대부분을 이런 방식으로 확보했죠. 그리고 자체 신약개발로 나아갔습니다. 한국 제약 산업이 성장한 것은 사실입니다. 하지만 우리가 어느 단계에 있는지 정확하게 파악하는 것이 중요합니다. 현실적으로 우리가 퍼스트 인 클래스, 즉 세계 최초의 신약을 개발하는 것은 현재로써는 어렵습니다. 자원이 한정되어 있으니 현실적으로 판단해야 하지 않을까요?

케이캡은 GERD 분야에 대한 연구가 많이 진행되어 있었고, 그에 따라 여러 방식의 치료제들이 개발되어 있었기에 오히려 출발할 수 있었습니다. 일단 기초연구를 할 필요가 없잖아요. 이미 되어 있는 연구를 활용하면 됩니다. 그리고 이미 기존 의약품들에 대한 임상 데이터도 있어요. 이런 R&D에 들어가는 자원을 줄일 수가 있었어요. 대신 장점과 단점을 명확하게 알 수 있고, 단점을 메울 방법을 찾기만 하면 됩니다. 아픈 사람과 아픈 사람을 치료하고 싶은 사람은, 조금만 더 나은 치료법이 있어도 기꺼이 옮겨오거든요.

하지만 완전한 신약은 아닌 듯합니다.

사실 퍼스트 인 클래스는 전 세계적 규모의 제약기업들도 어려워요. 과학이 아직 충분하게 발전하지 않았거든요. 신약을 개발하는 과정에서 독성이 발견되는 일은 너무 많습니다. 그런데 퍼스트 인 클래스 프로젝트에서는 개발자가 독성 하나하나를 모두 연구로 밝혀야 합니다. 물론 밝히기가 쉽지 않죠. 이런 상황은 반드시 발생하는데, 이런 문제를 해결하고 계속 개발을 이어가려면 다시 큰돈을 들여서 연구해야 합니다. 신체도, 질병도, 의약품도 아직 모르는 것이 많거든요. 전 세계적 규모의 제약기업은 이것을 자본으로 해결해가며 앞으로 나갑니다. 한국에서 그렇게 하기란 쉽지 않죠. 인정할 것을 인정해야 합니다.

퍼스트 인 클래스를 하겠다고 하면 퍼스트 인 클래스를 할 수 있을 만큼 돈을 써야 하지만, 그 정도 돈을 쓸 수 없다면 글쎄요… 신약개발은 기초과학이 아닙니다. 사업이 되는지를 봐야 하는데 어느 정도는 붕 떠 있는 느낌을 받을 때가 있어요. 사업이 안 되는데, 사업이 되는 것으로 그림을 그리죠. 심정적으로는 이해가 가지만 어렵다고 봅니다. CMC(chemistry, manufacturing and control), 생산라인, 마케팅… 시장에 진입할 수 있는 전략을 만들어놓고 개발해야 하는데, 전략을 짜기도 전에 연구만 한다고 신약이 나오는 것은 아닙니다.

개발은 거꾸로 하는 것입니다. 시장이 먼저 있죠. 시장에서 필요한 물건이 무엇인지 보고, 그걸 만드는 것이죠. 블록버스터 의약품이라고 하면 무엇이 먼저 떠오르죠? 새로운 메커니즘의 항암제들이 먼저 떠오릅니다. 그런데 전 세계적인 규모의 제약기업들이라고 해도, 이런 것들을 1~2개 정도 가지고 있을 뿐입니다. 여전히 블록버스터 의약품 대부분은 단일클론항체 치료제, 저분자 화합물 의약품입니다. 오래된 방식이죠.

그런데 단일클론항체나 저분자 화합물 치료제를 개발한다고 하면 관심을 안 가집니다. 멋이 없잖아요. 연구자도 투자자도 눈길을 잘 주지 않습니다. 하지만 인기를 끄는 신약개발은 곧 관심이 사그라듭니다. 연구자도 떠나고 투자자도 금방 떠나요. 그리고 다들 다시 새로운 것을 찾습니다. 신약개발 환경은 황폐화되고, 모두 유목민이 되어 떠돌게 됩니다. 화려하다는 이유로 관심을 갖는 것은 위험하다고 생각합니다. 적어도 저는 그럴 자신이 없어요.

HK이노엔이 기초과학 분야에 투자할 수는 있습니다. 이 정도는 감당할 수 있는 리스크입니다. 하지만 몇 조 원씩 투자하는 전 세계적 규모의 제약기업과 어깨를 나란히 하고 경쟁을 한다? 비현실적이라고 봅니다. 냉정하게 판단해야죠. 적어도 아직까지 한국의 제약 산업은 선진국의 뒤를 쫓는 방식이 유효하다고 봅니다. 반도체, 조선, 자동차 산업은 한국이 글로벌 플레이어이지만, 제약과 신약개발은 한국이 글로벌 플레이어가 아니니까요. 일단 돈을 벌어야죠.

의사결정을 어떻게 내리느냐가 중요하겠군요.

개발하는 모든 단계가 돈입니다. 기업에서 돈이라는 것은 의사결정의 다른 말이죠. 신약개발은 사업이니까, 마케팅 부문에서 내리는 판단이 중요합니다. 마케팅 쪽은 보수적이죠. 전에 없던 메커니즘의 신약으로 전에 없던 시장을 만든다고 하면, 마케팅 쪽 사람들은 믿지 않아요. 돈만 쓴다고 생각할 겁니다. 그렇다면 기존에 있는 시장으로 진입해서 경쟁한다고 하면 어떨까요? 케이캡 같은 것을 하겠다고 말하면, 그래도 보수적입니다. 그런 정도의 약을 개발해서 성공한다고 한들 매출이 얼마나 될 수 있냐는 것이죠.

이런 상황에서 신약을 개발하는 연구자는 어떤 선택을 하게 될까요? 화려한 첨단 신약개발의 성공 확률은 매우 낮습니다. 그런데 기존 시장에 진입해서 더 좋은 치료제를 개발하는 것도 100% 성공한다는 보장이 없습니다. 이렇게 된 바에야 첨단 신약개발을 하는 쪽으로 쏠리는 것이 자연스러울 겁니다. 이런 상황에서 우리는 판단을 해야죠. '의사결정을 어떻게 해야 하는가?' '그럼에도 어떤 선택을 해야 하는가?'

어떤 종류의 신약이든 그 길을 미리 가본 사람은 없습니다. 신약이 개발되고 나면, 결과가 다 나와 있으니 그 앞에 벌어졌던 일들을 그럴 듯하게 해석할 수는 있어요. 하지만 미리 알 수 있는 것은 없습니다. 신약의 진짜 어려움은 한 번도 해본 적이 없는 일을 해야 한다는 것입니다. 연구자도 마케터도 마찬가지입니다. 케이캡을 생각해보면 연구자도 마케터도 개발 과정에서 맞췄던 예측이 한 번도 없었어요. 이렇게 될 것이라고 알았던 사람도 없었죠.

그래서 대부분의 의사결정이 보수적일 수밖에 없는데, 오해하지 말아야 할 것은 보수적이라는 말의 뜻은 '현실적'이라는 뜻이지 '비관적'이라는 뜻이 아니라는 겁니다. 그런데 언제나 비관적인 시선과 싸우게 됩니다. 싸우려면 무기가 필요하잖아요? 그 무기가 바로 시장에 대한 이해, 데이터 등이겠죠. 즉 신약개발에 참여하는 모든 사람들을 설득하려면 시장을 이해하고 정확한 데이터를 뽑아내야 해요. 그렇게 비관적인 시선을 물리쳐야 현실적인 태도를 가지게 됩니다.

연구자들이 비관적이 되면 다른 참여자들을 설득하는 일을 포기합니다. 그리고는 멋있어 보이고 화려해 보이는 것을 찾습니다. 신약개발은 시간이 오래 걸리고 실패 확률도 높잖아요. 적어도 이 정도의 공감대는 형성되어 있어요. 그러니 이런 공감대를 방패로 삼을 수 있죠. 연구자 입장에서는 일단 멋있는 것을 합니다. 성공하기만 하면 기적의 항암 신약이 되는 거죠. 덕분에 주목도 받고 투자도 받을 수 있습니다. 신약은 오래 걸리니까 기간을 계속 늘려갈 수도 있어요. 그러다가 실패해도 신약은 원래 실패 확률이 높다는 이유를 들어 엑시트할 수 있죠. 이런 유혹에 빠지기 쉽지만, 빠져나오기는 어려워요.

보통의 연구자, 개발자에게 기대하기 어려운 덕목 아닌가요?

미친놈이 되어야죠. 비정상적인 사람이 되어야 합니다. 물론 반드시 연구자만 비정상적일 필요는 없습니다. 마케터가 미칠 수도 있죠. 제약 업계에는 연구자가 아니더라도 그런 사람들이 있어요. 멀쩡히 다니던 회사를 때려치우고 신약을 개발하겠다고 나서는데, 멋있는 무엇인가를 하겠다고 투자받지 않아요. 대신 될 만한 것을 하려고 여기저기서 돈을 끌어 모읍니다. 그런 돈을 모으는 것이 더 어려워요. 그래도 열정이 있으면 사람들이 따라가더군요. 신약을 개발하겠다는 기업에 이런 사람이 한 명만 있어도 충분할 것이라고 봅니다. 정말 귀한 사람들이거든요.

신약개발은 끊임없이 방해를 뚫는 과정입니다. 신약을 개발하는 과정은 터프하고, 도와주는 사람은 거의 없고, 방해하는 사람들이 많습니다. 프로젝트가 안 되는 아흔아홉 가지 이유를 듣게 됩니다. 정말 아무도, 그 어떤 것도 도와주지 않아요. 과학이 완벽하지 않으니, 연구를 한다는 것 자체가 힘듭니다. 이것도 어떻게 보면 장애물이죠. 사람도 그렇습니다. 연구자들 가운데 비관적인 태도를 갖고 있는 사람이 있으면 그 자체로 또 방해가 됩니다. 다음 단계, 그 다음 단계로 넘어갈 때 이해관계자들의 방해도 커요. 성공하기 전까지는 매일매일이 실패이기 때문에 지지와 응원과 자원을 얻어내기가 쉽지 않습니다.

이걸 모두 뚫으려면 온갖 짓을 다 해야 합니다. 데이터를 만들어내기 위해 기를 쓰고, 이해관계자를 설득하려고 때로는 떼를 쓰고, 울고불고하다가 욕하면서 화를 내고, 가끔 뻥을 치기도 합니다. 매일 이런 일들의 반복이죠. 케이캡도 그랬습니다. 처음에 목표 매출을 잡으라고 해서 200억 정도로 정했습니다. 내부적으로도 시큰둥한 반응이었죠. 1년에 200억 매출을 올릴 거면, 그 시간에 다른 것을 개발하는 편이 좋겠다는 의견이 많았습니다. 그래서 언론 인터뷰를 할 기회가 왔을 때 1,000억 매출을 하겠다고 질렀죠. 뭔가 또 터뜨려야 했거든요. 블록버스터 GERD 제품인 넥시움이 한국에서 500억 밖에 못 할 때였는데 1,000억을 하겠다고 했으니 모두를 향한 선전포고 같은 것이었습니다. 그런데 케이캡을 첫해에 300억 원 정도 팔았습니다. 론칭 심포지엄을 신라호텔에서 했는데, 심포지엄에 온 의사들이 너무 많아서 교통이 마비될 정도였습니다. 실제로 그랬죠. 1,500명 정도 왔는데, 심포지엄 장소에 입장을 못한 사람들이 항의를 하고 난리가 아니었습니다.

신약이 개발되기를 바라는 것이 비정상적인 기대처럼 들리네요.

꼭 그렇지만은 않습니다. 힘들지만 상식적으로 생각하고 판단하고 행동하면 됩니다. 그게 어렵다는 것입니다. 저는 의사결정을 할 때 심플한 편입니다. '경험한 것에서 자신감을 가질 것' 정도의 기준이 있죠. 내가 경험한 것을 믿어야 합니다. 그러니 최대한 다양한 것을 경험해야 하고, 가짜 경험이 아닌 진짜 경험을 해야 하죠. 케이캡 임상1상을 할 때였습니다. 이 분야는 임상1상 데이터를 보면 바로 알 수 있습니다. 약물이 pH를 얼마나 잘 올리는지를 보면 효능을 가늠할 수 있거든요. 그런데 케이캡은 pH를 빠르게 올리더라고요. 이전에 개발했던 P-CAB 약물에서 보지 못했던 데이터였습니다. 전 세계 PPI 논문을 다 읽었는데, 케이캡만큼 빠르게 pH를 올리는 약물은 없었습니다. '생각했던 가설이 맞구나!' 싶었습니다. pH를 빠르게 올리면 증상도 빠르게 개선할 수 있겠다 싶었죠.

다음은 독성이죠. P-CAB 약물이 가진 문제 가운데 간 독성이었거든요. 그래서 초기 약물을 스크리닝할 당시부터 독성을 일으킬 우려가 있는 약물을 모두 뺐습니다. 이번에도 '믿을 수 있는 자기 경험'이 도움이 되었죠.

경험해보지 않으면 알 수 없는 것들이 있습니다. 전에 비임상 개발을 하다가 생식 독성이 나온 적이 있었습니다. 깜짝 놀랐죠.

같은 실험을 몇 번 반복하면서 어찌할 바를 모르고 있었는데, 이 데이터를 본 간호사 출신의 외국 기업 담당자가 '라벨링을 다르게 하면 되겠네요.'라고 말해주더라고요. '에스트로겐 분비 사이클에 문제가 있으니, 임산부 복용 금지라고 쓰면 되겠어요.' 이 한 마디로 정리되었습니다. 이런 종류의 독성은 라벨을 조정하면 되는 문제였습니다. 너무 간단한 솔루션이었죠. 이건 외국 기업들과 협업을 하면서 우연히 배운 것이었어요. 우리는 거기까지 가보지 못했지만, 그 사람은 가봤던 것이죠. 이런 것들은 경험이 아니면 얻을 방법이 없습니다. 너무 쉬운 솔루션이니까 누가 어디에 기록해두지도 않아요. 이런 것들이 한두 가지가 아니겠죠. 아마 이런 경험이 없어서, 성공할 수 있었는데 엎어버린 프로젝트도 많을 겁니다. 이런 식의 의사결정이 쌓이면 결국 신약개발을 포기하거나 아니면 산으로 갑니다.

이런 의사결정은 자신감이 바탕이 되었을 때 가능합니다. 내 의사결정을 내가 믿을 수 있으면 합리적 미친놈이 될 수 있습니다. 전략적으로 사람들을 설득할 수도 있고, 전략적으로 프로젝트를 끌고 갈 수 있죠. 한국도 이제 정말 많은 사람들이 신약개발이라는 전투에 참여하고 있어요. 제법 오래했고, 분야도 꽤 다양합니다. 그러니까 총량을 보면 우리도 경험치가 쌓여가고 있는 겁니다. 그런데도 신약이 그만큼 나오지 않는다면 그 이유를 두 가지로 분석해볼 수 있겠죠. 아직 경험을 더 쌓아야 하거나 쌓은 경험을 제대로 활용하고 있지 못하거나. 두 가지 모두라고 생각합니다.

리더의 경험도 중요하겠죠. 예를 들어 신약개발 쪽에 경험이 없는 의사가 리더라면 임상시험에 쓸 약물을 확보하지도 못한 상황임에도, 계속 임상시험만 강조할 수 있을 겁니다. 전 세계적 규모의 제약기업 연구소 경험만으로 리더가 된다면, 어쩌면 한 가지 문제도 풀지 못하고 엎어질지 모릅니다. 거대한 기업의 힘은 거대하고 촘촘한, 잘 계획된 협업 구조입니다. 물론 이런 협업 구조를 그 사람이 직접 설계하지 않았을 겁니다. 심지어 협업 구조의 맥락을 모른 채 주어진 일만 성실하게 했을지도 몰라요. 그럼 문제는 더 안 풀리겠죠. 연구소 경험만으로 리더가 된다면, 신약까지는 될지 모르지만 개발은 안 될 겁니다. 현장에 내보낼 제품을 만드는 것은 전혀 다른 문제거든요. 신약을 개발하려면 나를 포기할 수 있어야 합니다. 신약개발은 혼자 할 수 있는 게 아니고, 잘 엮어가는 과정이거든요. 그런데 내가 세상의 중심이라고 여기면서 자존심을 꺾지 못한다면 어렵죠.

구체적으로 어떤 경험이 필요할까요?

연구에서 사업까지 모두 알아야 합니다. 물론 모든 것을 다 알고 다 경험할 수는 없죠. 그래서 커뮤니케이션이 중요합니다. 그런데 생각보다 사람들이 막혀 있어요. 커뮤니케이션을 잘 하지 않으려고 합니다. 답답한 노릇이죠. 만나서 들어보면 알 수 있는 게 많아요. 그런데 의외로 안 만나고, 안 물어보고, 안 들어요. 작정하고 일을 망치려고 드는 사람은 없습니다. 다들 성실하고 똑똑해요. 적어도 자기 경험 안에서는 말이죠. 그런데 거기서 벗어나려고도 하지 않습니다. 아주 상식적이기만 해도 되는 문제인데, 그게 잘 안 됩니다. 상식적이고 남 이야기만 잘 들을 수 있어도, 신약이 나오는데 말이죠.

구체적으로 예를 들어보죠. 비임상시험 단계에서는 동물실험을 합니다. 동물실험은 거의 완벽하게 통제할 수 있어요. 그런데 임상시험으로 넘어가면 통제되는 것이 거의 없습니다. 의사, 간호사, 임상시험 대상 환자 모두 말을 잘 안 듣습니다. 동물실험만 하던 연구자는 임상시험이 어떻게 돌아가는지, 뭐가 필요한 모릅니다. 동물실험을 통제해놓고, 퇴근 시간에 딱 맞춰 퇴근하면 그만이죠. 그런데 임상시험 파트는 다릅니다. 영 알 수 없는 일들을 벌어집니다. 의사를 설득해야 하는데, 임상에서 환자가 죽느냐 사느냐 문제를 다루는 의사를 설득한다? 엄청 어려운 일입니다. 아예 쓰는 말도 다르죠. 그러니 사실상 절반 정도는 의사가 되어야 합니다. 그런데 앞단에서 기초연구를 하는 연구자가, 모든 것을 원하는 대로 통제하던 연구자가 임상시험 경험 없이 임상시험에 참여합니다. 반드시 문제가 생기죠. 그러니까 기초연구를 하는 사람은 임상시험을 진행하는 사람들과 술이라도 마시면서 이야기를 들어봐야 합니다. 어떻게든 소통을 해야 합니다. 연구, 개발과 임상, 생산, 마케팅까지 모든 직무에 대한 경험이 필요합니다. 그냥 구경하는 것이 아니라, 실제 일을 해봐야죠.

신약을 개발하려면 그곳으로 가기 위해 키(key)가 되는, 한 명의 사람이 꼭 필요합니다. 그 한 사람만 있어도 될 것 같아요. 그 사람이 갖추어야 할 덕목이 있는데 명성은 아닙니다. 명성은 특정 분야에서 탁월한 역량을 쌓으면 얻을 수 있습니다. 하지만 특정 분야에서 탁월한 역량을 갖고 있다고 해서, 그 사람이 신약개발을 이끌 수는 없어요. 오히려 여러 분야에서 다양한 경험을 갖춘 사람이 필요하죠.

우리는 선택해야 됩니다. 특정 분야에서 탁월한 역량을 쌓아서 신약개발에 참여하는 선택을 할 수 있죠. 다른 선택도 가능합니다. 가능한 여러 분야에서 경험을 쌓아서 신약개발을 이끄는 선택입니다. 그리고 각각의 선택에 맞게 일을 해나가야겠죠. 특정 분야를 잘 아는 사람은 신약개발을 이끌 수 없습니다. 반대로 여러 분야를 경험하면 특정 분야에서의 역량은 떨어지겠죠. 그러니 이런 사람은 특정 부문에 어울리지 않을 겁니다. 어떤 제약기업이 정말 신약개발을 할 수 있을지 없을지는, 이런 컨셉에 맞춰서 사람들이 배치되어 일하고 있는지 보면 됩니다.

한국에서는 어떤 분야의 신약개발을 해야 한다고 보시는지.

케이캡은 신약입니다. 하지만 PPI와 P-CAB이 없었다면 매우 어려웠을 겁니다. 완전히 새로운 것을 한다는 것은 정말 거의 불가능한 일이죠. PPI와 P-CAB 데이터가 이미 충분히 있었기 때문에, 나아갈 수 있었던 것이죠. 그걸 계속 보완하고 고쳐나가다가 신약이 나온 것이니까요.

즉 이미 어느 정도 과학적으로 밝혀진 것에서 시작해야 합니다. 정말 노벨상을 탈 각오로 수십 년을 쏟아 부을 용기가 있으면 완전히 새로운 신약을 할 수 있겠죠. 아니면 전 세계적 규모의 제약기업만큼의 돈과 배짱이 있다면 가능할 겁니다. 하지만 한국 제약기업들에게는 힘든 일이죠. 일단은 되는 일을, 될 수 있게 만들어가는 것이 우선입니다. 그리고 어떤 곳에서 성공했다는 소식이 들리면, 그때 뛰어들어도 늦지 않습니다. 그 정도의 자본과 개발 경험은 있으니까요.

물론 완전히 모험적인 것을 하는 곳이 있어야 합니다. 벤처나 스타트업이겠죠. 다만 벤처와 스타트업이 제약기업과 같이 생각하고 행동해서는 안 됩니다. 반대로 산업적으로 접근해야 하는 제약기업은 벤처와 스타트업처럼 판단하고 움직여서는 안 됩니다. 그런데 둘이 서로 정반대로 하기도 합니다. 벤처나 스타트업은 리스크가 부담되니까 제약기업처럼 하려고 합니다. 리스크를 관리하겠다며 도전적인 것을 하지 않죠. 대표적인 것이 트렌드를 따라가는 것입니다. 진짜 도전은 남들이 안 하는 것을 하는 것인데, 벤처나 스타트업이 남들이 하는 걸 하려고 하죠. 제약기업은 리스크를 관리해야 하는데 그렇게 하면 미래 가치가 안 나온다면서, 주가를 올리겠다고 큰 리스크를 걸어야 하는 일을 하겠다고 발표하죠. 컨셉은 있지만 제품이 나올지 안 나올지 모르는 일인데도 발표부터 합니다. 제약기업에서는 제품이 계속 나와줘야 합니다. 먹여 살려야 하는 사람들이 있고, 돈이 많이 들어가는 연구를 계속해야 하잖아요. 어쨌든 제약기업은 제조업입니다. 제약기업은 돈 되는 신약을 해야죠.

마지막으로 해주고 싶은 이야기가 있으시다면

글로벌 임상시험도 냉정하게 살펴볼 필요가 있습니다. 정말 글로벌 시장으로 진출하기 위한 임상시험인지 아니면 국내 임상시험을 할 수 없어서 나가는 것인지 말이죠. 한국도 규제기관의 허들이 높습니다. 통과하기 쉽지 않죠. 어쩌면 상대적으로 글로벌 임상시험의 허들이 낮을 수도 있어요. 글로벌 임상시험을 글로벌 CRO에 의뢰하는데, 알아서 잘 맞춰주는 편이죠. 그래서 글로벌 임상시험을 하겠다며 투자를 받아서 일단 외국으로 나갑니다. 그런데 시간이 지나면 곤란한 상황이 생기고는 합니다.

사실 국내 임상시험 환경도 그리 나쁘지 않습니다. 케이캡은 국내 임상1상을 24건 진행했죠. 케이캡은 소화기 내과 전반에서 쓰이는 약이기 때문에 무조건 다른 약과 병용처방해야 하거든요. 케이캡을 먹는 것이 다른 약의 효능과 안전성에 영향을 주면 안됩니다. 이런 연구도 한국에서 임상1상으로 확인할 수 있었습니다.

신약개발은 불가능하지 않습니다. 물론 운이 중요한데, 운은 포기하지 않고 기다리면 꼭 찾아옵니다. 아이디어는 시장에서 얻으면 됩니다. 의사들, 교수들에게 아이디어를 얻는 것도 좋죠.

사람들은 자기 경험에서 벗어나기가 어려워요. 자기 경험으로부터 벗어나서 욕심을 부리면 일을 망칩니다. 그러니 일을 망치지 않으려면 더 넓고 더 깊은 경험을 해야 해요. 자기 욕심에서 벗어나고, 소통하고, 그 다음에 자기 자신을 믿으세요.

자큐보

JAQBO

→ 자스타프라잔(zastaprazan), 위식도 역류 질환, 2024

§

세상에 공짜로 얻어지는 것은 없다. 규모나 순위 같은 것들도 그냥 얻는 숫자가 아니다. 그 숫자를 얻게 될 때까지 어떤 일이 있었는지, 그 일들을 어떻게 평가하면 되는지에 대해 이야기해 준다. 제일약품은 연매출을 기준으로 한국 제약기업들 가운데 10위 안에 드는 기업이 아니다. 그런데 제일약품에는 숫자가 더 있다. 제일약품에는 자체 개발한 신약이 1개 있다. 10위 안에 드는 한국 제약기업 가운데 자체 개발 신약이 없는 경우도 있는데 제일약품에는 있다. 이렇게 되면 조금 복잡해진다. 이런 상황은 어떻게 설명해야 할까?

인터뷰를 하러 들어간 연구소장실은 장식 하나 없이 소박했다. 연구소장이 쓰는 책상과 의자, 회의 테이블이 1개 놓여 있을 뿐 별다른 가구는 없었다. 그마저도 화사한 색감의 시스템 오피스 가구가 아니라, 흔히 볼 수 있는 어느 중소 가구업체에서 제작했을 것 같은 베이지색 톤의 평범한 가구였다. 사람도 마찬가지였다. 연구소가 공장과 함께 있었던 이유에서인지는 모르지만 연구소장은 생산공장 사람들이 주로 입는, 오른쪽 가슴 부분에 회사 이름을 자수로 새겨놓은 공장 점퍼를 입고 있었다. 인터뷰이를 만나는 공간도, 인터뷰이도 소박했다. 이런 경우가 드물었기에 솔직히 어느 정도는 놀랐다. 하지만 꾸밈없는 공간에서 꾸미지 않는 인터뷰이와 나눈 이야기에도 꾸밈은 없었다.

이창석

제일약품 중앙연구소장

대부분의 제약기업과 바이오텍이 자신들의 R&D를 소개할 때 암이면 암, 자가면역질환이면 자가면역질환 이렇게 특정한 질병군을 정하고 그에 대한 치료제를 개발하고 있다고 소개하죠. 그런데 저희는 아직 그 단계까지 이르지는 못했습니다.

기본적으로는 저분자 화합물 의약품을 개발하고 있습니다. 특정 질병과 관계가 있는 단백질의 활성을 조절할 수 있는 화학물질을 찾아서 의약품으로 개발하는 연구를 합니다. 저희는 기존 연구를 많이 찾아봅니다. 어떤 질병, 어떤 단백질, 어떤 화학물질이 있는지에 대한 기존 연구를 살펴보다가, 우리가 해볼 수 있을 것 같은 것들을 정합니다. 염증일 수도 있고, 당뇨일 수도 있죠. 우리 능력으로 해볼 수 있을 것 같은 타깃을 골라서 개발에 들어갑니다.

지금 연구하고 있는 것으로 당뇨 치료제를 소개하면 좋을 것 같네요. SGLT2는 신장에 있는 단백질입니다. 신장에서 혈액의 노폐물이 걸러지죠. 이때 SGLT2 단백질은 혈액에 있는 포도당을 다시 흡수합니다. 소변으로 포도당이 빠져나가면 아깝잖아요. 이때 SGLT2 단백질이 포도당을 다시 흡수해주면 에너지 효율화가 이루어집니다. 따라서 SGLT2의 활성을 저해하면 소변으로 빠져나가는 포도당이 늘어나는데, 이렇게 되면 당뇨병 환자들의 혈당을 낮추는 효과가 생기죠. 이런 이유로 SGLT2 저해제가 당뇨병 치료제로 쓰이며, 아스트라제네카의 포시가(FORXIGA®, 성분명: dapagliflozin)가 있죠. 제일약품은 SGLT2 활성을 저해하는 동시에 SGLT1도 저해하는 치료제를 개발하고 있습니다. SGLT1은 장에서 당을 흡수하거든요. 흡수되는 절대량을 줄이고 재흡수를 방해하면 치료 효과가 더 있을 것으로 기대하고 있죠. 당 수치(HbA1c)가 더 내려가지 않을까 하는 기대이고, 체중 감량에도 추가적인 이점이 있을 것으로 보입니다. SGLT2 계열 약물에서도 어느 정도의 체중 감량이 나타나거든요. 식후 혈당을 바로 낮추기가 어려운데 이런 부분에서도 효과가 있을 것으로 보고 있습니다.

2019년에 진퀴스타(ZYNQUISTA®, 성분명: sotagliflozin)라는 신약이 나왔습니다. SGLT1과 SGLT2를 동시에 저해하는 약물이죠. 제1형 당뇨병 환자는 인슐린 주사를 맞아야 하잖아요. 이때 먹는 약인 진퀴스타를 혈당 조절을 개선하기 위한 보조요법으로 함께 처방합니다. 그런데 부작용이 발견되었어요. 일부 환자한테 케톤 수치가 올라가는 당뇨병성 케톤산증이 나타났거든요. 케톤은 간에서 지방이 분해되는 과정에 나오는 물질입니다. 원래는 당으로 에너지를 만들어 써야 하는데, 이 작용이 원활하지 못하면 지방을 분해해서 쓰는 것이죠. 당뇨병 환자 몸속에서 케톤이 늘어나면 최악의 경우 생명에 위협을 받기도 합니다. 이런 이유로 진쿼스타는 유럽에서 2022년에 승인이 철회되었고, 미국에서는 제1형 당뇨병 치료제로는 시판허가를 받지 못했습니다. 다만 미국에서 다른 적응증인 심부전 치료제로 인페파(INPEFA®)라는 이름으로 팔리고 있습니다. 제일약품은 인페파보다 부작용이 적고 치료 효과를 올리는 방향으로 연구를 하고 있습니다.

일반적인 R&D 전략은 아닌 듯합니다.

R&D를 실속 있게 해야 한다고 생각합니다. 전 세계적 규모의 제약기업들은 약으로 만들 수 있는 특징을 가진(druggable) 화학 물질과 그에 대한 데이터 베이스를 잘 갖추고 있습니다. 이걸 두고 화합물 라이브러리라고 부르죠. 글로벌 수준의 거대 제약기업이라고 하면, 10~20년 전에 이미 라이브러리에 수백만 개가 넘는 화합물과 그에 대한 데이터를 가지고 있었습니다. 라이브러리에서 원하는 치료 타깃에 대해 생물학적 활성을 나타내는 화합물을 찾아냅니다. 이렇게 찾은 화합물을 유효물질이라고 하는데, 여기서부터가 약물 개발의 시작입니다. 전 세계적 규모의 제약기업들이 갖추고 있는 라이브러리에 비하면 한국 제약기업들의 라이브러리는 절대적으로 작아요. 그래서 외국 화

합물 라이브러리 서비스를 이용하기도 합니다.

개수도 적지만 더 중요한 것은 품질입니다. 쓸 만한 물질을 가지고 있는가 그렇지 못한가가 사실 더 중요합니다. 한국의 제약 기업들이나 한국화학연구소(KRICT)도 좋은 물질 데이터를 확보하려고 노력하고 있지만 경쟁력을 갖추려면 좀 더 시간이 걸려야 할 겁니다. KRICT의 경우 25년 동안 약 75만 종을 구축했다고 합니다.

라이브러리에서 유효물질을 빠르게 찾아내는 것도 관건입니다. 이를 수행하는 시스템을 고처리량(high-throughput screening, HTS) 시스템이라고 하는데, 저는 제일약품에 오기 전에 라이브러리 HTS 시스템을 갖추는 프로젝트에 참여한 적이 있습니다. 그런데 비용도 많이 들고, 관리자가 따로 있어야 해서 어려웠던 기억이 있습니다.

신약개발 경쟁은 글로벌 경쟁이죠. 의약품 시장은 미국을 중심으로 해서 전 세계가 단일한 시장으로 되어 있잖아요. 그런데 신약개발에 가장 기본이라고 할 수 있는 화합물 라이브러리에서 이미 미국에 비해 경쟁력이 떨어집니다. 물론 한국이 경쟁력을 갖춘 다른 분야들이 늘어나고는 있어요. 대표적으로 한국의 R&D 인력들이 갖춘 연구 역량은 엇비슷하게 올라왔다고 봅니다. 경쟁력이 있죠. 하지만 우리 연구자들이 신약개발에 유용하게 쓸 수 있는 화합물에 대한 데이터 베이스가 여전히 부족합니다. 한국에서 신약개발이 어렵다고 할 때는, 경쟁력이 있는 것과 없는 것을 구체적으로 나누어서 살펴봐야 할 겁니다. 그래서 우리는 특정 질병에 대한 치료제 개발을 위해 물질을 찾아나서기보다는, 이미 어느 정도 치료 효과가 있는 것으로 밝혀진 물질을 가지고 해당 질병 치료제를 개발하고 있습니다. 인정할 것은 인정해야죠.

어느 정도 검증된 타깃을 찾고 나면, 평가 시스템을 찾습니다. 신약을 개발하려면 치료 효과와 부작용을 확인할 수 있는 평가 시스템이 있어야죠. 규제기관의 승인을 받으려면 평가 시스템의 적합도가 중요하니까요. 평가 시스템도 이미 많이 사용하는 기본적인 것들이 있습니다. 하지만 새로 시작한 타깃과 R&D 특성에 딱 들어맞는 것은 아닙니다. 이런 부분도 한국이 글로벌 수준에서 경쟁력이 갖춘 것이 아니기 때문에 신중하게 찾습니다. 그리고 시장성도 검토하고… 보통 이렇게 진행합니다. 할 수 있는 것을 해야죠.

일종의 유연함이죠. '유연해지자!'라고 일부러 방향을 잡았던 것은 아닌데, 결과적으로 유연해진 것 같습니다. 제일약품에는 R&D 연구소가 여러 곳 있습니다. 제가 있는 곳은 신약개발에만 집중하는 연구소인데 연구 인력이 40여 명 정도죠. 이 정도 규모 연구소가 적응증을 정하고, 그에 따라 연구 인력을 나눠서 제대로 연구하기에는 여러모로 어중간합니다. 물론 하려면 할 수는 있죠. 2~3개 파트로 나누고 각 파트에 적응증을 할당해서 R&D를 할 수는 있습니다. 하지만 의미 있는 신약개발을 하기란 쉽지 않습니다. 그래서 모든 연구원들이 가능한 빨리 임상시험에 들어갈 수 있는 물질을 찾는 데 집중하죠. 물론 우리가 정말로 블록버스터 신약을 개발하면, R&D에 투자할 수 있는 비용의 차원이 달라질 겁니다. 그때가 되면 적응증에 따라 연구소를 다시 구성해야죠.

이런 방식이 멋은 없습니다. 완전히 새로운 것을 찾아 떠나는 모험이라고 하기는 어렵거든요. 누군가가 어느 정도까지 정리해둔 것을 가지고, 내가 할 수 있는지 따져보고, 그 결과에 따라 R&D에 들어가는 것이니까요. 드라마틱한 신약개발 전략은 아닙니다. 하지만 실속 있게 해야 한다고 봐요. 언젠가는 처음부터 끝까지 멋있게 할 수 있는 날이 올 겁니다. 그전까지는 자기 객관화를 하면서 실리적으로 해야겠죠.

그럼에도 여전히 독특해 보입니다.

지금까지 경험했던 것들의 영향을 받았기 때문이겠죠. 저는 1995년부터 신약개발 R&D 일을 해왔습니다. LG화학에서 일을 시작했는데, 당시 LG화학에서 신약개발에 강한 드라이브를 걸고 있었습니다. 그래서 개성이 강하고 뛰어난 사람들이 많이 모여 있었어요. 이 사람들 가운데 지금 한국 제약기업과 바이오텍에서 활약하는 사람들이 많아요. 저는 막내 그룹이었습니다.

그 당시에도 이미 라이브러리가 문제라는 것을 다들 알고 있었습니다. 좋은 라이브러리 구축이 필요하다고 판단했고, 외국에서 운용하고 있는 최신 라이브러리 시스템을 도입하는 프로젝트에 참여했죠. 결과적으로는 잘 안 되었어요. 좋은 시스템을 쓰면 신약개발 기간을 줄일 수 있습니다. 전 세계적 규모의 제약기업들에게 이 기간을 줄이는 것이 중요한 문제였고, 후보물질은 좀 더 빠르고 높은 확률로 찾아낼 수 있는 시스템을 갖추는 것이 의미 있는 일이었습니다. 하지만 우리의 경우는 라이브러리 안에 좋은 물질이 충분하지 못했습니다. 시스템을 갖췄으니 유효물질을 빨리 찾아내기는 하는데, 신약개발로 넘어갈 수 있을 정도로 좋은 물건이 나오지는 않았죠.

이런 식의 오해는 여전히 있는 것 같습니다. 최근에 인공지능(AI)을 신약개발에 도입하는 프로젝트들이 주목을 받잖아요. 신중하게 접근할 필요가 있겠죠. 신약개발에 AI를 활용하는 것도 결국 유효물질을 빠르게 확보하기 위한 것이잖아요. 유효물질을 찾는 시간을 줄이기 위함입니다. 하지만 이 또한 라이브러리에 유의미한 무엇인가가 들어 있어야 시간을 줄이는 의미가 있습니다. 저희도 AI 관련 프로젝트를 진행하고 있지만, AI가 결정적인 답이 될 것이라고 보지는 않습니다. 테크놀로지를 따라가는 것은 중요하지만 '왜 따라가고, 어떻게 쓸 것인가?'라는 질문을 놓치지 않으려고 노력해야죠.

기회 요소들을 주의 깊게 살펴보다가 결정적인 순간에 잡아내는 것이 중요합니다. 하지만 모든 기회가 내 것은 아닙니다. 기회를 놓칠 수 없다고 억지로 이것저것 가져다 붙이기도 하지만, 오히려 그 시간에 차분하게 준비하는 것이 더 나을 수도 있습니다. 차분하게 준비하면 적어도 다음에 오는 기회는 확실히 잡을 수 있거든요. 기회인 것을 몰라서 놓치는 경우는 드물어요. 그리고 기회는 늘 다시 찾아옵니다. 기회를 잡을 밑바탕이 없어서 놓치는 경우가 더 많죠. 기회 요소를 계속 주시하면서 시도하는 것을 멈추지 않아야 하지만, 내가 잡을 수 있는 기회인지 계속 따져보면서 무모한 도전을 꾹 참으면서 준비하는 시간을 가져야겠죠. 쉽게 들리지만 이 아슬아슬한 경계를 타는 것이 어렵다고 느낄 때가 많습니다.

제일약품은 어디까지 와 있다고 보시나요?

한국에서 저를 포함해서 많은 사람들이 오랫동안 신약개발에 매달리고 있습니다. 20년 전과 비교하면 엄청나게 진보했고, 10년 전과 비교해도 수준이 매우 높아졌죠. 많이 따라붙었습니다. 큰 자본을 들여서 대규모 생산시설을 짓고, 이를 바탕으로 하는 바이오시밀러 분야에서 한국이 선두 그룹을 이루고 있습니다. 놀라운 일이고 엄청난 성과죠. 다른 변화들도 있습니다. 한국의 바이오텍들 가운데 전 세계적인 제약기업에 플랫폼 기술을 수출하는 일도 심심치 않게 일어나고는 합니다. 이 또한 대단한 일이죠. 전 세계적인 규모의 제약기업들의 수준을 100이라고 하면, 한국에서 신약개발하는 사람들이 60까지는 따라간 것 같아요. 제일약품도 60까지는 해내고 있는 것 같습니다.

60까지는 노력으로 쫓아갔으니, 남아 있는 40을 따라붙어야 하는데 그 40은 진짜 신약이겠죠. 한국에서 아직 '탁!' 하고 튀어 오른 신약이 없는 것도 사실입니다. 그동안 한국에서 여러 가지 신약이 개발되었지만, 글로벌 수준에서 처방되면서 매출을 일으키는 신약은 아직 없습니다. 한국에서 열심히 신약을 개발하고 있는 분들과 직접적으로 간접적으로 인연이 있습니다. 함께 연구했던 분들이 많아요. 우리들의 꿈은 신약을 개발하는 것이었고, 지금도 이 꿈을 버리지 않은 사람이 많습니다. 저도 꿈을 버리지 않았죠. 이게 무슨 말이냐면 우리가 지금까지 이뤄낸 성과를 넘어서는 진짜 성과, 새로운 메커니즘으로 질병을 치료하는 퍼스트 인 클래스 신약, 단일 의약품을 가지고 전 세계적으로 연 매출 1조 원을 넘기는 블록버스터 신약을 아직 내놓지 못했다는 뜻입니다. 계속 도전하고 있다는 것이죠. 진정한 의미의 신약개발은 아직 현실화되지 못했습니다.

진정한 의미의 신약을 개발하면 엄청난 변화가 일어나겠죠. 그 제약기업이나 바이오텍은 한 순간에 전 세계적 규모의 플레이어가 될 겁니다. 그리고는 외국의 거대 제약기업들이 하는 것처럼 신약개발에 나설 수 있겠죠. 하지만 그전까지는, 진정한 의미의 신약을 개발하기 전까지는, 진짜 도약을 하기 전까지는, 냉정하게 말해서 다들 비슷한 처지죠.

비슷한 처지에 있지만 저마다 신약을 개발하는 방식은 다릅니다. 신약개발을 하는 어떤 그룹은 완전히 새로운 치료 메커니즘으로 접근합니다. 새로운 타깃으로 신약개발에 도전하죠. 이렇게 접근하는 경우에는 리스크가 많지만 성공했을 때 보상도 큽니다. 한편 어떤 그룹은 거의 개발이 끝나가는 단계에 있는 타깃으로 신약개발에 도전합니다. 리스크가 낮지만 안전한 편이라 보상이 적죠. 물론 상대적으로 적다는 것이지 절대적으로 적다는 뜻은 아닙니다.

제일약품은 이 사이의 어느 곳에 있다고 보시면 됩니다. 대략 임상1상과 임상2상 사이 정도에 있는 타깃을 골라서 신약을 개발하죠. 위식도 역류 질환 치료제나 당뇨병 치료제는 이미 매우 큰 시장이 있습니다. 시장이 있다는 것은 이미 개발된 치료제가 있다는 뜻입니다. 그런데 이 시장에 새롭게 들어갈 수 있는 수준의 임상3상 단계까지 온 어떤 물질이 있다면, 같은 메커니즘을 갖는 약물 개발에 들어가기에는 이미 늦었을 겁니다. 전 세계적인 규모의 제약기업들이 빠르게 개발해서 출시할테니까요. 우리가 신약을 내놓는다고 해도 후발주자가 될 가능성이 높고, 후발주자가 되면 오히려 손해만 보고 끝날 확률이 높죠. 사실 임상2상 단계까지 왔다고 해도 우리 입장에서는 감당하기 어렵습니다. 반대로 비임상 이전 단계에 있는 타깃이나 물질은 가격도 상대적으로 싸고, 개발하는 데 시간적인 여유도 있습니다. 경쟁이 덜하지만, 경쟁이 덜하다는 것은 실패할 위험이 크다는 뜻이기도 하죠. 이런 리스크를 감당하기도 어렵습니다. 그래서 임상1상과 임상2상 사이 정도에 있는 타깃에 집중하는 편입니다. 물론 이 단계도 아직 효능이 확실하지 않기 때문에 리스크가 있지만, 이 정도 리스크는 감당해야죠.

자큐보(JAQBO®, 성분명: zastaprazan)도 이런 방식으로 개발했죠. 자큐보는 위식도 역류 질환 치료제로 P-CAB 계열 약물입니다. 2024년에 나왔으니 한국에서 세 번째 P-CAB 계열 약물이죠. P-CAB 계열 약물은 나름 최신 기술이면서, 앞선 성공 사례도 있는 분야죠. 그래서 해보기로 했습니다. 이렇게 첫 신약을 냈으니 다음에는 이것보다 좀 더 리스크가 있는 것을 해보는 거죠. 완전히 새로운 메커니즘, 완전히 새로운 물질은 너무 멋있어요. 하지만 그 위험을 누가 어떻게 부담할 것인가도 생각해야죠. 제약기업은 기업이니까요. 제일약품은 비록 멋은 없었지만 신약을 개발했죠. 제일약품 정도 규모의 제약기업에서 나쁘지 않은 성과라고 생각해요. 이렇게 조금씩 해나가는 것이죠.

지금도 몇 가지 프로젝트가 이런 식으로 돌아가고 있습니다. 비임상 단계 프로젝트들이 몇 가지 있는데, 아직 공개하지 않았습니다. 연구 단계 프로젝트들도 있습니다. 주목을 끌려고 공개를 미리 할 수도 있기는 한데, 주목을 끄는 것이 중요한 것이 아니니까 공개하지 않았습니다. 정말 의미 있는 결과가 나오면 그때 공개해도 늦지 않다고 봅니다.

이런 전략에 대한 내부 연구자들의 반응은 어떤가요?

사람 마음속을 정확하게 들여다볼 수는 없죠. 다만 이런 것은 있을 겁니다. 모험적으로 연구하고 싶다면 바이오텍이나 벤처, 스타트업으로 가는 것이 좋죠. 이보다 더 모험적이라면 기초과학을 해야 한다는 것을 다들 알아요. 중요한 것은 모험을 떠났다면 모험처럼 해야 한다는 점입니다. 남들이 하지 않는 것을 해야겠죠. 반대로 안정적으로 연구하고 싶다면 큰 제약기업으로 가야 합니다. 그리고 정확해야 합니다. 예측 가능성이 있어야 하고, 약속한 것을 지켜야죠. 제약기업에는 R&D 파트가 먹여 살려야 하는 사람들이 많고, 연구에 쓰는 돈도 많습니다. 당연히 성과를 예측할 수 있어야 해요. 제일약품은 모험과 안정 사이의 어딘가에 있는데, 연구원들도 잘 알 겁니다. 완전히 모험적이지 않지만,

완전히 안정적이지도 않은 연구죠.

그런데 아주 모험을 즐기거나, 아주 안정적인 것을 추구하는 연구자가 그리 많은 것 같지도 않아요. 제 생각이기는 하지만 연구자들은 다들 비슷해 보여요. 어느 단계의 연구를 하든, 연구자들은 뭐가 신약이 될지 모른 채 시작하잖아요. 이미 다 된 것을 하겠다고 나서는 연구자도 없고, 아예 안 될 것을 하겠다고 나서는 사람은 없으니까요. 무엇이 신약이 될지 알 수 있는 사람은 없습니다. 알고 있으면 이렇게 실패들을 할 리가 없죠. 그러니 어떤 태도로 연구를 하고 있는지가 중요하다고 생각해요. 실속 있는 태도로 연구를 하고 있는지, 예측 가능한 방식으로 연구를 하려고 하는지를 보는 편입니다. 적어도 연구하는 입장에서는 그렇습니다.

물론 포장하고 싶은 유혹을 느낄 때가 있습니다. 연구자, 제약기업 모두 유혹에 흔들립니다. 진행하고 있는 프로젝트를 예쁘게 포장해서 보여주고 싶은 유혹이죠. 하지만 자칫 시장에서 믿음을 잃을 수 있습니다. 신약개발은 오래 걸리고, 실패할 확률이 높다는 말을 입에 달고 있으면서, 아직 완성되지 않은 물건을 포장해서 자랑하는 것은 모순이겠죠. 물론 사람이 원래 모순적이기는 하지만요. 어쨌거나 연구자와 제약기업에 이런 마인드가 있다면 신약개발 자체가 잘 안 될 겁니다.

대세와 트렌드라는 유혹도 있습니다. 대세와 트렌드라는 유혹에서 제일 무서운 것은 보고 싶은 것만 보게 될 수도 있다는 점입니다. 보고 싶지 않는 것들을 봐야 하는데 말이죠. 예를 들어 신약개발에서 인공지능(AI)을 활용하려는 대세와 트렌드가 있습니다. 필요한 일이죠. 하지만 AI가 해결해줄 수 있는 것은 아직 제한적입니다. 비임상 시험에 들어갈 수 있을 정도의 물질을 찾아서 만드는 데 3년 정도 걸린다고 해보죠. 그런데 이 다음부터는 규제기관이 쓰는 시간입니다. 규제기관에서 쓰는 시간을 AI로 줄이기 어렵습니다. 환자에게 신약이 될 물질을 투여해보는 임상시험 기간 자체를 줄일 수는 없으니까요. 그렇다면 물질을 찾아내는 데 걸리는 기간인 3년을 줄여야 합니다. 만약 AI를 활용해서 3년을 1년으로 줄이면 큰 도움이 되겠죠. 하지만 3년을 1년으로 줄이는 것이 문제가 아닙니다. 3년이 걸려도 그 다음 단계로 넘어갈 수 있는 좋은 물건을 만들어내는 것이 중요하죠. 1년으로 줄여도 약이 안 나오면 소용없는 일이잖아요?

전 세계적 규모의 제약기업들도 AI를 도입해서 신약개발을 하려고 노력합니다. 이 3년을 1년으로 줄일 수만 있다면 그들에게는 중요한 일이 될 겁니다. 그런데 한국에서도 AI를 도입하면 엄청난 도약이 있을 것이라는 이야기를 듣습니다. 마음이 흔들리죠. 보고 싶은 것을 보여주는 것이니까요. 기분이 좋아지는데, 그렇다고 신약이 나오는 것은 아닙니다. AI가 라이브러리에서 좋은 물질을 찾아주고, 라이브러리에 있는 물질 데이터를 바탕으로 새로운 물질 데이터를 제안해줄 수 있습니다. 하지만 다시 말하지만 중요한 것은 그 라이브러리에 좋은 물질들이 많이 있어야 한다는 점입니다. AI를 도입하고 도입하지 않고는 그 다음 문제이고, 좋은 라이브러리를 갖추는 것이 먼저이며, 이것은 오래 걸리는 일입니다. 그런데 AI를 도입했다가 원하는 만큼 성과가 안 나오면 기대가 무너지고, 어느 순간에는 포기하게 됩니다. 분명 AI는 신약개발에 큰 도약을 이뤄줄 것이기는 한데, 그때까지 버티려면 이런 부분을 경계해야겠죠.

저는 개인적으로는 트렌디한 것을 좇는 편은 아닙니다. 참여했던 여러 프로젝트가 멈추는 것을 많이 봐서인지도 모르겠습니다. 몇 년 동안 비임상시험에 들어갈 물질을 만들다가 실패한 경험, 임상1상까지 갔다가 중단했던 경험이 많습니다. 어떤 프로젝트가 초기에 성과를 내면 다른 연구자들, 다른 기업과 연구소들, 언론에서 주목하죠. 이런 주목들이 모여서 트렌드를 이루잖아요. 하지만 주목을 많이 받고 트렌드에 올라탄다고 개발에 성공하는 것은 아니더라고요.

연구자의 관점과 판단이 중요하겠군요.

신약개발에 대한 의사결정을 할 때 이런 부분을 강조하는 편입니다. 다행스럽게도 최고 경영진이 R&D 부문의 의견을 존중해줍니다. 연구는 연구자들이 하는 것이라는 관점을 가지고 있어요. 덕분에 R&D 부문의 자유도가 높은데, 자유도가 높은 만큼 책임도 큽니다.

자유도가 높아지고 책임이 커지면, 모두 그런 것은 아닐 테지만, 팀워크도 좋아지는 것 같아요. 위에서 누가 시킨 일을 나눠서 하는 것이 아니잖아요? 연구자들이 결정했으니 연구자들이 책임을 지는 것이죠. 그런데 연구는 혼자하는 것이 아니니까 팀워크를 끌어올려야만 합니다. 제 개인적인 관점이지만, 신약개발에 나서는 선수들의 기량 차이는 아주 크지 않다고 봅니다. 아주 뛰어난 연구자도 있고, 아주 처지는 연구자도 있습니다. 하지만 기본적인 교육을 받았고, 기본적인 과정을 거쳐서 제약기업 연구팀에 들어왔다면 표준선에서 크게 벗어나지 않습니다. 그러니 다음 문제는 이들의 팀워크를 어디까지 끌어올릴 것이냐 하는 것이죠. 프로야구에서도 엄청난 기량을 가진 한두 명의 선수로 시즌에서 우승하는 경우는 없어요. 결국 팀워크가 중요하죠. 없어 보일지언정 볼을 골라서 1루로 나가고, 희생 번트를 대서 2루로 주자를 보내고, 흙먼지를 뒤집어쓰면서 도루를 하고, 희생 플라이를 쳐서 홈으로 불러들여야 이길 수 있습니다. 엄청난 홈런 타자로 멋지게 경기를 할 수는 있습니다. 그런데 팬들이 그때그때 열광할지는 모르지만 가을 야구에는 가지 못할 겁니다. 신약이 안 나오는 겁니다. 연구자들이 모두 이런 점을 알고 있어야 해요. 그리고 스스로 팀워크에 기여해야 합니다. 하나하나 다 따라다니면서 통제하고 조율할 수는 없거든요.

최고 경영진도 마찬가지겠죠. R&D 부문의 자유도를 존중해 주지만 책임을 정확하게 묻습니다. 팀을 구성해줬고, 작전도 짤 수 있게 해줬잖아요? 그럼 책임을 물을 수 있죠. 최고 경영진은 한두 경기에서 이겨도 칭찬하지 않습니다. 시즌을 운용하다보면 한두 경기 이기고 지는 게 문제가 아니니까요. 중요한 것은 끝까지 가서 시즌에서 좋은 성적을 거두고, 한국 시리즈에 나가는 게 중요하죠. 최고 경영진의 차분함이 중요합니다. 제일약품은 그런 면에서 좀 차분한 편이라고 생각해요. 신약을 개발할 수 있는 분위기를 만들어낼 수 있느냐 아니냐가 경영에서도 문제일 겁니다. 팀 운용을 어떻게 할 것인가의 문제.

하지만 신약개발에서 자원 부족의 문제는 여전하지 않나요?

자원의 부족 문제는 답답함을 어떻게 버틸 것이냐의 문제입니다. 답답함을 버티지 못한다면 신약을 하지 않은 것이 좋겠죠. 그런데 이것도 특별한 것은 아닙니다. 전 세계적 규모의 제약기업들을 보면, 물론 주력으로 개발하려는 치료제 분야가 있지만, 그럼에도 엄청나게 많은 프로젝트를 동시에 하는 것처럼 보이잖아요? 그 안에는 혁신적인 프로젝트들도 너무 많아요. 엄청나게 많은 자원을 쓰는 것이 눈에 보입니다. 반면 한국의 제약기업들이 이 정도의 자원을 쓰지 못하는 것도 너무 명확하구요.

그런데, 그런데 말이죠, 연구자 한 명은 연구자 한 명의 몫을 해낼 수 있을 뿐입니다. 한 사람이 두 사람의 몫을 할 수 없어요. 정말 최선을 다해야 한 사람 몫을 온전히 해낼 수 있습니다. 전 세계적인 규모의 제약기업에는 연구자의 절대적인 숫자가 많을 뿐입니다. 글로벌 빅 파마에서 R&D를 하는 연구자도, 한국의 제약기업에서 연구를 하는 연구자도 그저 한 사람의 연구자로서 연구를 합니다. 자기 프로젝트를 끝내지 않으면 다른 프로젝트로 넘어갈 수 없는 것은 마찬가지죠. 하고 싶다고 해서 새로운 것을 마구 할 수 없다는 점에서, 개별 프로젝트에서 자신에게 주어진 성과를 내야 한다는 점에서, 본질적으로 다른 점은 없어요. 그러니 자기 연구를 최선을 다해서 하면 됩니다.

연구를 지휘하는 연구소장은 어떨까요? 많은 자원을 투여해 동시에 여러 가지 프로젝트를 할 수 있느냐 없느냐의 문제처럼 보이잖아요? 그런데 이것도 그렇지 않습니다. 연구소장도 사람입니다. 프로젝트가 많으면 개별 프로젝트에 손을 더 넣을 수 없죠. 반대로 프로젝트가 적으면 손을 더 넣을 수 있습니다. 제일약품은 1년 연구비 예산이 따로 책정되어 있지 않습니다. 연구소장이 전체 예산을 가지고 R&D를 진행하는 것이 아니라, 개별 프로젝트가 론칭되면 그때그때 예산이 잡힙니다. 멋진 전략 그림을 그릴 수 없을지 모르지만, 성공 가능성이 좀 더 높다고 인정된 프로젝트에 연구소장도 집중하는 구조거든요. 개별 프로젝트마다 R&D 자유도가 높으니 제가 신경 쓸 것도 많아요.

10명이 있으면 10명의 일을 하는 것이고, 10팀이 있으면 10팀의 일을 하는 겁니다. 10명이 100명의 일을 할 수 없고, 10팀이 100팀의 일을 할 수는 없어요. 자원이 많으면 좋죠. 하지만 자원이 많다고 신약이 나오고, 적다고 안 나오는 것도 아닙니다. 확률을 올릴 수는 있겠죠. 하지만 확률은 말 그대로 확률입니다. 자원을 아무리 많이 넣어도, 신약이 안 나오게 개발하면 신약은 안 나옵니다. 자원이 부족해도 그 안에서 신약이 나올 수 있게 연구할 수 있습니다. 한국의 제약기업들이 쓰는 연구비가 절대적으로 적은 것은 사실입니다. 그런데 또 물리적으로 아무것도 할 수 없을 만큼 적게 쓰는 것도 아니거든요. 적어도 신약개발을 진짜로 하겠다고 나선 제약기업이라면, 최소한 어느 정도의 돈을 써야 한다는 기준도 있고 그에 맞춰서 일을 합니다. 심지어 갑자기 자원을 확 늘릴 방법도 없어요. 자원을 드라마틱하게 늘리는 유일한 방법은 블록버스터 신약을 개발하는 것이죠. 그러면 상황은 달라집니다. 그런데 신약은 누가 만들어주는 것은 아니잖아요? 내가 개발해서 상황을 바꾸는 것 말고 다른 방법도 없습니다.

자원이 부족한 것이 사실이고, 그래서 신약개발 R&D에 제한이 있는 것도 사실입니다. 그래서 성공하는 것이 더 중요하죠. 하나만 성공하면 됩니다. 10개를 해도, 100개를 해도, 10,000개를 해도 1개만 성공하면 됩니다. 확률에 대한 오해를 하면 안 됩니다. 모수가 늘어난다고 성공 가능성이 기계적으로 올라가는 것이 아니거든요. 모든 프로젝트마다 성공 확률은 비슷비슷해요. 글로벌 빅 파마에도 가보면 한 사람이 여러 번 성공한 사례는 극히 드뭅니다. 한 번 성공하기도 어려워요. 연구하는 입장에서 이런 것들을 받아들일 필요가 있겠죠.

시간이라는 자원도 마찬가지입니다. 신약개발에 10년이 걸린다, 15년이 걸린다, 20년이 걸린다고 합니다. 하지만 한 사람이 그 시간을 온전히 감당하는 것은 아닙니다. 전체 기간에서 3년을 맡는 사람, 2년을 맡는 사람 등 다양하죠. 그러니 수도승처럼 살아가지 않는다는 점도 이야기를 드려야 할 것 같네요. 모든 걸 상대적으로 봐야 하는데, 연구는 시간이 길게 주어지잖아요. 마케팅 부문 사람들이 R&D 부문을 부러워하기도 합니다. 마케팅 부문에는 시간이 길게 주어지지 않잖아요. 연매출, 반기, 분기, 월별 매출을 신경써야 하는데, R&D 부문에는 적어도 몇 년 단위로 시간이 주어집니다.

그러니 시간 이야기를 너무 강조할 필요도 없다고 봅니다. 중요한 것은 목표한 바를 이루느냐 그렇지 못하느냐겠죠. 미완성인 상태의 과학을 가지고, 사람의 생명을 다루는 물건을 만드는 것이니 따져볼 것들이 많습니다. 당연히 시간이 오래 걸려요. 하지만 이건 엄밀히 말하면 연구자와 제약기업이 감당하기로 한 것이잖아요? 대신 성공하면 엄청난 보상을 받기로 했던 것이고요. 그러니 시간 이야기를 너무 할 필요는 없을 것 같아요. 최선을 다해서 성공하느냐 그렇지 못하느냐 하는 이야기를 더 해야 할 겁니다.

내가 하는 연구를 내가 어떻게 끝낼 지에 집중해야겠죠. 어쩔 수 없는 사정으로 프로젝트를 끝내지 못할 수도 있습니다. 하지만 그런 경우가 아니라면, 내가 하던 프로젝트를 끝내야 다음 프로젝트로 넘어가는 겁니다. 그러니 그냥 자기 일에 목매달면 됩니다. 어차피 여러 개 할 수도 없잖아요? 그럼 자기 연구에서 승부를 봐야죠.

이렇게 접근하면 달라지는 것 같습니다. 일단 남들에게 멋지게 보이기 위한 선택을 하지 않아요. 정말 성공시켜려면 합리적 선택을 하게 됩니다. 말도 안 되는 프로젝트를 하겠다고 나서지도 않고, 안 될 프로젝트를 끌고 가지도 않아요. 프로젝트 한두 개가 엎어져도 제약기업은 살아남습니다. 하지만 연구자는 다르잖아요? 그러니까 연구자가 가장 날카로워야 해요. 그리고 실제로 날카로워지더라고요.

다만 연구원들에게 이런 말을 따로 하지는 않는 편입니다. 신약을 개발하겠다고 나선 연구자라면 이미 다들 알고 있고, 마음도 먹었을 겁니다. 제가 이야기한다고 크게 달라질 것은 없다고 봅니다. 연구소장이 말한다고 바뀌면 그것도 이상한 것이겠죠. 저도 연구원일 때 그랬던 것 같구요.

그럼에도 규모의 문제는 중요하지 않나요?

규모는 중요하죠. 제일약품에 오기 전에 임상시험 수탁기관(contract research organization, CRO)에서 잠깐 일한 적이 있습니다. 그런데 그 CRO를 기준을 보면 한국에서 들어오는 모든 주문, 그러니까 한국 제약기업들이 비임상시험에 쓸 물건을 주문하는 양을 모두 합친 것보다 일본 제약기업인 다케다 혼자서 하는 주문이 더 많았어요. 여러 가지 생각을 하게 되죠.

만약 한국에서 신약개발을 하는 제약기업을 모아놓는다면, 잘하는 순서대로 1등부터 꼴등까지 줄을 세울 수 있을까요? 그리고 그 줄이 제약기업들이 큰 순서대로 나열될까요? 그렇지 않을 겁니다. 오히려 신약개발을 제대로 하는 기업과 하지 않는 기업으로 나누는 것이 더 나을 겁니다. 개발을 끝내고 세상에 내보내야 신약이죠. 그 순간이 되기 전까지는 글쎄요… 다 비슷한 것 아닐까요?

한국에서 경쟁하고 있는 제약기업들은 5개 프로젝트를 하건, 10개를 하건, 20개를 하건 비슷할 겁니다. 또한 한국을 기준으로 보면 제약기업의 매출이 2조 원이냐 1조 원이냐, 5,000억 원이냐 하는 것이, 그 기업이 제대로 신약개발을 하고 있는지와도 크게 관계없을 겁니다. 물론 연구소 규모의 차이는 있습니다. 하지만 덩치가 크다고 연구를 잘하는 것은 아니죠.

한국에서 블록버스터 신약을 개발한 곳은 없습니다. 그럼 다들 비슷한 상황에 놓여 있는 겁니다. 각 제약기업마다 다른 전략으로 애를 쓰고 있지만, 블록버스터 신약이 나오기 전까지 큰 차이는 없다고 봐야겠죠. 지금 단계에서 앞서거니 뒤서거니 하는 것은 크게 의미가 없을 것 같아요. 다만 신약개발에 도전하는 사람과 도전하지 않는 사람이 있을 뿐입니다. 한국에서 정말 신약을 개발하려고 분투하는 사람들, 노력하는 제약기업들 사이의 차이가 크지 않을 수도 있습니다.

저는 낙관도 비관도 안 합니다. 예측도 잘 하지 않는 편입니다. 내년도 장담할 수 없는데, 10년 후를 어떻게 내다보겠어요. 확실하게 이야기할 수 있는 것은 10년 뒤에도 현장에 있다면, 여전히 지금처럼 신약을 개발하려고 애를 쓰고 있지 않을까 하는 정도죠. 운이 좋다면 그 사이에 블록버스터 신약을 개발했을 테고, 운이 없다면 그래도 애를 쓰고 있을 겁니다.

R&D 부문에서 이런 태도를 잃지 않는다면 제일약품의 신약개발도 시간이 지날수록 눈에 띄는 성과를 낼 겁니다. 이미 내놓은 신약들이 시장에서 수익을 거둘 것이고, 그럼 자원이 좀 더

늘어나겠죠? 적어도 최고 경영진을 포함해서 제일약품에는 신약을 개발하겠다는 분위기가 있으니까요. 그렇게 해나가는 거죠. 그렇게 하다가 블록버스터 신약을 개발하면 한 번에 도약할 겁니다. 그럼 또 다른 풍경이 펼쳐지겠죠. 단일 제품으로 연 매출 1조 원이 넘어가는 신약을 개발했다고 하면, 그 다음부터 할 수 있는 것들이 너무나 많아집니다. 최소한 수천억 원의 수익이 날 테니, R&D도 지금과는 모습이 또 달라질 수 있는 기회가 생기겠죠.

베시보

BESIVO

→ 베시포비르(besifovir), 만성 B형 간염, 2017

§

제약기업은 R&D에 얼마나 많은 돈을 써야 하며, 어떻게 써야 할까? 일동제약은 매출액 대비 R&D 투자 비중이 20%까지 갔었다. 일동제약 매출액이 5,000~6,000억 원 수준이었을 때 일이니 연간 1,000억 원 정도를 R&D에 투자한 셈이다. 이는 한국 제약기업으로는 놀라운 비율과 액수다. 한국에서 R&D에 진심이라고 평가받는 제약기업들은 10% 초중반대다. 사실 전 세계적 규모의 제약기업들에게도 20%는 쉽지 않은 숫자다. 그런데 더 놀라운 점은 원래 10% 초반대였던 매출액 대비 R&D 투자 비중을 어느 순간 갑자기 늘렸다는 것이다. 오랫동안 진행됐다기보다는 몇 년 사이에 뭔가 급하게 이뤄진 것 같았다. 이후에도 R&D를 둘러싼 움직임은 한국에서 보기 드문 모습이었다. 내부 인력과 자원을 떼어내어 스핀오프 벤처를 만들기 시작한 것이다. 항암제를 개발하는 아이디언스, 임상약리 분석 회사인 애임스바이오사이언스, 신약개발에 초점을 맞춘 아이리드 비엠에스, 가장 최근의 일로 2023년에 유노비아가 만들어졌다. 대부분 몇 년 사이에 벌어진 일이다. 과연 저렇게 돈을 많이 쓰고도 기업이 버틸 수 있을까? 아니나 다를까 대대적인 구조조정이 있었다. 어쩔 수 없는 일이었을 것이라고 생각했다.

인터뷰이는 일동제약에서 오랫동안 연구를 했다고 했다. 인터뷰이는 기적처럼 성공한 신약개발 연구에 참여했고, 기대감으로 가득 찼던 공격적인 R&D 확장을 경험했으며, 그로 인한 어려움을 겪었다고 했다. 그리고 다시 다른 방법을 찾고 있다고 했다. 그 다른 방법이라는 것이, 어쩔 수 없이 원래 상태로 돌아갔다는 쑥스러운 대답일 것이라고 생각했다. 하지만 인터뷰를 끝내고 나자 쑥쓰러워진 것은 나였다. 적어도 포기하지 않고 있다는 것을 확인할 수 있었기 때문이다.

정규호

일동제약 R&D센터장

2023년부터 일동제약에서 R&D 총괄을 하고 있습니다. 입사한 지는 25년 정도 되었는데, 제제(formulation) 연구로 R&D를 시작했습니다. 성분 연구, 안정성 연구를 오래 했고, 일동제약에서 B형 간염 치료제를 개발하는 데도 참여했습니다. 베시보(BESIVO®, 성분명: besifovir)라는 이름을 가진 국내 개발 신약입니다. LG화학이 후보물질을 찾아서 임상2상까지 했고, 일동제약으로 가져와서 최종적으로 개발했죠.

베시보를 개발할 때 기억나는 것이 있다면 약물 자체가 정말 너무 썼다는 점입니다. 약효가 있기는 한데 먹으면 너무 써요. 위장과 같은 소화관에서도 쓴 기운이 올라와서 환자가 먹을 수 없었거든요. 맛을 차단(taste masking)하는 제제 연구로 이 쓴 기운을 잡는 것이 중요했죠. 결국 잡았고, 이 기술로 특허도 받았습니다. 생산 공정을 설계할 때도 애를 많이 먹었죠. 막상 개발을 해놓고 나면 약이 참 작아 보이는데, 상업화까지 어려운 고비가 많았습니다.

베시보는 만성 B형 간염 환자가 장기간 복용해야 하는 의약품입니다. 2017년에 출시했는데, 복용하는 환자들을 대상으로 지금도 데이터를 모으고 있습니다. 후속 연구를 계속 하고 있죠.

주요 신약개발 과제로는 비만과 당뇨병 치료제가 있습니다. 먹는 GLP-1 약물을 개발하고 있는데 임상2상까지 가려고 준비하고 있고, 글로벌 기업과도 협업을 논의하고 있습니다. 최근 비만 치료제 분야에서 GLP-1 의약품이 주목받고 있잖아요. 그런데 대부분 환자가 스스로 자기 몸에 주사를 놓는 방식입니다. 저분자 화합물 방식으로 GLP-1 계열 치료제를 만들면 환자 복용 접근성이나 생산 측면에서도 장점이 있을 것으로 기대하고 있습니다. 위식도 역류 질환 치료제로 P-CAB 후보물질 개발도 진행하고 있는데, 대원제약과 함께 개발하고 있습니다. 우리가 처음부터 끝까지 다 간다는 생각을 버리면, 오히려 선택지가 늘어나는 것 같습니다.

2017년에 베시보를 내놓고 내부적으로 신약개발에 굉장히 고무된 분위기가 있었습니다. 일동제약의 첫 신약이 나왔으니까요. 분위기가 뜨거웠는데 그대로 전략에 반영되었죠. 2018년부터 대대적으로 신약개발 R&D에 투자하기로 결정합니다. 100명 정도였던 R&D 인력을 거의 250명 가까이 늘렸고, R&D 비용도 큰 폭으로 늘렸습니다. 연구하는 신약 후보물질도 40개까지 확대했어요. 모달리티(modality)에 대한 구분도 없었습니다. 후보물질 한 가지를 비임상시험까지 끌고 가는데 한 20억 원 정도 들어간다고 보면, 엄청난 투자가 이루어졌죠. 그러다가 경영적으로 어려운 상황이 찾아왔습니다. 제약기업이 신약개발에 투자하는 것은 당연한 일이지만, 갑자기 공격적으로 늘어났으니까요. 베시보 개발 이후만 따져봐도, 누적으로 5,000억 원 정도를 신약개발에 쏟아 부었으니 엄청난 투자였죠.

하지만 베시보 이후로 신약을 내놓지는 못했습니다. 타격이 컸죠. 신약개발 전 과정을 우리가 다 감당할 수 있는지에 대한 고민이 깊어졌습니다. 생각보다 비용이 많이 들어가고 후기 단계로 개발을 끌고 가는 것이 굉장히 어렵더라고요. 따지고 보면 베시보도 임상2상까지 진행된 것을 가지고 와서 신약으로 개발했던 것이었죠. 그래서 R&D 전략을 많이 바꾸고 있습니다. 일단 내부에서 모든 것을 다 하기보다는 회사를 떼어내 투자를 받고, 내부적으로도 집중력을 높이는 방향으로 전략을 짜고 있습니다.

신약개발 성공 이후에 분위기가 정말 대단했었군요.

베시보의 성공을 경험한 최고 경영진의 의지도 높았고, 내부적으로도 매우 흥분되어 있었습니다. 베시보가 성공했을 때 일동제약의 연매출이 5,000억 원 정도였던 것으로 기억합니다. 그런데 R&D 비용을 매출의 20% 정도까지 올렸습니다. 사실상 영업이익 나는 것을 모두 R&D에 투자하겠다고 선언한 것이었죠. R&D 부문에 힘을 크게 실었는데 당시 R&D 본부장이 전권을 쥐고 신약개발을 이끌기도 했어요. 파격적인 결정이었죠.

투자를 하는 것, 연구자들의 의견을 존중하는 것 모두 긍정적인 파격입니다. 다만 실수도 있었던 것 같습니다. 짧은 기간 동안 최대한 많은 후보물질을 만들어보자는 것이었는데, 그때는 후보물질을 많이 가지는 것이 제일 중요하다고 봤죠. 어차피 중간에 떨어져나갈 물건들이 많으니, 최대한 많이 확보해두고 나중에 옥석을 가리면 된다고 봤습니다. 명료한 전략이기는 했는데, 지나치게 단순했습니다. 신약을 너무 쉽게 봤던 것일 수도 있고, 질보다 양에 너무 무게를 두었던 것일 수도 있죠.

후보물질은 말 그대로 후보거든요. 이것을 끝까지 데리고 가봐야 신약이 될지 말지 알 수 있는 건데 확실하지 않은 후보선수가 너무 많았던 거죠. 이 많은 것을 다 데리고 가자니 돈이 너무 많이 들어요. 초기에는 다 가능성이 있어 보입니다. 특히 연구자들은 자신들의 후보물질에 강한 확신을 갖죠. 끝까지 데리고 가야 한다는 주장을 꺾기 어려웠습니다. 비용이 기하급수적으로 늘어나는 데 감당하기 어려웠습니다. 이런 일만 있는 것도 아니었어요. 후보물질이 늘어나면 예상치 못한 일들이 벌어집니다. 여러 후보물질을 가지고 R&D를 열심히 하면 특허가 계속 나옵니다. 이렇게 늘어난 특허를 관리하는 것도 힘든 일이었죠. 당시 제가 관리하던 특허 품목만 20여 개가 됐을 정도니까요. 물론 특허는 자산이니까 긍정적인 면이 있지만, 집중력은 떨어지죠.

보통 제약기업이 신약개발을 한다고 하면 발굴팀, 의약화학팀, 공정팀과 같이 팀 단위로 운영이 됩니다. 그런데 R&D에 힘을 확 쏟았을 때는 프로젝트 단위로 운영이 됐습니다. 연구자들이 팀을 짜서 신약개발 프로젝트를 제안하면 승인해주는 구조였습니다. 연구자들은 연구 욕심이 많아요. 빠르게 연구 프로젝트들이 늘어서 40개까지 되었습니다. 그래서 지금은 R&D 전략을 크게 바꿨습니다. 대표적인 것이 스핀오프입니다.

2019년에 항암제에 특화된 아이디언스를 스핀오프했습니다. 보통 신약 후보물질 평가를 임상시험 수탁기관(contract research organization, CRO)에 맡겨야 되는데 이것도 큰 비용이죠. 그래서 사전에 미리 예측할 수 있는 방법을 찾다가 애임스 바이오사이언스를 세웠죠. 임상시험과 비임상시험에 대한 예측 모델을 개발하는 회사입니다. 내부에서 저분자 화합물 발굴을 연구하는 팀이 있었는데, 더 자유롭게 연구를 해보고 싶어 했습니다. 이 멤버들로 해서 아이리드 비엠에스를 스핀오프했죠. 정말 괜찮은 후보물질이 있고 자신이 있다면, 밖에서 투자를 받아 키워보라는 판단이었습니다. 결과물이 좋다면 일동제약이 추가 지분 참여를 할 수도 있고요. 일단 자기 회사를 차리고 나니, 잠도 안 자고 연구를 하더라고요. 2023년에 분사한 유노비아는 조금 다릅니다. R&D에 너무 투자하다보니 회사 경영 상황이 많이 안 좋아져서 충분한 R&D 비용을 만들기가 어려웠거든요. 외부 투자를 받을 수 있는 형태가 필요했고, 내부에 있던 자원을 떼어내서 유노비아를 설립했습니다. 밖에서 일동제약을 보는 시선이 다양하죠. 이렇게 대규모로 연구 자회사를 떼어내는 경우가 흔하지 않거든요. 리스크를 걱정하시는 분도 있고, 이런 모델도 가능하구나 하는 시선도 있고요. 다만 성공 가능성이 있는 것에 집중하기 위한 의사결정이었고 성과도 있었다고 평가합니다.

물론 스핀오프를 결정하는 기준이 있습니다. 나가고 싶다고 다 내보내는 건 아니고, 어느 정도 상용화 가능성이 있다고 평가를 받아야죠. 내부 R&D 팀 가운데 비임상시험 단계까지 확인이 된 물건을 가지고 오면 스핀오프 후보에 올라갈 수 있습니다. 물론 상용화했을 때의 글로벌 시장성도 검토하고, 다른 여러 가지 검토도 거쳐야 합니다. 아 그리고 해당 팀이 후보물질을 최소 3개 이상 가지고 있어야 합니다. 1개만 있으면 리스크가 너무 크니까요. 이렇게 요건이 갖추어지면 스핀오프를 해서 진행할 것인지, 안에서 계속 R&D를 끌고 가는 것이 나을지 판단합니다. 내부 경쟁이 굉장히 치열했습니다. 물론 모든 팀이 이 정도 단계까지 진도를 빼는 것은 아닙니다. 실패하는 경우도 많죠. 시범적으로 운영했는데 결과물이 없으면 다른 연구팀에 배치합니다.

제약기업 입장에서도 나쁘지 않은 구조였습니다. 스핀오프한 바이오텍이 스스로 투자를 받으니 R&D에 대한 모든 부담을 떠안지 않아도 되고, 원래 같이 일하던 연구자들이니까 일동제약이 투자를 할 때도 신뢰도 부분에서 좀 더 면밀하고 깊게 평가할 수 있었습니다. 단순 투자뿐만 아니라 R&D에 필요한 교류나 지원도 수월합니다.

신약개발에 시간이 오래 걸리잖아요. 시간은 돈과는 또 다른 차원의 문제입니다. 사람의 문제거든요. 연구자를 채용해서 R&D에 투입하려면 교육 기간이 필요합니다. 이 기간을 거치고 나서 연구를 시작하면 또 시간이 걸립니다. 이 시간도 길어요. 그런데 이렇게 긴 시간이 연구자에게 실패할지 모른다는 불안함을 주고, 자신이 하고 싶은 연구를 하지 못하게 한다는 불만을 주기도 합니다. 그럼 이직을 하죠. 제약기업 입장에서는 이렇게 인력을 놓치면 손해가 큽니다. 손해만 있는 것도 아닙니다. 제약기업이 가진 무형의 R&D 자산이 어딘가로 가는 것이잖아요. 위험성도 있는 겁니다. 이럴 바에는 어느 순간에 바이오텍을 스핀오프하게 해주고, 꾸준히 관계를 맺는 것도 좋은 방법입니다.

짧은 기간 동안 큰 변화가 있었네요.

경험은 학교니까, 학교 생활을 열심히 한 셈입니다. 처음에 잘 모르고 지나쳤던 부분은 연구원들이 내 물질에 대한 가치 평가를 스스로 내리게 한 것이었습니다. 객관적으로 평가가 안 되었던 것이죠. 지금은 연구의 초기 단계부터 많이 관리합니다. 연구자들이 R&D 초기 단계에 시장을 최대한 검토하게끔 하는 것도 강화했죠. 자신들이 개발한 후보물질에 대한 확신과 애정이 있는 것을 이해하지만, 끝까지 갔을 때 시장에서 선택을 받을 수 있을지 판단해야죠. 그 판단을 하지 않으면, 그냥 자기 하고 싶은 연구를 하는 것일 뿐이니까요. 그래서 연구자들이 마케팅 부분까지 고려할 수 있게 하고 있어요.

기업에서 중요한 것은 지속 가능성이라는 점을 배웠죠. 회사가 살아 있어야 R&D도 신약도 할 수 있는 것이니까요. 이런 이유로 본사를 안정적으로 유지하는 것에 무게를 둡니다. 따라서 스핀오프해서 나간 바이오텍들은 자신들의 R&D를 위해 투자 유치에 적극적으로 나섭니다. 바이오텍의 장점은 R&D에 집중한다는 조건으로 투자금을 모을 수 있다는 것입니다. 어떤 경우에는 제약기업 자체 연구비보다 많은 연구비를 모을 수가 있어요. 스핀오프해서 나간 바이오텍은 자생적으로 R&D를 이어갈 수 있는 구조를 갖추는 데 힘을 많이 기울입니다.

한국 제약기업 정도의 규모에서 최초 물질 발굴부터 최종 상업화까지 일관 체제를 갖기는 어렵습니다. 사실 전 세계적 규모의 제약기업들도 쉽지 않은 일입니다. 생각해보면 베보시도 가능성이 있는 물건을 가지고 와서 성공시킨 것이었죠. 내부에서 찾은 가능성을 바이오텍으로 스핀오프한 다음 밖에서 키운다면, 외부에서 가능성을 만들어낼 수도 있죠. 좋은 물건을 찾으려

많이 돌아다닙니다. 대학교 연구실, 바이오벤처, 바이오텍을 찾아다니죠. 어느 정도 연구과 개발이 진행된 물건을 밖에서 가져오는 것이 효율적이거든요. 2024년에 정부에서 기초과학 분야 R&D 비용을 줄여서 문제가 되었잖아요. 그때 대학을 가보면 난리도 아니었어요. 교수님들이 헐값에 물질과 타깃을 넘겨야 할 정도였는데, 당장 연구실을 운영할 수가 없었거든요. 제약기업 입장에서는 적은 비용으로 좋은 물건을 얻을 수 있는 기회인 면도 있었지만 마냥 좋은 것은 아닙니다. 기초과학 분야 R&D가 다시 늘어나고, 좋은 연구에 집중적으로 충분한 지원이 되어야겠죠.

여튼 이렇게 밖에서 가져와서 임상2상까지 성공시키는 것이 기본적인 내부 R&D 전략입니다. 임상1상까지 가는 것도 어려운 일이기는 합니다. 하지만 기본적으로 약효를 확인하는 것은 임상2상부터잖아요. 임상2상이 끝나야 의미 있는 밸류가 잡히죠. 밸류가 측정되면 이후 경로를 정할 수 있는 기회가 생깁니다. 너무 좋다 싶으면 리스크를 걸어서 직접 임상3상, 상업화까지 가져가는 것이죠. 그보다 리스크가 크다면 다른 제약기업들과 파트너십을 맺고 진행할 수 있습니다. 리스크가 더 크다고 판단되면 깔끔하게 팔아야죠. 이렇게 지속 가능성을 확보하면 계속 제약기업은 굴러갈 수 있고, 다음 가능성에 또 도전할 수 있을 겁니다.

밸류를 측정한다는 것은 어려운 문제 아닌가요?

물론 그렇습니다. 연구자들이 자신들이 만든 후보물질에 대해 지나치게 후한 평가를 내리는 경향이 문제였다는 점에서 배운 것이 많았습니다. 그 이후부터는 외부 자문을 매우 엄격하게 받으려고 노력하는 편입니다. 돈을 들여서라도 외부에서 자문을 받자는 원칙이 세워졌어요. 단순히 투자 기관에 자문을 받는 게 아니라 마케팅, 임상 현장의 의료진 등 최대한 다양한 전문가들에게 자문을 받습니다. 외국에 들고 나가서 평가를 받기도 합니다. 내부 외부 모두 엄격하게 평가를 합니다. 초기 연구 과제를 스핀오프한 바이오텍들도 같이 평가합니다. 다들 엄격하죠. 밸류를 평가할 때는 일반적인 수준보다 5~6배 정도 더 많이 신경을 씁니다. 정말 과하다 싶을 정도로 하죠.

한창 R&D에 공격적으로 투자할 때를 돌이켜보면 연구비로 1억 원, 2억 원 정도 기안해서 올릴 때, 부담을 크게 느끼지 못했던 것 같아요. 분위기라는 것이 무섭거든요. '제약기업이 R&D를 하겠다고 했으면 이 정도는 써야지!'라고 생각했죠. 그런데 지금은 그렇게 못 합니다. 지금 1억 원을 쓰면, 다음 단계에서는 몇 억 원을 써야 한다는 것을 알게 되었으니까요. 그래서 아주 꼼꼼하게 들여다보고 결정합니다. 밸류가 예상되지 않으면 그 자리에서 끊어내는 편입니다.

한국에 제약기업이 한 400여 곳 정도 될 겁니다. 바이오텍은 그보다 많겠죠. 이 많은 기업들은 서로 스타일이 다릅니다. 저희는, 지금은 차분하고 안정적으로 R&D를 하는 스타일인 것 같습니다. 내부에서 직접 하는 연구를 너무 무리하게 확장하지 않는데, 연구자들은 약간 답답해할 수도 있을 겁니다. 비교적 최근까지 공격적으로 연구를 확장하더니 다시 엄격하게 조절하는 방향으로 돌렸으니 더 그렇게 느낄 수도 있을 겁니다. 하지만 경험에서 배워야죠. 공격적인 것이 무조건 좋은 것은 아니라는 점, 일단 회사가 살아 있어야 R&D를 하든 신약을 개발하든 할 수 있다는 점을 배웠거든요.

물론 안정적이라고 해서 R&D가 느슨하게 간다는 뜻은 아닙니다. 안정적이라는 뜻은 어떤 프로젝트가 성공할 수 있도록, 끝날 때까지 집중력을 발휘한다는 뜻입니다. R&D를 하다보면 여러 가지 일이 생깁니다. 갑자기 좋은 결과가 나오기도 하죠. 이때 흥분하기 쉬워요. 빨리 뭔가를 더 해야 하는 것처럼 느껴지죠. 그런데 이때 평가에 대한 집중력을 지켜야 해요. 들뜨지 말고 냉정하게 평가해봐야 합니다. 한편 갑자기 나쁜 결과가 나오기도 합니다. 불안해지죠. 이때는 과학에 대한 집중력을 발휘해야죠. 과학을 다시 들여다보고 과학적으로 문제점을 찾아야죠. 이런 것이 안정적인 것이죠.

변화가 빠르게 일어날 수 있었던 이유가 있나요?

변화를 받아들여야만 했습니다. 연구자 개인도 그렇지만 제약기업 입장에서도 온전히 10년, 15년, 20년을 기다리기는 어렵습니다. 신약이 가져다줄 거대한 보상만 바라보면서 그 시간을 버틴다는 것은 쉽지 않아요. 기업은 현실이잖아요. 월급이 안 나오면, 당장 다들 떠납니다. 그러니 기업을 유지해야 해요. 마케팅 부문, 세일즈맨들이 발바닥에 땀이 날 정도로 돌아다니면서 벌어오는 돈으로 회사가 굴러갑니다. 내가 쓰려고 하는 연구비도 모두 이 사람들이 벌어오는 돈에서 나와요. 이 사람들에게도 '제약기업은 R&D를 해야 한다.', '우리는 신약을 만들어야 한다.'는 공감대가 있습니다. 그러니까 이런 구조 안에서 일을 할 수 있는 겁니다. 하지만 너무 오래 기다리라고 할 수도 없어요.

지금 목표는 3년이 지나면 물건이 하나씩 나올 수 있게 하는 것입니다. 3년 정도는 기다려달라고 부탁할 수 있을 것 같아요. 그리고 3년 정도는 기다려줄 겁니다. 연구 프로젝트의 숫자를 조절해서 줄였지만, 그렇다고 한 가지 프로젝트만 하는 것은 아닙니다. 이렇게 내외부에서 들고 있는 프로젝트들 가운데 괜찮은 후보물질을 찾아서 임상1상에 들어가는 데까지 1년, 임상2상 결과가 나오기까지 1년 반에서 2년 정도로 잡고 있어요. 그리고 라이선스 아웃을 하든, 스핀오프를 하든, 내부에서 가져가든 결정합니다. 3년에 한 번씩은 구체적인 성과를 내는 시스템을 만드는 것이 목표입니다.

사실 3년 주기로 성과를 내는 시스템을 만든다는 것이 쉬운 일은 아닙니다. 너무 어렵죠. 이건 그냥 시간표일 뿐이거든요. 구체적으로 사람을 배치하고, 과업을 나누고, 조직 내외부에서 이런 방향성에 대한 지지를 받고, 실제로 성과를 내주는 것은 다른 문제죠. 어려운 일이라서 완전히 낙관적이지는 않지만 할 수 있을 것이라고 봅니다.

혼자서 또는 몇 명이서 할 수 있는 일은 아닙니다. 기업에서 최고 경영진이 중요하지만 최고 경영진만의 힘으로도 쉽지 않을 겁니다. 결국 뒷받침이 필요해요. 현재 가장 큰 뒷받침은 마케팅과 사업개발(BD) 부문의 지지죠. 일동제약은 마케팅 부문이 강력한데 현재 신약개발 R&D 전략에 대해 지지해주고 있어요. 지금 목표로 하고 있는 전략도 마케팅, 사업개발 부문과 소통하면서 정리한 것입니다. 소통을 자주 그리고 많이 하는 편입니다. 아무리 물건이 좋아도 못 팔면 그만입니다. 그러니 기본적으로 물건을 파는 마케팅 부문과 충분히 소통해야 합니다. 소통하다 보면 R&D에서 할 일이 선명해지는 것도 있어요. 물건을 팔러 나가는 사람만 알 수 있는 것들이 있거든요. R&D 부문이 간절하게 원하는 정보들이죠. 이를 바탕으로 물건을 파는 데 필요한 연구 데이터를 만듭니다.

제약 산업은 제조업입니다. 물건을 잘 만드는 것이 중요하죠. 그런데 잘 만든 물건은 뭘까요? 시장에서 잘 팔리는 물건이 잘 만든 물건입니다. 물건은 좋은데 안 팔린다? 아주 가끔 그런 사례가 있을 수도 있지만, 대부분은 그렇지 않죠. 잘 만든 물건은 사람들이 필요로 하는 물건이잖아요. 그런데 사람들이 뭘 필요로 하는지는 마케터가 가장 잘 알아요. 물론 능력이 있는 마케터와 그렇지 못한 마케터가 있으니, 잘 아는 마케터와 그렇지 못한 마케터가 있겠죠. 어쨌거나 소비자와 가장 가까운 곳에 마케터가 있습니다. 규제기관, 건강보험, 의료진, 라이선스 아웃을 할 글로벌 빅 파마 모두 소비자인데, 마케터는 이들을 늘 만납니다.

예를 들어 신약을 개발하는 것과 임상 현장에서 신약이 채택되는 것은 다른 문제인 것 같아요. 완전히 새로운 치료 메커니즘을 적용하거나, 눈에 띄는 치료 효과가 있어야 의미 있는 신약으로 여기잖아요. 그런데 임상 현장에 가보면 의료진의 선택지를 늘려주는 것만으로도 의미가 있어요. 약효나 부작용에서 약간의 차이가 있는 것만으로도, 환자들에게 다른 효과를 줄 수 있거든요. 그런 점에서 의료진은 최대한 다양한 치료제를 놓고 검토하기를 원해요. 어찌 보면 당연한 현상이죠. 모든 환자가 똑같은 컨디션은 아니니까요. 그리고 이런 통찰은 마케팅 부문에서 나옵니다. 그러니 능력 있는 마케터로부터 많은 것을 얻어야 합니다.

'변화'라는 키워드에 대해 해주고 싶은 이야기가 있나요?

한국은 제조업 강국입니다. 그런데 엄청나게 강력한 제조업 강국이 나타났어요. 중국이라는 변화죠. 제약 산업에서도 중국은 어마어마한 존재가 되었습니다. 그런데 우리는 제조업을 하는 사람들이니까 제조업의 관점에서 중국을 바라볼 필요가 있다고 생각해요. 제조업에서 중요한 것은 믿을 수 있는 기술과 기술자죠. 비임상시험이나 위탁개발생산(contract development and manufacturing organization, CDMO) 같은 분야에서는 확실히 중국이 앞서 있어요. 품질이 좋아서 중국에 의뢰하거든요. 생산성이 좋고, 비용이 저렴하고, 기간을 정확하게 맞춰줍니다. 기술과 기술자를 믿을 수 있는 것이죠. 제조업이라는 관점에서 보면 중국이 빠르게 앞서가고 있는 것이 분명합니다.

그런데 이런 변화를 부정하는 듯한 시선이 있어요. 대표적으로 데이터를 조작하는 것 같다는 시선이죠. 어느 순간까지는 그런 일이 있었을 겁니다. 그런데 사실 데이터를 조작하는 일은 미국에서도 일어날 수 있어요. 오히려 이런 시선은 두려움 때문일 겁니다. 중국의 역량이 가파르게 올라가는 것이 두려운 것이겠죠. 하지만 두려움으로 시간만 보낼 수는 없습니다. 한국은 여전히 제조업 강국이고 우리도 신약개발을 포기하지 않았으니, 변화를 적극적으로 받아들이면서 가야죠.

제약기업들의 변화도 있어야겠지만 신약개발을 둘러싼 환경에도 변화가 있어야겠죠. R&D 현장에 있다보면 임상시험과 관계된 규제 부문에 아쉬움이 있습니다. 한국에서 임상시험을 하면 좋은데, 일단 미국이나 유럽에 가서 임상시험을 하게 만드는 요인이 있어요. 의약품은 기본적으로 글로벌 경쟁을 하니까 미국이나 유럽에서 임상시험을 하는 것이 중요하기는 합니다. 하지만 다른 이유도 있어요. 한국에서 신약을 개발하면 약가를 좋게 받기 어렵거든요. 싼 값에 의약품을 환자들에게 공급하는 것은 중요한 일입니다. 하지만 제네릭이나 개량신약이 아닌, 오리지널 신약에 다른 기준이 필요한 것도 사실이죠. R&D 기간과 비용이 막대하고 리스크도 크니까요. 제약기업 입장에서는 이럴 바에는 초기부터 외국에 나가서 임상시험을 하는 것이 합리적입니다. 어차피 리스크를 안고 하는 일인데 성공했을 때 보상을 제대로 받는 것이 낫잖아요? 외국에서 임상시험부터 해서 외국 신약으로 인정받으면 약가를 더 잘 받을 수 있습니다.

그런데 이렇게 되면 비효율이 있어요. 모든 신약이 성공하는 것은 아니잖아요. 그러니까 임상시험에 쓰는 비용도 많은 부분 매몰됩니다. 그리고 외국에 매몰되죠. 외국 임상시험 기관만 돈을 버는 겁니다. 이뿐만이 아닙니다. 외국에서 임상시험을 진행하려면 예상하지 못했던 어려운 점들이 있습니다. 예를 들어 업무 시간이 달라요. 외국에서 임상시험을 하려면 임상시험에 쓸 약도 외국에서 만들어야 하는데, 의뢰해놓으면 약이 '툭'하고 나오는 것은 아닙니다. 상의할 것들이 꽤 많거든요. 그런데 이렇게 하려면 한국 시간으로 퇴근 시간 이후에, 한밤중이나 새벽에, 주말에 화상회의를 해야 합니다. 피곤한 것은 둘째로 치고 효율성이 떨어집니다. 모든 R&D가 글로벌 임상3상까지 가는 것은 아니잖아요? 한국에서 앞단의 것들을 할 수 있도록 규제가 이루어지면 좋을 것 같습니다.

스카이코비원

SKYCOVIONE

→ 사스 코로나바이러스-2 표면항원 백신 (유전자재조합) (SARS-CoV-2 Spike Protein Binding Domain [Recombinant]), 코로나19, 2022

§

코로나19 팬데믹은 한 편의 영화 같았다. 2020년 초, 마스크를 사려고 대형마트를 둘러싸고 줄을 선 사람들의 장면으로 시작한 이 영화는 한 번도 경험하지 못했던 충격적이고, 고통스러운 것이었다. 그리고 2025년 지금까지도 영향을 주고 있다. 펜데믹 앞에서 백신으로 눈길이 쏠리는 것은 자연스러운 일이었다. 코로나19는 감염병이고, 감염병에 대응할 수 있는 방법은 백신이 유일하다. 전 세계적 규모의 제약기업들이 백신 개발에 뛰어들었고, 백신 개발 대열에는 한국의 여러 제약기업들과 바이오텍들도 합류했다. 그리고 의문이 들었다. '한국에서 코로나19 백신을?'

2020년 12월, 모더나와 화이자가 mRNA 백신을 출시했다. 원래 백신 분야에서 힘을 쓰던 글로벌 제약기업들을 제친 결과였다. mRNA 백신이라는 것도 처음이었다. 그럼에도 사람들이 모더나와 화이자의 새로운 백신을 받아들였다. 그런데 여전히 한국에서는 코로나19 백신 개발 이야기가 뉴스로 나왔다. 의문은 계속되었다. '아직도 한국에서 코로나19 백신을?'

마침내 거의 모든 사람들이 모더나와 화이자의 코로나19 백신을 맞았다. 사람들의 얼굴에서 마스크가 사라졌고, 다시 카페에 앉아서 커피를 마실 수 있게 되었다. 그럼에도 한국에서는 코로나19 백신 이야기가 사라지지 않았다. '왜 아직도 코로나19 백신을?'

코로나19 팬데믹 시기에 제약기업과 바이오텍은 크게 주목받았는데 '코로나 버블'로 불리기도 했다. mRNA 백신을 개발한 제약기업과 바이오텍은 천문학적인 돈을 벌어들였다. 그리고 이를 다시 R&D에 쏟아 부었다. 하지만 '코로나19 백신을 개발하겠다고 나섰지만 성공하지 못한 제약기업과 바이오텍은?'

답을 찾지 못하고 있었는데, 놀랍게도 한국에서 코로나19 백신이 개발되었다. 2022년 SK바이오사이언스가 스카이코비원(SKYCOVIONE™)이라는 백신을 출시한 것이었다. 한국은 미국, 영국에 이어 세 번째로 코로나19 백신을 보유한 국가가 되었다. '도대체 이 상황은 또 어떻게 해석해야 할까?'

SK그룹의 전신인 선경그룹은 석유화학산업 중심의 기업집단이었다. 이 가운데 화학산업 분야의 경험을 바탕으로 제약 산업에 뛰어들었고, 1999년에는 국산 신약1호로 항암제인 선플라주(SUNPLA®, 성분명: heptaplatin)의 허가를 받았다. 그리고 2000년대 초반 백신 사업을 하던 동신제약을 인수했고, 이는 다시 2018년 SK바이오사이언스가 되었다. 그리고 2년 후에 코로나19 팬데믹을 맞이했고, 다시 2년 뒤에 코로나19 백신을 개발했다. 시작이 좋았고, 퍼포먼스가 나쁘지 않았지만, 여전히 궁금했다. 왜 하필 백신을? 신약개발 분야에서 주인공은 항암제다. 그렇다면 항암 신약개발로 가는 것이 맞지 않을까? SK는 대기업 집단이고, 자본과 인력과 전략을 갖고 있다. 그런데 왜 이런 선택을 했을까?

인터뷰를 잡으면서 이런 궁금증에서 벗어날 수 없었다. 하지만 인터뷰를 마치면서 그리 현명하지 못한 궁금증이었다는 것을 알게 되었다. 미래를 내다보고 전략적 선택을 하는 것이 중요할까? 어쩌면 오늘까지 하기로 했던 연구를 내일로 미루지 않고 퇴근하기 전까지 끝내는 것이, 탁월한 전략적 선택보다 훨씬 더 중요할지 모른다는 생각이 들었다. 신약개발은 전략이지만 원칙이기도 하니까 말이다.

박용욱

SK바이오사이언스 바이오 연구본부장

어떤 연구를 하고 계신가요?

가장 중요하게 하고 있는 연구는 폐렴 구균 단백 접합 백신 개발입니다. 폐렴을 일으키는 원인 가운데 바이러스도 있지만 박테리아, 그러니까 폐렴 구균(*Streptococcus pneumoniae*)이라는 세균이 중요해요. 그 예방 백신을 개발하고 있습니다. 폐렴 구균 백신으로는 화이자의 프리베나(PREVENA®)가 유명하죠. 2021년에 '프리베나 20가'가 미국 FDA 승인을 받았고, 한국에서는 2024년에 식약처 승인을 받았습니다. '20가'는 20가지 균을 방어할 수 있다는 뜻입니다. 프리베나 20가가 나오기 전에 프리베나 13가가 있었죠.

폐렴 구균 백신은 단백 접합 방식을 사용합니다. 질병을 일으키는 세균의 표면은 여러 종류의 탄수화물(다당류)들이 덮고 있습니다. 이 다당류들은 세균을 보호하는 역할을 하고, 숙주로 침투하는 역할도 하죠. 세균에 따라 다당류의 종류도 달라집니다. 따라서 이 다당류를 항원 물질로 이용하면 각각의 세균을 대한 면역력을 얻게 해주는 백신을 만들 수 있습니다. 이런 백신을 '다당류 백신'이라고 부르죠. 다당류 백신은 항원 항체 반응이 약한 수준으로 일어나서 안전하고 생산비용도 저렴합니다.

그런데 항원 항체 반응이 약한 수준으로 일어난다는 것이 단점이기도 합니다. 충분한 면역력이 생기지 않는다는 뜻이니까요. 심지어 백신으로 면역력을 얻어야 하는 어린아이들에게는 아예 효과가 없기도 합니다. 그래서 항원 항체 반응을 강하게 일으킬 수 있는 단백질(운반체 단백질)에, 예방하려는 세균의 껍데기를 둘러싸고 있는 다당류(항원 물질)를 붙입니다. 물론 운반체 단백질은 면역 반응만 일으키면서 독성이 없어야 합니다. 대신 운반체 단백질은 몸속 면역세포를 자극해 다당류 항원에 대한 면역반응이 활발해지게 만듭니다. 덕분에 세균에 대한 면역력이 생기게 되죠. 화이자의 프리베나도 단백 접합 방식인데 CRM197이라는 운반체 단백질을 씁니다. CRM197은 디프테리아 독소에서 독성을 유전적으로 없앤 단백질입니다. 여기에 폐렴을 일으키는 13가지 종류 세균의 탄수화물들을 붙여서 '프리베나 13가', 20가지 종류 세균의 탄수화물들을 붙여서 '프리베나 20가' 백신을 만들죠. 폐렴 구균 백신 분야에서 단백 접합 방식은 대세가 되었습니다. SK바이오사이언스도 이 방식으로 백신을 개발하고 있습니다. 운반체 단백질에 항원을 다른 식으로 접합시키거나 다른 종류의 단백질을 이용해 면역 반응을 개선하는 쪽으로 차별화를 시도하고 있습니다.

백신 개발에서는 몇 가인지를 놓고 경쟁을 벌입니다. 맞는 방향이긴 하지만, 무작정 높을수록 좋은가에 대해서는 개인적으로 조금 비판적입니다. 최근에는 30가 이상 폐렴구균 백신까지 나오고 있습니다. 한 번에 13가지 세균을 방어하는 것보다는 20가지 세균을 방어하는 것이 좋죠. 좋기는 한데 13개면 충분하지 않나 하는 생각도 들어요. 13가 백신을 한 번 만들면 그 13가지 세균을 계속 두는 것이 아니거든요. 유행이 끝난 세균을 방어하는 부분을, 새로 유행하는 세균 방어용 물질로 바꾸는 식으로 개선해가거든요. 지역별로 유행하는 세균이 다르기도 하니, 지역마다 다른 백신으로 세팅하면 되는 일입니다. 또 13가에서 20가, 다시 30가로 수가 늘어날수록 서로 간섭을 일으켜서 면역원성이 떨어질 수도 있습니다. 물론 이러한 간섭을 극복하는 것을 기술력으로 내세우고 있으니 지켜볼 필요는 있겠죠.

백신의 사업성은 어떤가요?

프리베나 제품군이 1년에 약 60억 달러어치 정도 팔립니다. 프리베나는 백신 역사상 가장 큰 블록버스터 제품이죠. 프리베나13가는 전 세계에서 가장 많은 매출을 일으키는 의약품 15위권까지 올라가기도 했죠. 코로나19 백신이 나오기 전까지 세계에서 가장 많이 팔린 백신 제품이었습니다. 이럴 수밖에 없는 것이, 아이들이 있는 집, 어르신을 돌봐야 하는 집에서는 백신이 중요하잖아요. 신약개발이라는 장르에서 항암제가 스타인 것은 맞지만, 영화에 스타 배우만 나오는 것은 아니죠. 백신은 연기력 좋은 조연, 다작하는 천만 배우 정도 되지 않을까요? 단역처럼 보이는 아스피린도 전 세계적으로 아직까지 1년에 600억 알씩 복용합니다. 폐렴 구균 백신은 전 세계적으로 약 70억 달러 정도의 시장이 있어요. 우리 돈으로 하면 10조 원 정도입니다. 이 가운데 85%를 프리베나 제품군이 차지하고 있어요.

SK바이오사이언스는 2014년부터 사노피와 협업을 하고 있습니다. SK바이오사이언스가 연구하고, 임상시험 및 규제기관에서 허가를 받고 출시하는 것을 사노피가 담당하죠. 2025년에 미국을 포함한 8개 국가에서 임상3상을 시작했습니다. 2027년 상반기에 임상3상 결과를 확인하고, 2029년에는 출시하는 것이 목표입니다. 우리와 협업하는 사노피는 세계적 규모의 제약기업이고, 전통적으로 백신 분야에서도 강자입니다. 오히려 화이자가 폐렴 구균 백신 분야에서 강자가 아니었습니다. 와이어스(Wyeth)라는 미국 제약기업이 프리베나 13가를 개발했는데, 2009년에 화이자가 680억 달러에 와이어스를 인수했죠. 그리고 나서 화이자에서 프리베나 20가가 개발되었습니다.

전 세계적으로 보면 백신 시장은 300억 달러 규모 정도 됩니다. 매년 다른 인플루엔자가 유행하니 공중 보건의료 인프라가 잘 갖추어진 국가에서도 백신은 계속 필요합니다. 개발도상국이나 저개발국으로 가면 성장성이 더 높아지죠. 백신을 맞지 못하는 인구가 아직도 많으니까요. 선진국에서는 사라졌다고 보는 소아마비, 장티푸스와 같은 감염병도 아직 유행하고 있어요. 개발도상국과 저개발국의 공중 보건의료 인프라가 점점 나아질 것이고, 이런 국가들을 대상으로 국제적인 지원도 늘어나고 있으니 성장하고 있는 시장이라고 봅니다. 게다가 코로나19와 같은 사태를 겪으면서 백신의 중요성도 강하게 인식되었죠.

왜 항암제가 아닌 백신을 연구하시나요? 항암제가 좀 더 뜨거운 분야 아닌가요?

기업이 추구하는 가치가 크게 영향을 준 것 같습니다. 사회적으로 좋은 가치를 만들어내는 기업이라는 미션입니다. SK그룹은 대기업 집단이니 자본력이 있잖아요. 어떤 사업을 할지 고를 수 있죠. 그런데 백신 사업을 해보자고 결정하고 'SK바이오사이언스'라는 간판을 걸었습니다. 저도 원래 백신 개발 분야에서 일하고 있었는데, SK바이오사이언스가 백신 사업을 시작할 때 합류했습니다. SK바이오사이언스에 합류하고 처음 맡은 과제가 세포 배양 방식 인플루엔자 백신 개발이었죠. 월급을 받는 일을 시작한 이래 계속 백신 개발만 할 수 있었던 셈인데, 개인적으로 운이 좋았다고 생각합니다.

SK바이오사이언스가 여러 가지 일 가운데 백신을 고른 이유는 '사회적으로 직접 도움이 되는 일'이기 때문이었습니다. 의약품이 비싼 이유는 아플 때 사는 물건이기 때문이잖아요. 환자 자신이나 아픈 가족이 있는 사람들은 쉽게 공감할 겁니다. 질병으로 인한 고통에서 벗어날 수만 있다면 무엇이든 하게 된다는 것을요. 그런데 백신은 안 아플 때 사는 물건입니다. 아직 고통스럽지 않는 사람에게 비싸게 팔기 어려워요. 하지만 아플 때 고치는 것보다, 안 아프게 막는 것이 더 낫잖아요. 사회적으로 직접 도움이 되려면, 기왕이면 백신을 만드는 것이 낫겠다 판단했습니다. 물론 항암제와 같은 분야도 계속 들여다보면서 기회를 노리고는 있습니다.

2009년 SK바이오사이언스가 백신 연구를 시작했을 때, 이미 한국에서도 백신을 생산하고 있었습니다. 다만 백신 원액을 수입해서 완제품을 만들어 판매하고 있었죠. 자체 개발한 제품은 많지 않았습니다. 그래서 우리는 자체 백신 개발로 방향을 잡았고, 이 방향은 여전히 유지되고 있습니다. 먼저 인플루엔자 백신을 세포 배양 방식으로 개발하는 것이 있었습니다. 마침 신종플루가 유행하면서 좀 더 빨리 백신을 생산해야 했죠. 지금도 그렇지만 인플루엔자 백신의 90% 이상은 계란에서 생산합니다. 유행할 것이 예상되는 바이러스를 유정란에 감염시켜서 바이러스를 배양하고, 배양한 바이러스를 가지고 백신에 필요한 항원 물질을 얻는 방식입니다. 그런데 신종 플루처럼 갑자기 유행하면 백신을 생산할 수 있는 충분한 양의 계란을 곧바로 구하기가 어려워요. 게다가 조류 독감까지 함께 유행하면 계란을 구하기가 더 어려워지죠. 그래서 세포 배양 방식으로 인플루엔자 백신을 생산하는 연구를 했죠. 동물세포에 바이러스를 감염시키고 이를 배양해 항원 물질을 얻어냅니다. 닭은 하루에 한 번 알을 낳지만, 동물세포는 적절한 조건만 갖추어주면 스스로 세포분열을 하니까 예상치 못한 유행병에도 충분한 양의 백신을 생산할 수 있습니다. 생산기간도 줄일 수 있죠. 이런 방향으로 연구를 해서 스카이셀플루 3가 백신과 4가 백신을 개발했습니다.

이렇게 세포 배양 백신을 개발했고, 수두 및 대상포진 백신도 개발했습니다. 수두와 대상포진은 모두 같은 종류의 바이러스가 문제가 됩니다. 바리셀라-조스터 바이러스(Varicella-zoster virus, VZV)라는 녀석인데, 감염 초기에는 바이러스가 피부에서 증식한 이후 신경세포로 침투해 잠복합니다. 바이러스가 잠복기 이전에 증식하면 수두, 신경절 안에 잠복해 있다가 나중에 증식하면 대상포진이 됩니다. SK바이오사이언스의 수두 및 대상포진 백신 제품은 투여 대상이 다르지만, 모두 약독화한 생바이러스를 이용했습니다.

백신 사업 자체가 항암제처럼 수익성이 매우 높은 분야가 아니라서 그런지, 저 개인적으로는 블록버스터 백신처럼 수익성이 높은 백신을 개발하고 싶은 마음이 늘 있습니다. 기업이 아무리 사회적 가치를 추구한다고 해도, 결국 이윤이 없으면 계속 이어갈 수가 없잖아요. 그러니 백신을 계속 개발하려면, 돈이 되는 백신을 만들어야 한다는 무게감이 크게 다가옵니다. 시장 규모가 큰 폐렴 구균 백신 개발도 이런 면에서 영향을 받았을 겁니다.

수익성이 기업 입장에서만 중요한 것은 아닙니다. 기업에 있는 연구자, 개발자들에게도 중요한 문제입니다. 물론 기업이 벌어들인 수익을 직원들과 비례해서 모두 나눠가지는 것은 아닙니다. 하지만 내가 하는 일이 어느 정도 가치 있는 일인지 스스로 평가하게 되잖아요. 그리고 가치는 돈으로 평가될 때가 많죠. 얼마나 돈을 잘 벌어들이는 일을 하고 있는지 스스로 평가하게 되는데, 다른 사업부는 돈을 잘 버는데 우리 사업부는 그렇지 못하다고 하면 위축되는 것이 자연스럽잖아요. 그런 면에서 돈을 잘 벌어들이는 백신도 함께 개발하는 것이 중요하다고 봅니다. 사회적으로는 응원을 해주고, 조직에서는 지원을 해주고, 개발자 개인은 자긍심을 갖는 것이 기본이지만 기업이니까 돈을 버는 것도 기본입니다.

백신 개발 일을 하는 데 있어서 원칙이 있나요?

뒤를 막아놓고 일하는 편입니다. 언제까지 프로젝트를 마감할지 정해놓고 마감하는 날부터 거꾸로 계획을 세우죠. 그러면 매일매일 반드시 달성해야 하는 목표가 정해지잖아요. 그 목표를 매일 지키려고 애씁니다. 물론 정말로 매일매일 다 지키지는 못하죠. 하지만 중요한 원칙이라서 웬만하면 지키려고 합니다. 오늘 찍어야 하는 것까지 못 가면, 찍을 때까지 퇴근을 늦추기도 하고 주말에 일을 하기도 합니다. 예전에는 정말 절대적인 원칙으로 지켰지만, 요즘에는 유연성을 조금 두기도 합니다. 그래도 큰 틀에서 달라지지 않았습니다.

제가 했던 첫 프로젝트가 인플루엔자 백신을 세포 배양 방식으로 생산하는 것이었다고 말씀드렸는데요. 2009년 초부터 연구를 시작해서 2014년 말에 허가를 받았으니까 만으로 한 7년 걸렸습니다. 7년이면 꽤 빨리 받았다고 생각합니다. 공격적으로 일정을 잡았거든요. 뒤를 막고 일했던 것이 7년만에 프로젝트를 끝내는 데 가장 중요했던 것 같습니다.

백신 쪽에서 일하는 사람들에게 물어본 적은 없지만 다들 비슷하지 않을까 싶어요. 백신은 감염병이 유행하기 전에 나와야 하잖아요. 유행하고 있을 때 개발되어 나오면 너무 늦죠. 백신을 맞았으면 아프지 않거나 심지어 죽지 않아도 되는 건데, 때를 놓치면 결과가 너무 나쁩니다. 그러니 예측한 유행 시기 전에 반드시 백신이 나와야 합니다. 뒤를 막고 일하는 게 좀 더 자연스럽고, 당연하고, 반드시 지켜야 하는 원칙 같은 것이겠죠. 함께 일하는 연구자들도 비슷한 것 같습니다. 우리가 하는 일의 기본은 예방이니까요.

뒤를 막아놓고 일을 하는 것은 '수익성이 낮지만 사회적 가치가 있는 일을 하는 사람들에게 해줄 수 있는 보상'이라는 차원에서도 중요합니다. 뒤를 막아놓는다는 것은 꼭 목표했던 성과에 이르겠다는 뜻입니다. 우리에게는 '목표를 이뤘다!'는 보상이 꼭 필요하거든요. 항암 신약개발이 정말 뜨거운 분야잖아요. 가장 앞서 있다고 평가받는 경우가 많은데, 가장 앞서 있다는 것은 아직 완성되어 있지 않다는 뜻이기도 할 겁니다. 즉 실패할 가능성이 높은데도 큰 규모로 투자를 합니다. 리스크가 크지만 성공하면 돌아오는 보상이 어마어마하게 크니까요. 그런데 백신 쪽은 약간 다릅니다. 성공한다고 해도 하늘이 뒤집어질 만큼의 금전적 보상이 생기는 것은 아닙니다. 그렇다면 다른 보상이 필요하죠. '우리는 성공했다!'는 보상일 겁니다.

항암 신약을 개발하든 백신을 개발하든 연구자들은 다 똑같아요. 연구에서 먼저 성공하고 싶어 하거든요. 그러니까 백신 연구자, 개발자들이 성공할 수 있게 해줘야 해요. 항암 신약을 연구한다면 수십 번, 수백 번 실패할 겁니다. 연구자들이 느끼는 자괴감이 크죠. 하지만 나중에 보상을 받을 수 있다는 기대로 다시 뛰어듭니다. 백신을 연구한다면 나중에 큰 보상을 약속할 수 없어요. 대신 지금 하고 있는 연구를 계속 성공시켜줘야 해요. 항암 신약 연구든 백신 연구든 실패할 가능성은 마찬가지거든요. 그러니 백신 연구를 할 때 반드시 성공할 수 있게, 더 타이트하게 뒤를 막아놓고 연구를 할 수 있게 유도해야 합니다. 정말 우리는 성공해야 하거든요.

사명감은 마음이잖아요. 그런데 마음을 먹기만 한다고 해서, 그 마음이 진짜로 생기는 건 아니거든요. '필요한 일을 잘 하고 있다.'라고 아무리 말해줘도 그것만으로는 마음을 먹고, 사명감을 유지할 수 없습니다. 실제로 성과를 내도록 도와주고 때로는 압박해주기도 해야 합니다. 백신 개발 같은 분야에서는 구체적인 성과를 낼 수 있게 만들어주는 것이 오히려 더 중요해 보입니다.

R&D에서 그때그때 목표를 반드시 지키는 것은 어렵지 않나요?

물론 그렇죠. 항암 신약개발 같은 분야에서는 특히 어렵습니다. 암이 왜 생기고, 어떻게 자라나서, 결국 어떤 식으로 환자를 공격하는지 아직도 기초연구가 계속되고 있고 더 연구해야 할 것들이 많습니다. 매우 복잡한 질병이잖아요. 그러니 어떤 과학적 단서를 잡았다고 해서, 계획했던 대로 신약개발이 진행되기란 어렵습니다. 그랬다면 이미 암도 정복했겠죠. 이런 조건에서 흔히 마일스톤이라고 하는 중간 목표를 약속한 대로 지켜내기 쉽지 않은 것이 사실입니다. 그에 비하면 백신 개발은 조금은 정도가 덜한 편이죠. 상대적으로 연구도 많이 되어 있는 분야이고, 실제로 전 세계적 규모의 백신 기업들이 이에 따라 차근차근 백신을 개발하고 있으니까요. 우리는 그 안에서 할 수 있는 일을, 최선을 다해서 하고 있을 뿐입니다. 완전하게 막연한 곳을 탐험하고 있다고는 생각하지 않습니다.

다만 약간 달리 생각해볼 여지도 있죠. 항암 신약을 개발할 것인지 백신을 개발할 것인지는 선택의 문제잖아요. 그런데 뒤를 막고, 마일스톤을 발표하고, 중간 목표를 지키려고 안간힘을 쓰는 것을 선택의 문제라고 보기는 어려워요. 어떤 연구를 하든 목표로 했던 결과에 이르려면, 가져가야 할 가장 기본적인 방식이고 태도니까요. 일정을 고려해야죠. 대학에서 하는 장기 연구가 아니라, 기업에서 하는 제품 개발 응용연구니까요.

코로나19 백신도 개발하셨습니다.

맞습니다. 다만 평가를 내리기는 조금 어렵네요. 전 세계적으로도 그리고 한국에서도, 모더나와 화이자의 mRNA 백신이 성공했습니다. 전통적인 백신의 강자들도 코로나19 백신 개발에 큰 성과를 내지 못했어요. SK바이오사이언스는 2년 반만에 백신 개발에 성공해서 식약처 허가를 받는 데까지 성공했지만, 수익을 내지는 못했습니다.

아직 백신이 개발되지 않은 감염병이 많습니다. 이는 전 세계 최초로 개발할 수 있는 백신들이 많다는 뜻인데, 그럼에도 일단 폐렴 구균 백신 개발에 집중하는 이유는 상업성 때문입니다. 투자하는 입장에서는 회수를 해야 하잖아요. 폐렴 구균 백신은 개발했을 때 어느 정도 회수할 수 있을지 상상해볼 수 있지만, 다른 감염병들은 잘 안 보이는 경우가 많습니다. 그래서 이런 연구는 외부 펀딩으로 진행하는 경우가 많습니다.

CEPI라고 부르는데요, 감염병혁신연합(Coalition for Epidemic Preparedness Innovations)이라는 국제기구가 있어요. 각 나라 정부에서 펀딩을 받아서 백신 개발에 투자하는 기관입니다. 게이츠 재단(Gates Foundation)이라고 있죠? 게이츠 재단에서도 수익성을 예측할 수 없는 감염병 백신 개발을 지원합니다. SK바이오사이언스도 CEPI, 게이츠 재단과 꾸준히 함께 일하고 있습니다. 우리가 개발한 코로나19백신인 스카이코비원의 개발비용도 CEPI와 게이츠 재단에서 펀딩 받은 것이었습니다.

CEPI나 게이츠 재단의 고민은 이런 것이었죠. '코로나19 백신이 글로벌 제약기업에서 개발되면 개발도상국이나 저개발국에 제대로 공급할 수 있을까? 우리가 개발비를 투자할 수 있는 파트너를 여러 군데 찾아서 백신 개발을 동시에 진행시키고, 이 가운데 백신이 나오면 개발도상국이나 저개발국에 지원하자.' 실제로 코로나19가 한창 유행하고 있을 때 화이자와 모더나가 개발한 백신을 인도에 있는 공장에서 많이 생산했거든요. 그런데 정작 인도 사람들은 백신을 맞기 어려웠습니다. 코로나19 백신을 먼저 개발한 곳들은 스스로 충분한 이윤을 남기고 있었고, 개발도상국과 저개발국에 싸게 백신을 공급하는 데 큰 관심이 없었죠.

CEPI와 게이츠 재단은 '동등한 백신 접종 기회'를 중요하게 생각합니다. 그래서 SK바이오사이언스처럼 백신 개발 역량을 갖춘 파트너들을 찾아 적극적으로 지원한 것입니다. 다만 우리가 개발에 성공하기는 했는데, 대유행이 어느 정도 잦아진 상황이었습니다.

사실 코로나19 팬데믹 상황에서 SK바이오사이언스 내부에서는 백신 개발에 들어가야 하는지 말아야 하는지 의견이 분분했습니다. 결국 최고 경영진에서 개발하는 것으로 결정을 내렸습니다. 그래도 우리가 백신 사업을 하는 기업인데 코로나19 팬데믹 상황에서 가만히 있으면 안 된다는 것이었죠. 결정이 내려지고 우리가 가지고 있는 독자 플랫폼을 가지고 개발을 시작했습니다.

이때 게이츠 재단에서 제안이 왔습니다. 게이츠 재단은 워싱

턴 대학교 항원 디자인연구소(IPD)의 데이비드 베이커(David Baker) 교수 연구에 펀딩하고 있었습니다. 베이커 교수는 인공지능(AI)으로 단백질을 디자인하고 예측하는 연구가 인정받아서 2024년 노벨화학상을 받기도 했죠. 그런데 베이커 교수 연구팀이 자체 결합 나노 입자(self-assembling nanoparticles) 기술을 가지고 있으니 이 기술을 가지고 SK바이오사이언스에서 코로나19 백신을 개발해보면 좋겠다고 제안한 것이었습니다.

세포에서 아미노산들이 특정한 순서에 따라 연결되다가 이런저런 형태로 접히면서 3차원의 단백질이 만들어지잖아요. 이 아미노산들의 순서를 임의로 조합하면 우리가 원하는 모양으로 단백질이 접히게 만들 수 있습니다. 이것을 업그레이드한 것이 자체 결합 나노 입자 기술입니다. 이 조합을 AI로 연산해서 빠르고 효율적으로 단백질을 디자인하는 것인데, 구조적으로는 정20면체가 만들어집니다. 면이 20개가 되면 각각의 면에 코로나19 백신 항원을 앉힐 수 있어요. 기존 단백 접합체보다 더 많은 수가 제시되고, 더 많은 면역세포들이 모이면서 면역 효과가 증폭되는 원리입니다.

게이츠 재단에서 제안을 받았을 때 우리는 이미 자체 재조합 기술을 바탕으로 코로나19 백신 개발을 진행하고 있었습니다. 하지만 베이커 교수 연구팀의 기술을 도입한 백신으로 개발 방향을 바꾸기로 했습니다. 늦더라도 더 좋은 백신을 개발하자는 생각이었죠. 그렇게 만든 백신이 스카이코비원입니다.

게이츠 재단과 일을 해보면 그들의 전문성에 놀랄 때가 있습니다. 백신 개발에 지원을 많이 했던 경험 때문일 것 같기는 한데, 임상시험 등을 진행할 때 프로세스에 따라 무엇이 필요한지 정확하게 알고 있더라고요. 그리고 그에 맞춰 지원해줍니다. 자금뿐만 아니라 기술적인 측면에서도 도움을 받을 수 있어요. 스카이코비원을 개발할 때 도입한 기술은 SK바이오사이언스가 원래 가지고 있던 기술이 아니었습니다. 게이츠 재단은 돈만 지원한 게 아니라 기술까지 지원해준 것이죠. 백신을 개발하는 사람들은 네트워크가 있어요. 공중 보건의료 인프라가 턱없이 부족한 국가들에서 감염병으로 고통받는 사람들이 너무 많습니다. 이런 것을 알고 있는 사람들은 백신을 만들려고 힘을 모으죠. 연구자, 국제기구, 우리 같은 제약기업까지 네트워크가 만들어지고 백신을 만들어보려고 협업합니다. 게이츠 재단은 이 네트워크에서 중요한 허브죠. 자금, 경험, 기술까지 얻을 수 있는 허브. 덕분에 코로나19 백신을 개발할 수 있었습니다.

스카이코비원이 수익성 측면에서는 평가가 애매하지만, SK바이오사이언스의 백신 개발 역량을 쌓는 데는 크게 도움이 되었습니다. 짧은 기간 동안, 여러 주체들이 모여서, 깊은 수준으로 협업을 하다보니 오랫동안 모르던 것들까지 알게 되었습니다. 예를 들어 규제기관에서 허가를 내줄 때 A부터 Z까지 요구를 해왔다면, 코로나19 상황에서는 'A, B, G, K, Z 데이터만 얼른 준비해주세요!'라고 합니다. 이건 규제기관이 정말 중요하게 보고 있는 것만 골라준 것이죠. 이제 앞으로 백신을 개발할 때 이런 포인트에 집중해서 준비하면 되겠구나 하는 것을 알게 되었죠. 그리고 스카이코비원을 개발하고 나서 여러 가지 제안을 많이 받았습니다. 사실 제안이 너무 많이 들어와서, 그것만 검토하는 부서를 새로 만들었어요. 이런 것들도 혜택이기는 하네요.

게이츠 재단에서 먼저 연락이 왔다니 흥미롭네요.

외부 파트너, 특히 CEPI나 게이츠 재단과 같은 곳들과의 협업을 갑자기 할 수는 없습니다. SK바이오사이언스는 게이츠 재단과 이미 다른 과제를 함께 하고 있었습니다. CEPI나 게이츠 재단이 관심을 가지는 감염병들이 있습니다. 지카 바이러스, 조류독감, 일본 뇌염 같은 것들인데, 한국에서는 중요성이 떨어지지만 개발도상국과 저개발국에서는 심각한 문제이기 때문이죠. 더 핵심적인 것은 이런 지역에 뿌릴 백신을 만들 수 있는 플랫폼을 확보하는 것입니다. 전 세계적 규모의 백신 기업들을 상대로 저렴한 가격의 백신을 구하기는 어렵거든요. 그래서 새로운 감염병이 유행할 때, 바로 대응할 수 있는 제3의 백신 플랫폼을 갖추기를 원합니다. 물론 우리도 계속 백신을 개발하려면 그런 플랫폼이 필요합니다. 그래서 협업할 이해관계가 맞아떨어지죠.

게이츠 재단에서 장티푸스 감염병 백신을 개발하고 싶어 했고, 이를 위해 2013년부터 SK바이오사이언스를 지원하기 시작했어요. 작은 규모의 프로젝트였는데, 게이츠 재단에서 연구개발 초기부터 2019년까지 2,560만 달러의 연구비를 지원받았습니다. 임상3상까지 잘 진행해서 2022년 식약처에서 스카이타이포이드라는 제품명으로 수출용 품목허가를 획득했습니다. 2024년에는 세계보건기구(WHO) 사전적격성평가(Pre-qualification, PQ) 인증도 받았습니다. 게이츠 재단에서 지원한 프로젝트 가운데 WHO PQ 인증을 받은 사례가 많지 않아요. 그런데 우리가 성과를 내서 신뢰를 쌓은 거죠. 이렇게 신뢰가 쌓이면 다음 프로젝트, 그 다음 프로젝트를 같이 하는 길로 들어설 수 있습니다. 코로나19 백신 개발도 신뢰를 바탕으로 먼저 제안을 받은 것이었습니다. 덕분에 앞으로도 계속 협업할 수 있을 것이라고 기대합니다.

CEPI와는 넥스트 팬데믹 대비 '100일 미션'에 참여하고 있습니다. 100일 미션은 새로운 감염병이 발병하면 몇 주 안에 백신을 개발하고 대량생산해서 100일 안에 팬데믹에 대응하는 프로젝트입니다. CEPI는 아직 남아 있는 감염병에 대한 고민도 있습니다. 언제 대유행이 일어날 지 모르지만, 충분히 일어날 수 있는 일이라는 거죠. 그리고 빨리 대응하려면 mRNA 플랫폼이 중요하죠. 그래서 CEPI도 mRNA 백신 기술 연구에 투자를 많이 합니다. 그리고 우리는 일본 뇌염 백신 개발을 하면서 mRNA 플랫폼을 만들어보려고 하고 있습니다. SK바이오사이언스가 어지간한 개발 플랫폼은 갖추었는데 아직 mRNA 백신 개발 플랫폼이 없거든요. 성공하면 한국에 새 감염병이 번질 때 빠르게 대응할 수 있겠죠. 2022년에 SK바이오사이언스는 일본 뇌염에 대한 mRNA 백신 프로젝트를 시작했습니다. 2025년 글로벌 임상1/2상을 시작했고, 4,000만 달러의 초기 연구 개발비를 지원받았죠. 후기 개발 단계에 들어가면 최대 1억 달러를 추가 지원받게 됩니다.

사노피와 10년 넘게 이어오고 있는 협업도 마찬가지입니다. 꽤 오래 파트너십을 맺고 있는데, 이렇게 할 수 있는 이유도 특별한 것은 아닙니다. 하기로 약속한 것을, 하기로 한 날까지 완성해서 공유했거든요. 2024년 차세대 폐렴구균 백신을 개발하는 확장 계약도 맺었습니다. 기존 계약을 확대하면서 사노피로부터 계약금으로 약 5,000만 유로를 받았습니다.

백신을 개발하는 사람들에게 해주고 싶은 이야기가 있다면?

사실 다른 연구자들에게 백신 연구를 하라고 권하기에는 조금 멈칫하게 됩니다. 저는 운이 정말 좋았으니까요. 백신 개발만 23년 동안 해왔는데, 매 순간순간 지원과 응원을 많이 받았습니다. 이 기간 동안 2개 제품을 허가받는 경험도 했네요. 실제 개발에 성공한 백신들도 있으니 성과도 맛볼 수 있었죠. 회사 운도 좋았습니다. 지금도 SK바이오사이언스는 백신에 대한 의지를 갖고 있으니까요. 하지만 처음으로 돌아가 어떤 신약개발에 뛰어들 것인지 결정하게 된다면 고민이 많아질 것 같기는 합니다. 다만 코로나19를 겪으면서 백신에 대한 인식도 많이 달라져서 전보다는 분위기가 좋아진 것도 사실입니다. 계속 좋아지겠죠.

백신에서는 공중 보건의료 기관과 어떻게 관계를 맺을 것인지가 중요합니다. 희귀질환 치료제를 개발하는 제약기업도 마찬가지겠지만 공공성으로 접근해야 하는 부분이 있거든요. 백신을 개발하는 입장에서는 R&D를 설계하고 백신을 만드는 것보다 더 걱정되는 것이 있습니다. '만들어놓으면 얼마나 팔릴까?', '회사에 손해가 생기는 건 아닐까?', '지속 가능성이 떨어져서 백신 개발을 못하게 되는 것은 아닐까?' 하는 것들이죠. 완전히 판매를 보장받을 수는 없지만, 개발에 성공한다면 어느 정도는 구매가 보장되는 조건이 있다면 좋을 것 같습니다. 백신을 개발한다는 약속을 지킬 테니, 공중 보건의료 기관은 안정적으로 개발 지원을 보장해주면 좋을 것 같아요.

트렌드로 보자면 전 세계적으로 백신 분야에서 파워를 가지고 있던 제약기업들은 코로나19 상황에서 백신 개발에서 눈에 띄는 모습을 보여주지 않았어요. 이 상황을 여러 가지로 해석해볼 수 있을 텐데요. 처음에는 모두 코로나19 백신 개발에 뛰어들었지만 mRNA 백신이 나오면서 빠르게 접는 판단을 내렸을 수도 있습니다. 어쩌면 이런 것이 진짜 실력인지도 모르겠습니다. 정확하게 상황을 판단하고, 자신이 할 수 있는 것과 없는 것을 객관적으로 바라보면서, 선택과 집중을 할 수 있는 결단력이 진짜 실력인 것이죠. 글로벌 수준에서 플레이를 하는 제약기업들에 비해 우리 제약기업들이 아직 갖추고 있지 못한 부분이 아닐까 해요.

아무래도 경험치의 차이가 제일 영향을 주는 것 같습니다. 전세계적 규모의 백신 기업들을 보면 엄청난 규모로 임상시험을 합니다. 이 거대한 데이터를 분석하고 해석하는 기회가 실력 차이를 만들어내는 것 같다는 생각을 할 때가 많아요. 우리가 천 명 단위로 임상시험을 할 때 그들은 글로벌 단위로 만 명, 수십만 명 단위로 임상시험을 하니까요. 다만 이런 것들은 해결이 안 되는 부분들입니다. 사실 따라잡으려면 훨씬 더 공격적으로 데이터를 쌓아야 하는데, 이렇게 돈을 쓸 수 없죠.

제 개인적인 생각이지만 우리가 코로나19 백신을 개발하면서 CEPI, 게이츠 재단과 협업했던 방식을 더 많이 하는 수밖에 없을 것 같습니다. CEPI, 게이츠 재단은 돈, 경험, 네트워크를 가지고, 글로벌 백신 기업들이 관심을 덜 기울이는 감염병 백신을 개발할 파트너를 찾고 있어요. 이런 프로젝트에 적극적으로 참여해서 빠르게 노하우를 얻어가야겠죠. 백신 개발 역량을 키우는 데 정말 도움이 됩니다. CEPI나 게이츠 재단은 R&D에 대해 정확하게 알고 있어요. 어느 단계가 잘 안 풀리고, 어느 단계에서 돈이 많이 들어가고, 무엇을 확인하고 무엇을 맡겨두면 되는지 정확하게 알고 있거든요. 지원받는 입장에서 보면 편하게 지원을 받으면서 R&D에만 집중할 수 있습니다. SK바이오사이언스가 초기에 했던 독감, 수두 및 대상포진, 수막 구균 등과 같은 프로젝트는 정말 우리 힘만으로 했는데, 돌이켜보면 외부 파트너들과 함께 했다면 훨씬 더 효율적이고 효과적이었을 것 같습니다.

mRNA 백신 플랫폼은 코로나19 상황에서 결정적인 도움을 주었죠. 덕분에 mRNA 플랫폼을 연구하는 곳들도 많은 데이터를 얻을 수 있었어요. mRNA 플랫폼에 대한 신뢰를 입증하기도 했구요. 이제 mRNA 플랫폼은 필수적인 백신 플랫폼이 되었습니다. 다만 백신으로 한정해서 보면 코로나19와 같은 대유행에는 mRNA 백신 플랫폼이 적합한데, 기존 백신에 대대적으로 적용될 것인지는 좀 더 봐야 할 것 같아요. 백신의 핵심이 예방이라서 안전성 이슈를 꼼꼼하게 따져봐야 합니다. 심지어 인플루엔자 백신 같은 경우는 매년 맞잖아요. mRNA 덕분에 짧은 기간에 코로나19 유행을 막을 수 있었지만, 임상 데이터를 장기적으로 추적하면서 안전성을 검토할 필요가 있을 것 같아요. 물론

mRNA 백신을 개발하고 생산할 수 있는 플랫폼을 갖추는 것은 반드시 필요합니다. mRNA 플랫폼은 백신 이외 영역에서도 활용될 가능성이 높잖아요. 항암제 개발에도 중요하게 쓰일 겁니다. 코로나19 백신 개발에 성공한 바이오엔텍(BioNTech)과 같은 회사들도 이제 항암제 개발 프로젝트를 더 늘리고 있죠.

백신을 개발하는 사람들 사이에는 유대감이 있습니다. 특히 회사 안에서는 그것이 더 강하구요. 모든 영리 기업은 돈을 벌기 위해 일을 하잖아요. 어쩌면 백신을 하는 기업들은 일을 하기 위해 돈을 벌려고 하는 것 같기도 합니다. 백신을 계속 개발하려면 돈이 있어야 하니까요. 백신의 도움을 받는 사람들은 약한 사람들입니다. 고령층과 어린아이들이 대표적이죠. 개발도상국과 저개발국 사람들도 마찬가지고요. 꼭 해야 하는 일인데, 주목을 받는 일은 아닙니다. 그래서 백신 일을 하려면 공공성에 대한 마인드가 있어야 한다고 생각합니다. 스카이코비원을 개발할 때 우리 연구자들이 고생을 많이 했거든요. '얼른 그리고 꼭 해야 하는 일'이라는 점에 다들 공감하고 있었고, 그 공감 덕분에 빨리 개발할 수 있었다고 생각합니다. 다들 좀 따뜻한 편이죠. 비록 여전히 뒤를 막아놓고 타이트하게 일을 하고 있지만요.

배리트락스

BARYTHRAX

→ 재조합 탄저 방어항원 단백(Recombinant Anthrax Protective Antigen Protein),
탄저병 백신, 2025

§

GC녹십자는 한국에서 연매출 1조를 넘기는 제약기업이다. 그리고 GC녹십자의 R&D센터인 목암연구소는 제약과 바이오 업계에서 명망이 높다. 신약개발과 관련된 뉴스를 생산하는 입장에서 이런 기업에 대한 느낌이 뚜렷하지 않기도 어려운 일이다. 기자 일을 시작하고 처음으로 취재를 나갔던 곳이 GC녹십자였는데도 말이다. 얼마전까지도 GC녹십자에 대해 떠오르는 이미지는 NK 세포 치료제 개발에 뛰어들었다는 정도였다.

녹십자 랩셀에서 NK 세포를 이용하는 항암제 개발 임상2상을 진행하고 있었다. 세포 치료제 컨셉에 대한 관심이 뜨겁던 때였다. 예를 들어 암 환자의 암세포에서 얻은 유전 정보를 역시 암 환자에게서 추출한 면역세포인 T세포에 입력하고, 이를 배양해 다시 암 환자에게 투여하면 환자의 암세포만 골라서 공격할 수 있는 CAR-T 세포 치료제가 주목을 받았다. CAR-T 세포 치료제는 효과가 매우 좋아서 혈액암 환자를 기적적으로 치료하지만 환자의 암세포에서 유전 정보를 얻는 일, 몸이 많이 망가져 있는 환자에게서 T세포를 추출하는 일, 그리고 이것을 바탕으로 CAR-T 세포를 만들고 배양해서 환자에게 투여하는 일 모두 너무 어렵다. 덕분에 치료비가 수십 억 원에 이른다.

그래서 신약개발자들은 NK 세포 치료제라는 컨셉에 관심을 가지기 시작했다. CAR-T 세포 치료제의 문제는 치료하려는 암 환자에게서 모든 것을 얻어야 한다는 점이다. 따라서 제 시간에, 적당한 가격으로 치료제를 공급하기 어렵다. 그런데 NK 세포 치료제는 건강한 사람으로부터 NK세포를 공여받아 대량으로 생산하고 범용으로 쓰는 컨셉이다. 문제는 상용화를 위한 기술력이다. CAR-T 세포 치료제에서 어려운 부분 가운데 환자의 T세포를 추출하고 조작하고 배양하는 기술이 있다. 이는 면역세포를 다루는 기술력의 문제인데, NK 세포 치료제에서도 마찬가지다. 특히나 범용으로 쓰려면 대량의 NK세포를 다뤄야 한다.

GC녹십자의 주력 부분 가운데는 혈액 제제 생산이 있다. 혈액제제란 사람의 혈액을 원료로 만든 의약품이다. 예를 들어 헌혈로 얻은 혈액에서 면역 관련 물질을 추출하고 정제해 면역 파트에 문제가 생긴 환자에 투여한다. 혈액과 그 안의 세포를 다루는 일은 GC녹십자가 1971년부터 해왔던 일이다. 이와 같은 기술력은 세포 치료제를 개발함에 있어 강점이 될 것이다. 새내기 기자를 흥분시키기에는 충분했고 신나게 기사를 썼다. 하지만 NK 세포 치료 항암제 개발은 아직 진행중이고, GC녹십자도 서서히 나의 관심에서 멀어졌다.

그러던 어느 날 GC녹십자가 탄저 백신을 개발했다는 보도자료를 받았다. 생화학무기로도 쓰이는 탄저균(*Bacillus anthracis*)이 일으키는 탄저병은 치명적인 감염병이다. 피부가 검게 썩어 들어가고 결국 패혈증을 일으켜 환자를 사망하게 만드는 이 병은 탄저균에 접촉하면 감염된다. 적절한 치료를 받지 못한 환자의 1/3 정도가 사망하며, 한국에서는 1급 전염병으로 지정되어 있다. GC녹십자가 백신 부분에서도 비즈니스를 크게 펼치고 있으니 탄저 백신을 개발했다는 뉴스도, 그럴 만한 기업이 그럴 법한 일을 한 것처럼 들렸다. 하지만 단순히 그럴 만한 기업이 그럴 법한 일을 했던 것이 아니었다. 새내기 기자 시절 느꼈던 기분을, 다시 한 번 느낄 수 있을 법한 일이었다.

이재우

GC녹십자 개발본부장

지금 어떤 신약을 개발하고 있습니까?

GC녹십자의 주요 포트폴리오는 세 가지입니다. 우선 혈액제제와 백신이 있는데 두 가지 모두 오랫동안 해오던 분야입니다. 그리고 희귀질환 치료제를 개발하고 있죠. 구체적으로 산필리포 증후군(Sanfilippo syndrome) 신약을 개발하고 있습니다. 20,000명 가운데 1명 정도 비율로 환자가 나오면 희귀질환이라고 하는데, 산필리포 증후군은 100,000명 가운데 1명 정도 걸립니다. 산필리포 증후군은 희귀질환 가운데에서도 희귀합니다. 제가 알기로 한국에는 환자가 한 20명 정도 있고, 전 세계적으로 3,000명 정도 된다고 합니다.

지금은 산필리포 증후군 임상1상을 하고 있죠. 한국, 미국, 일본에서 임상시험을 하고 있고 환자 수는 10명 정도입니다. 환자들은 모두 어린 아이들이기 때문에 부모님들의 동의를 받아서 진행하고 있고, 기간은 1년 정도로 보고 있습니다. 한국에서 산필리포 증후군 치료제를 개발하고 있는 곳은 GC녹십자가 거의 유일합니다. 그러니 적어도 한국에서는 우리가 가장 앞서 있는 셈이죠.

산필리포 증후군은 유전병입니다. 환자에게는 다당류인 헤파린 황산염을 단계적으로 분해하는 데 관여하는 효소(GNS, HGSNAT, NAGLU, SGSH)를 암호화하는 유전자에 이상이 있습니다. 예를 들어 GNS 유전자에 변이가 생기면 헤파린 황산염을 분해하는 리소좀 효소인 글리코사미노글리칸(glycosaminoglycans, GAG) 단백질을 정상적으로 만들지 못합니다. 이렇게 되면 헤파린 황산염이 세포 안에 있는 리소좀에 쌓이기 시작하고, 세포가 제 기능을 못하게 됩니다. 태어났을 때는 별다른 증상이 없지만 2~6세부터 발달지연, 정신 지체과 같은 증상이 뚜렷하게 나타나기 시작합니다. 중추신경계를 이루고 있는 세포가 제 기능을 못하니까요.

유전자에 이상이 있으니 정상 유전자를 전달하는 방법이 있습니다. 유전자 치료제라고 하죠. 전 세계적 규모의 제약기업과 바이오텍들이 연구하고 있고, 실제 이런 컨셉의 치료제가 개발되고 있습니다. 근본적인 치료법이라 완치할 수 있지만 약값이 천문학적으로 비쌉니다. 우리 돈으로 수십 억 원 정도 하는데, 너무 첨단 기술을 사용하기 때문이죠.

GC녹십자는 환자 몸 밖에서 사람의 헤파린 황산염 분해효소(heparan N-sulfatase)를 만들어서 환자에게 투여하는 방식으로 신약을 개발하고 있습니다. 효소 대체 치료(enzyme replacement therapy) 방식인데요, 줄여서 ERT라고 부릅니다. 유전자 오류를 바꾸는 방식이 아니라서 완치는 어렵습니다. 하지만 좀 더 저렴한 비용으로 환자에게 공급할 수 있어요.

헤파린 황산염이 중추신경계에 쌓이는 것이 문제라고 했잖아요? 중추신경계는 중요한 기관이라서 외부에서 들어온 물질이 중추 신경계까지 가기가 어렵습니다. 우리 몸이 중추 신경계를 특별히 더 강하게 보호하고 있거든요. 그리고 중추 신경계 가운데에서도 뇌는 혈뇌장벽(blood-brain barrier, BBB)이라는, 특히 더 강력한 보호막에 둘러싸여 있습니다. 그래서 약물을 뇌까지 보내는 것이 어렵습니다. 따라서 보통은 환자의 척수에 의약품을 주사하지만 뇌까지 충분한 양을 보내기 어려워요.

우리는 뇌에 직접 약물을 전달하는 방법을 써보고 있습니다. 환자의 머리에 뇌와 직접 연결되는 포트(디바이스)를 설치합니다. 이 포트에 주사를 놓으면, 뇌로 약물이 직접 전달됩니다. 환자의 몸 밖에서 인공적으로 헤파린 황산염 분해효소를 만들어서 2주에 한 번씩 주사를 놓는 것이죠. 뇌실내투여(intracerebroventricular, ICV) 기술이라고 부르는데, GC녹십자가 원천기술을 갖고 있어요. 헌터 증후군(Hunter Syndrome)이라는 희귀병이 있습니다. 산필리포 증후군과 같은 계열의 유전병이죠. 그래서 우리는 헌터 증후군 치료 물질을 ICV 기술로 투여하는 의약품을 개발했어요. '헌터라제 ICV'라고 실제 병원에서 투여하고 있고, 일본과 러시아에서 판매를 승인받았죠. ICV 방식으로 투여를 해보면 척수에 주사로 투여하는 것보다 50배 이상 많은 약물을 환자의 뇌로 보낼 수 있습니다.

뇌에 직접 투여하기 위해 환자 머리에 포트를 설치한다고 했을 때, 저도 처음에는 깜짝 놀랐습니다. 하지만 중증 환자 입장에서는 어떤 식으로든 치료제를 맞는 게 중요해요. 치료제를 맞지 않으면 신경 계통에 문제가 생겨 정상적인 성장이 어렵습니다. 인지적으로도 성장이 멈추고, 신체적으로도 성장이 왜곡되죠. 그러다가 결국 사망합니다. 헌터라제도 처음엔 정맥투여(IV) 제형으로 출시되었습니다. 그런데 어떤 임상연구자 분이 신경 증상을 더 잘 치료할 수 있게 ICV로 투여하자고 제안을 주셨죠. 희귀질환 가운데 유전병이 많아요. 그리고 유전병은 어린 아이들에게서 많이 발병하죠. 신생아, 어린 아이들을 위한 외과적 접근법에는 ICV보다 더 충격적인 것들이 많습니다. 이런 시술을 하지 않아도 되게끔 우리가 신약을 더 열심히 개발해야죠.

노벨상 수준의 첨단 기술을 활용해 완치에 이르면 환자 입장에서 제일 좋을 겁니다. 하지만 치료비 같은 현실적인 부분도 고려해야 합니다. '환자 머리에 포트를 설치하고 2주에 한 번씩 주사를 맞는다고 하면, 이런 것도 치료라고 할 수 있는 건가?' 하고 생각할 수 있습니다. 하지만 환자들이 처한 상황을 보면, 이 정도 치료만 받을 수 있어도 기적 같은 일입니다. 최소한의 일상생활을 할 수 있으며 증상을 완화할 수 있으니까요. 이렇게 버티면서 유전자 치료제를 맞을 수 있는 날을 기다릴 수 있겠죠. 수십 억 원에 이르는 약값을 어떻게 할지, 보건 당국도 그 사이에 대책을 마련할 시간을 벌 수 있을 겁니다. ICV 기술을 이용해 신약을 개발하는 것과 관련해 외국의 대형 제약기업들과 협업도 꾸준히 이어가고 있습니다.

희귀질환 신약개발이면 일반 신약개발보다 어렵겠네요.

쉽지 않습니다. 신약을 개발할 때 임상시험을 거쳐야 하는데요. 임상1상은 건강한 사람을 대상으로 신약 후보물질의 안전성을 평가하고, 임상2상은 수십에서 수백 명의 환자들을 대상으로 효능을 봅니다. 어느 정도 투여했을 때 부작용은 적으면서 약효가 가장 좋을 것인지 확인하죠. 임상3상은 수백 명에서 많게는 수천 명의 환자를 대상으로 합니다. 실제 신약으로 허가받기 위해 대규모 데이터를 모읍니다. 그런데 희귀질환 치료제를 개발할 때는 이런 절차를 거치기 어려워요. 환자가 20명밖에 없잖아요. 그래서 임상시험을 할 때 규제기관, 한국에서는 식약처이고 미국에서는 FDA죠. 규제기관이 유연성을 발휘해야 합니다. 사실 유연하게 적용하는 것이 당연하죠.

그런데 어려운 점만 있는 것은 아닙니다. 비즈니스적으로 보면 희귀질환 치료제는 블루오션이기도 합니다. 의약품은 소비자와 사용자가 나뉘잖아요. 의약품을 직접 쓰는 사람, 그러니까 사용자는 환자죠. 한편 소비자는 의료진입니다. 어떤 의약품을 구매할지 결정하는 것은 의사니까요. 제약기업은 의사를 대상으로 마케팅을 해야 합니다. 즉 기적적인 효능을 보이는 신약이 아닌 이상, 얼마나 많은 의사에게 마케팅을 할 수 있는지가 중요합니다. 예를 들어 당뇨병을 치료하는 의사가 한국에 얼마가 많겠어요. 당뇨병 치료제를 개발해서 공급하는 제약기업이라면 이 의사들을 담당하는 마케팅 조직을 갖추어야 합니다. 이 비용이 적지 않은데, 제약기업에서 쓰는 돈 가운데 마케팅 비용이 어마어마하게 큰 비중을 차지하거든요. 하지만 한국에 환자가 20명이 있는 질병이라면 이야기가 달라지죠. 마케팅에 쓸 돈을 크게 줄일 수 있어요. 그 돈을 다시 신약개발에 넣을 수도 있습니다.

희귀질환을 앓고 있는 환자들을 보는 의사분들은 분위기가 조금 다릅니다. 희귀질환 신약을 개발하는 제약기업을 거래처가 아닌 파트너로 받아들이거든요. 아무도 개발하지 않는 신약을 개발하겠다고 나선 사람들이 있다는 것만으로도 고마워하고, 우리가 연구하는 데 어떻게든 도움을 주려고 합니다. 규제기관도 마찬가지입니다. 희귀질환 치료제는 비쌀 수밖에 없어요. 처방받을 환자가 적다고 개발 비용이 적게 들어가는 것은 아니잖아요. 이런 부분을 규제기관도 잘 알고 있어서, 개발하는 기업이 약가를 정할 때 충분히 반영될 수 있게끔 고민합니다. 이런 이유로 전 세계적 규모의 제약기업들이 희귀질환 치료제 개발에 적극적으로 나서는 경우가 많습니다.

우리 입장에서는 전 세계적인 규모의 제약기업들과 협업을 할 때도 좋은 점이 있었습니다. 브랜드 가치나 신뢰도 문제죠. 한국 기업 단독으로 신약개발의 끝까지 가기는 어려워요. 한국에서 아무리 큰 제약기업이라고 해도, 실제 경쟁이 펼쳐지는 시장에서 보면 여전히 작거든요. FDA에서 승인을 받고, 전 세계 시장에서 의약품을 판매하는 데는 한계가 있습니다. 외국의 대형 제약기업들과 어느 순간에는 협업해야 하는 것이 현실적입니다. 외국 제약기업들이 협업의 대상자를 찾는 기준에는 여러 가지가 있어요. 제일 중요한 것은 물론 기술력과 후보물질의 가능성이겠죠. 하지만 그에 못지않게 '어떤 기업인가?' 하는 것도 꽤 중요하게 보는 것 같아요. 정말 필요한 의약품들로 비즈니스 구조를 갖고 있는가 하는 점도 있거든요. GC녹십자는 오랫동안 백신을 해왔습니다. 백신은 꼭 필요하고 중요한 의약품이지만 수익성이 높지는 않습니다. 그런데 백신을 오랫동안 해오고 있다고 하면, 어떤 생각으로 제약기업을 하고 있는 사람들인지 짐작할 수 있다고 여기는 것 같아요. 희귀질환 치료제를 개발하고 있다는 것도 비슷하게 받아들여지는 것 같습니다. 그런 것들을 실제로 보더라구요. 그럼에도 희귀질환 치료제를 개발하겠다고 선언하고 실제로 개발에 뛰어드는 것이 기업 입장에서 쉬운 결정은 아닙니다.

희귀질환 치료제 개발할 때, 어떤 질환 치료제를 개발할지 결정하는 기준이 있습니까?

GC녹십자도 영리 기업이니까 사업성을 봐야겠죠. 사업성을 평가하는 기준이 여러 가지겠지만 현실성이 중요합니다. 실제 개발할 수 있느냐 하는 점이죠. 우리가 헌터 증후군 치료제를 ICV 방식으로 투여하는 기술을 갖고 있다고 했잖아요. 그리고 기본적으로 산필리포 증후군은 헌터 증후군과 병이 생기는 메커니즘이 같아요. 그러니 헌터라제 ICV를 개발했던 경험, 기술, 성과를 바탕으로 조금 옆에 있는 희귀질환 치료제에 도전하는 것입니다. 이렇게 하면 의료진, 환자, 규제기관 모두를 설득하는 데도 훨씬 수월합니다.

희귀병이니 환자 수가 적지만, 시장성은 달라질 수 있습니다. 유전병은 유전자 검사로 최종 진단을 합니다. 따라서 보건의료 환경이 좋은 선진국에서는 유전병 환자를 일찍 찾아냅니다. 선진국에서는 아이가 태어나면 또는 태어나기 전에라도 유전자 검사로 질병을 알아낼 수 있거든요. 반대로 개발도상국이나 저개발국에서는 해당 유전병인지 모르고 환자가 일찍 사망하는 경향이 있습니다. 이런 경향을 비즈니스적 측면에서 분석해보면, 현재 희귀질환이라고 정의를 내리고 있지만 실제로는 더 많은 환자가 있을 수 있거든요. 산필리포 증후군 환자가 전 세계적으로 3,000명 정도 있다고 하지만, 실제로는 더 많을 겁니다. 개발도상국과 저개발국의 보건의료 환경이 점점 나아진다고 가정하면 치료제를 처방받을 환자의 수가 더 늘어날 겁니다. 이런 부분도 전 세계적 규모의 제약기업들과 바이오텍들이 점점 더 많이 희귀질환 신약개발에 뛰어드는 이유입니다.

현장에서 느끼는 어려움이 궁금합니다.

아무래도 전 세계적 규모의 제약기업들, 바이오텍들과 개발경쟁을 해야 한다는 점이겠죠. 임상시험을 하러 외국에 가보면 희귀질환을 치료하는 의사들이 여러 곳의 글로벌 제약기업들과 이미 협업을 하고 있는 경우가 많습니다. 의사 입장에서는 당장 치료제가 없으니, 최대한 많은 제약기업들과 협업해서 신약을 개발하려고 하죠. 이름만 들어도 알 수 있는 글로벌 제약기업들과 협업하고 있는데, 한국의 GC녹십자가 와서 문을 두드리는 셈입니다. 쉽게 협업을 이끌어내기가 어렵죠. 이 부분도 어려운 대목입니다.

개발 부분으로 좀 더 자세히 들어가보죠. 산필리포 증후군 신약개발에 도전할 수 있었던 바탕에는 헌터 증후군 치료제 상용화가 있습니다. 여기서 핵심은 ICV 기술이었죠. 예를 들어 환자에게 부족한 효소를 넣어주는 치료법을 우리가 처음 개발한 것은 아닙니다. 이 또한 오래된 방식이죠. 부족한 효소를 인위적으로 생산하는 재조합 단백질 방식도 이미 있던 방식입니다. 그러니 중요했던 것은 중추 신경계 보호막, 뇌 보호막을 뚫고 치료제를 전달하는 것이었습니다. ICV 기술이죠. 그리고 이 기술은 이미 한국에서 어떤 의료진이 도전해보고 있던 것이었어요. 우리는 이것을 상용화하면서 원천기술을 얻었습니다.

의료진과 환자에게 중요한 것은 병을 치료하거나 증상이 나아지는 것이지, 어떤 메커니즘을 가진 신약인지가 아닙니다. 그러니까 환자를 치료하는 데 도움이 될 수 있는 것을 가져야 합니다. ICV 기술 같은 것이 대표적일 겁니다. 원천기술을 가졌다면 확장을 해야죠. 헌터 증후군에서 산필리포 증후군 신약개발로 나아가는 것처럼 말입니다. 그런데 이런 일들이 반드시 희귀질환 치료제로만 확장되는 것도 아닙니다. 뇌로 무엇인가를 보내는 기술이라면, 퇴행성 뇌질환 치료제 개발과도 연동될 수 있겠죠? 확실한 기술이 있다면 말이죠. 한국에서 반도체, 자동차, 조선과 같은 산업들도 이런 방식으로 성장해왔고요. 원천기술만 있다면 이런 식의 확장은 한국이 잘하는 방식입니다.

ICV 기술은 계속 업그레이드하고 있습니다. 중증이 아닌 환자들에게는 정맥주사를 하는데, 중증 환자들에게는 ICV로 약물을 투여해요. 관련해서 투여 횟수를 좀 더 줄일 수 있는 방법도 찾고 있습니다. 지금은 2주에 한 번인데, 한 달에 한 번으로 늘리는 것을 연구하고 있죠. 임상 데이터도 계속 모으고 있고요. 희귀질환이니 전 세계를 대상으로 판매를 해야 하는데, 해당 국가의 규제기관과 소통하는 데 최고의 도구는 임상 데이터니까요.

희귀질환 치료제는 환자가 정말 극단적인 상황에 놓여 있기에, 기술적인 도전을 하는 데 꽤나 열려 있는 분야입니다. 일반적인 질환이었다면 머리에 포트를 직접 설치한다는 생각을 해볼 수 없었을 겁니다. 하지만 희귀질환을 둘러싼 네트워크에서는 '이렇게라도 해보자!'라는 공감대가 있어요. 도전해볼 수 있는 환경이 있죠.

한편 같은 비용을 들여서 신약개발에 나선다면 대규모의 마케팅 조직을 유지하면서 수요가 많은 질환을 대상으로 하는 의약품의 제네릭이나 미투 의약품을 만드는 것보다는, 희귀질환 대상 신약개발 과정에서 원천기술을 획득할 수 있다는 것도 장점이겠죠.

그럼에도 희귀질환 치료제를 개발한다는 미션에서 가장 중요한 것은, 남들은 하지 않지만 꼭 필요한 신약을 개발한다는 것입니다. 이런 마인드가 없으면 오래 버틸 수가 없어요.

글로벌에서 경쟁이 치열하겠군요.

로슈나 화이자와 같은 제약기업들도 희귀질환 치료제 개발에 뛰어들고 있어요. 물론 그들도 원래 희귀질환 치료제 개발을 하고는 있었습니다. 다만 개인적인 느낌으로는 경쟁이 더 심해지는 것 같습니다.

하지만 경쟁만 치열한 것은 아닙니다. 희귀질환 연구를 위해 미국에 가보면 우리가 가끔 영화에서 보는 장면이 펼쳐지기도 합니다. 희귀질환을 앓고 있는 환자의 부모가 치료제 개발에 직접 뛰어드는 일이 현실에서 벌어지기도 해요. 환자의 부모님이 경제적으로 넉넉한 경우에, 바이오텍을 직접 차려서 신약개발에 나서기도 하거든요. 돈을 주고 기술을 사서 개발하는 거죠. 산필리포 증후군이 그랬어요. 미국에서 임상시험을 하려고 가봤더니, 산필리포 증후군 환우회 대표님이 바이오텍을 하고 있었습니다. 자녀가 앓고 있는 산필리포 증후군 치료제 개발에 직접 나선 거였죠. 한국도 희귀질환 환우회가 잘 구성되어 있기는 한데, 미국의 경우는 뭐랄까 역동성이 더 강해 보여요. 물론 순전히 제 느낌입니다.

이렇게 한쪽에는 환우회가 역동적으로 움직이는데, 다른 쪽에서는 규제기관의 역동성도 대단합니다. PFDD(patient focused drug development)라는 것이 있습니다. 미국 FDA가 이 미팅을 주관하는데, 여기에 희귀질환 네트워크 관계자들이 다 모입니다. 환자와 환우회, 의료진, 제약기업이 오는 것은 당연하고 FDA 담당자들도 반드시 옵니다. 이 자리에서 신약개발과 관련된 논의를 하는 거죠. 모두 모여서 며칠 동안 이 이야기만 나눕니다. 의료진과 제약기업들이 아이디어를 내고, 환자와 환우회는 이 아이디어를 구체화할 수 있도록 정보를 제공합니다. 질병 메커니즘에 대해서 최신 연구 결과를 얘기하고, 동물에서 어떤 평가를 미리 해볼 수 있을지도 논의하죠. 물론 임상시험에 대한 논의도 구체적으로 합니다. 놀라운 것은 규제기관입니다. 희귀질환 치료제는 임상시험을 비롯한 허가와 관련해서 일반적인 신약개발과는 다른 부분이 있어요. 좀 더 빨리 임상시험을 할 수 있게 해주고, 신약으로 허가 승인도 빨리 내주려고 하죠. 환자 상황이 급박하니까요. 그런데 FDA는 이 수준을 넘어서더라구요. PFDD에 와서는 '어떻게 하면 이 부분에서 유연성을 발휘해 임상시험과 허가 승인을 진행시킬 것인가?'를 FDA가 직접 고민해서 제안합니다. 규제기관이 함께 신약을 개발하는 거죠.

규제기관이 정말 적극적입니다. 비어 있을 수밖에 없는 규제 부분을 채우려고 구체적으로 노력하는 모습이 인상적이었습니다. '이런 부분을 열어줄 테니 임상시험을 이렇게 진행해보시죠.', '허가에 이런저런 것들이 필요한데, 질환의 특성상 그 부분을 다 채우기 어려우니까 다른 방식으로 데이터를 확보해보죠.'와 같은 이야기를 규제기관이 먼저 제안합니다. 오프라인에 참여하지 못하면 온라인으로 참여하는데, 여기에도 FDA 사람들이 참여해서 미팅이 끝날 때까지 있습니다. 물론 활발하게 논의에 참여하죠. 정말 영화를 보고 있는 것 같았습니다. 어떻게든 환자를 치료해보려는 마음을 하나로 모으는 거죠. 질병이라는 고통 때문에 모이는 자리라서 분위기가 늘 밝을 수만은 없지만 생동감이 넘쳐요. 언제 죽을지 모르는 환자들도 참여하지만 함께 모여서 희망을 현실로 만들 방법을 찾으니까요.

PFDD에 모여서 구체적인 논의를 하니까 진도도 빨라요. '규제기관이 이런 것을 셋업하고 있을 테니, 제약기업은 임상시험에 필요한 무엇을 언제까지 준비하고, 의료진과 환자는 임상시험에 언제부터 들어간다.' 이런 내용이 PFDD 자리에서 결정됩니다. 그리고 그대로 추진되죠.

모든 산업에서 규제가 점점 중요해집니다. 소비자의 안전이 중요해지기 때문이죠. 그런데 제약산업은 처음부터 규제가 그 무엇보다 중요했어요. 핸드폰과 자동차와는 다르죠. 사람이 먹는 것이고, 아픈 사람이 먹는 것이잖아요. 게다가 모든 약에는 부작용이 있습니다. 규제가 중요한 것이 당연하죠.

그런데 이를 뒤집어보면 규제가 제약산업을 이끈다는 이야기도 됩니다. 규제가 있는 곳에만 제품이 있을 수 있잖아요. 미국에서 신약이 많이 나오는 이유는, 규제기관인 FDA가 맨 앞에서 신약개발을 이끌고 있기 때문입니다. FDA가 첨단과학을 이끌고 있고, 신약을 개발시키려는 의지도 강렬해요. 그래서 신약을 개발할 수 있는 방법을 FDA가 나서서 적극적으로 찾거든요. 원론적인 이야기를 하려는 것이 아닙니다. GC녹십자는 외국으로 수출하는 의약품이 많은 편입니다. 수출하는 나라가 대략 60여 개 정도 되죠. 수출을 하려면 해당 국가의 규제기관의 승인을 받는 것이 필수적이고, 그래서 상대적으로 외국 규제기관들과 접촉한 경험도 많습니다. 그래서 국가별 규제기관의 차이를 직접적으로 체감하죠. 미국 FDA와 이야기할 때는 다른 국가 규제기관들과 이야기할 때와 차이가 좀 큽니다. 우리가 모르는 것, 우리가 빠뜨린 것을 적극적으로 알려주려고 해요. 그것도 아주 디테일하게 접근해줍니다. FDA의 도움으로 GC녹십자의 역량도 크게 늘었습니다.

PFDD 미팅은 제약기업 입장에서 신나는 일이었습니다. 필요한 정보를 현장에서 바로바로 얻을 수 있었거든요. 우리도 정보를 제공하고 의견을 냅니다. 현재 규제로 풀리지 않는 문제가 있다고 의견을 내니, FDA가 그 부분을 적극적으로 고치겠다는 답을 들었어요. 예를 들어 이런 것도 있었습니다. 희귀질환 같은 경우, FDA가 패스트트랙에 올려주는 경우가 많아요. 그런데 산필리포 증후군은 희귀질환 가운데에서도 희귀질환이라고 했잖아요. 그래서 꼭 패스트트랙에 올라가야 한다고 의견을 냈죠. FDA

에서는 바로 대답을 해줍니다. '패스트트랙에 올리는 것은 찬성인데, 그러려면 특정 부분에서 데이터가 더 필요하다. 이 데이터를 특정 방식으로 만들어주면 좋겠다.' 필요한 것을 골라서 말해줍니다. 뿐만 아닙니다. 이런 경험이 있는 FDA 책임자를 연결해줬어요. 덕분에 그 책임자에게 계속 궁금한 것을 물어볼 수 있었죠. 규제기관의 컨설팅을 받는 거예요. 규제기관과 이런 이야기를 할 수 있다니 정말 놀라웠습니다. 정말 그 자리는 신약개발을 하는 전략회의 같았습니다. 결국 신약 허가 검토에 걸리는 기간을 12개월에서 8개월로 줄였죠.

물론 FDA가 언제나 손을 내밀고 컨설팅에 가까운 협업에 나서는 것은 아닙니다. 산필리포 증후군 논의를 하는 자리에 GC녹십자는 입장권을 가지고 들어갔거든요. ICV 기술이죠. 헌터라제 ICV로 이미 원천기술을 입증했기에 PFDD에 입장할 수 있었고, 값어치가 있는 입장권이었기에 FDA도 적극적으로 나왔을 겁니다.

미국적인 특징인가요?

일본에서 헌터 증후군 임상시험 관련 논의를 한 적이 있습니다. 미국에서는 규제기관이 밀고 가는 느낌이 좀 컸다면, 일본은 환우회의 영향력이 꽤 크더라고요. 그래서 환우회가 적극적으로 규제기관을 리드하는 것 같았습니다. 물론 일반화하기는 어렵겠죠. 모든 신약개발 또는 모든 희귀질환 치료제 개발에서 그렇다고 할 수는 없을 겁니다. 다만 적어도 헌터 증후군에서는 분명히 그랬어요. 환우회가 리더십을 발휘하고, 그에 따라 규제기관이 적극적이고 유연하게 방법을 찾더라구요. 일본이라고 하면 꽤 보수적일 것 같은데, 의외로 합리적이라는 느낌을 받았습니다. 덕분에 ICV 방식 헌터 증후군 치료제는 일본에서 가장 먼저 승인을 받았어요. 일본은 연구자 주도 임상으로 승인신청이 가능한 제도가 있습니다. 그 제도를 이용해서 희귀의약품으로 지정 받아 10개월 만에 시판허가를 받았죠. 그리고 이후에 환자들에게 처방하면서 효능과 안전성에 대한 리얼월드 데이터를 모아서 또 제출했습니다.

ICV 방식이라는 아이디어를 주신 한국 의사분이 일본에서 헌터 증후군을 치료하는 의사분을 소개해주셨어요. 그리고 그 일본 의사분이 일본 규제기관을 소개해주셨고요. 희귀질환 치료제를 개발하는 과정에서는 이런 네트워크 안에 들어가는 것도 중요하죠. 이렇게 일본에서 헌터 증후군 치료제를 승인받은 것은 다시 미국에서 산필리포 증후군 임상시험을 하는 데 도움이 되었습니다.

최근에 탄저 백신을 개발했다고 들었습니다.

맞습니다. GC녹십자는 최근 탄저 백신을 개발했어요. 배리트락스(탄저 방어항원 단백질 재조합 백신)입니다. 탄저병은 탄저균에 감염돼 발생하는 급성 전염성 감염 질환입니다. 탄저균은 열악한 환경에서도 오랫동안 살아남습니다. 대부분 피부를 통해 침범하는데 공기 중으로 퍼지기도 쉽죠. 무엇보다 치명률이 97%입니다.

하지만 배리트락스를 두고 백신 신약개발이라는 말을 쓸 수 있는지에 대해서는… 애매한 면이 있습니다. 매년 새로운 인플루엔자가 유행하고, 그에 대응하는 백신이 새로 나오잖아요. 새로운 인플루엔자에 대한 백신이니까 신약개발이기는 한데 뭔가 좀 애매하죠? 게다가 탄저 백신은 이미 개발되어 있습니다. 이머전트 바이오솔루션즈(Emergent BioSolutions)라는 미국 기업이 개발한 바이오트락스(BIOTHRAX®)라는 탄저 백신이죠. 우리 물건을 완전히 신약이라고 하기는 좀 어려워 보여요.

기간의 문제도 있습니다. GC녹십자가 탄저 백신을 개발하기까지 28년이 걸렸거든요. 1997년에 시작했으니 진짜 오래된 프로젝트였습니다. 탄저균은 생화학무기로 쓰이기도 합니다. 2001년에 미국에서 실제로 탄저균을 봉투에 넣어 우편으로 보낸 테러가 일어나기도 했죠. 한국도 안보 차원에서 미국에서 만든 탄저 백신을 비축하고 있습니다. 그리고 안보 차원의 문제이니 국산화 이슈가 제기되었습니다. 미국에 의존하기만 할 수는 없는 노릇이죠. 국가 과제로 탄저 백신 개발 프로젝트가 시작되었고, 우리가 백신을 오랫동안 해왔으니 GC녹십자가 개발하는 것으로 이야기가 되었습니다. 시작했을 때는 GC녹십자가 아니라 녹십자였죠.

탄저 백신은 비상사태를 대비해 비축해 놓는 용도라 수익성이 높은 사업은 아닙니다. 그래도 필요한 일이라고 생각해서 시작했다고 들었습니다. 그런데 우여곡절이 너무 많았던 거죠. 보통 신약개발을 하면 10년이 걸린다고들 하지만 10년을 다 채우지 못하고 엎어지는 경우가 많습니다. 10년 동안 준비하고 있다가 한 번에 규제기관 승인을 받는 것이 아니니까요. 즉 10년이라는 기간 동안 여러 단계가 있는데, 그 단계를 통과하는 데 필요한 데이터를 그때그때 생산해야 하죠. 그런데 이걸 모르고 뭔가를 지나치면 그 단계로 돌아가서 처음부터 다시 데이터를 만들어야 합니다.

사실 신약개발을 한 번만 해보면 알 수 있는 것들인데, 안 해보면 절대 알 수 없는 것이기도 해요. 우리도 그런 실수를 한 거죠. 다시 데이터를 만드는 연구를 해야 하니 비용이 다시 들어가겠죠? 이 비용을 정부에서 지원받아야 하는데, 연구비 예산이 따박따박 나오지 않는 거죠. 비용을 마련하기 위해 시간을 씁니다.

한편으로 예전에는 만들어지 않아도 되었던 데이터가 나중에 필요해지기도 합니다. 시간이 지나면서 허가하고 승인하는 기준치가 올라가기 때문입니다. 심지어 이런 일도 있었어요. 우리가 혁신형 제약기업이라 탄저 백신 프로젝트가 식약처에 마련해둔 신속심사 트랙에 올라가 있었거든요. 그런데 신속심사 트랙에서 탈락했어요. 예전 기준으로 마련해둔 우리 데이터가 지금 기준에 맞지 않는다는 것이었죠. 그래서 정규 트랙으로 옮겨야 했습니다. 억울하기는 했는데, 기준이 바뀐 것이니 어쩔 수 없었죠. 이런 일이 생길 때마다 돈을 만들어서 연구를 하고… 이렇게 하다보니 28년이 걸렸습니다.

임상시험도 어려웠습니다. 백신이 제대로 작동하는지 확인하려면 누군가 탄저균에 노출되어야 하지만 탄저균은 유행하고 있지 않습니다. 그렇다고 일부로 사람에게 노출시킬 수도 없는 일입니다. 사람을 대상으로 임상시험을 할 수 없으니 동물실험으로 갈음해야 합니다. 사람을 대상으로 임상시험을 하기 어렵거나 불가능한 경우, 동물실험 결과를 토대로 승인 여부를 결정하는 애니멀 룰(animal rule) 제도입니다. 그런데 원래 동물실험은 사람 대상 임상시험보다 기준이 낮거든요. 따라서 탄저 백신의 경우 어떻게 기준으로 잡아야 할지 다시 정해야 합니다. 문제는 식약처도 이런 사례가 처음이라, 굉장히 엄격한 기준을 세웠어요. 그런데 우리는 이미 기존 기준으로 동물실험을 했기 때문에 그 기준을 충족하지 못했죠. 동물실험을 또 했습니다.

어쨌거나 결국에는 승인을 받아서 다행입니다. 힘들었죠. 비즈니스적으로 보면 수익성이 매우 낮은 프로젝트였지만, 마무리되어 다행이라는 마음입니다. 한국에서는 정부가 비축용으로 구입해두고 일정 기간이 지나면 교체하는 정도의 규모이지만, 개발도상국이나 저개발국 가운데 어떤 곳에서는 탄저병이 유행하는 경우도 있다고 하니 수출하는 길도 찾아보고 있습니다. 질병청과 함께 개발한 것이라 GC녹십자에 권리가 모두 있진 않아요. 그래서 질병청과 함께 수출하는 길도 알아보고 있습니다.

다만 기술적으로는 기존 탄저 백신보다 뛰어나다고 자부합니다. 탄저 백신 가운데 현재 실제로 의미가 있는 것은 미국의 바이오트락스 한 가지입니다. 바이오트락스는 실제 탄저균을 가지고 백신을 만듭니다. 탄저균을 배양한 다음 탄저균에서 나오는 단백질을 분리하죠. 보통 세 가지 단백질이 나오는데, 이 가운데 두 개는 병원성을 가지고 있고 한 개는 병원성이 없습니다. 그럼 병원성이 없는 단백질만 다시 추출해서 백신을 만듭니다. 전통적인 방식이지만 위험성이 있어요. 세 가지 단백질 가운데 한 가지 종류만 분리해내는 과정이 물리적으로 진행되거든요. 따라서 100% 분리는 안 되고, 백신에 병원성이 있는 단백질이 어느 정도는 섞여 들어가죠. 백신을 맞아야 하는데, 탄저균에 일부 노출되는 위험성이 있는 셈입니다.

하지만 GC녹십자가 개발한 배리트락스는 재조합 단백질 기술을 이용합니다. 병원성이 없는 단백질을 생산할 수 있도록, 탄저균 독소인자를 세포 안으로 전달하는 방어항원(protective antigen, PA) 단백질의 유전자를 조작합니다. 병원성은 없지만, 백신을 맞은 사람의 몸속에서 탄저균에 대한 항체를 생산할 수 있습니다. 28년 전에 기획했던 아이디어라 완전히 최신 기술이라고는 할 수 없지만, 그래도 바이오트락스보다 안전합니다.

정말 고생하셨네요.

정부와 함께 하는 프로젝트의 경우 연속성, 그리고 안정적인 예산 확보라는 문제가 많이 고민됩니다. 정부는 정권에 따라 계속 바뀝니다. 당연한 일인데 그럼에도 이런 장기 과제는 연속성이 보장될 수 있는 장치가 필요해 보입니다. 신약개발에서 제약기업만 실수를 저지르는 것은 아니거든요. 국가 과제를 제안한 곳도, 규제를 담당하는 기관도 실수를 합니다. 기업이든 정부든, 모두의 실력이 늘어나기까지는 시간과 경험이 필요합니다. 그런데 시간과 경험을 쌓는 비용의 규모와 방식이 서로 달라요. 제약기업은 돈과 노력과 시간을 고스란히 쓰지만, 정부는 느낌이 조금 다르죠. 백신이 가지고 있는 기본적인 속성이 있죠. 수익성이 낮지만 공공성은 커요. 따라서 정부와 제약기업이 파트너십을 맺고 진행하는 것이 맞다고 봅니다. 그렇다면 리스크도 함께 나눠야 하는데, 이 점이 아쉽습니다.

한편 백신을 개발하려는 정부 기관과, 백신을 허가하는 정부 기관 사이의 호흡이 어긋나기도 합니다. 개발하려는 쪽은 위험을 부담하더라도 백신을 개발하려는 편이고, 허가하는 쪽은 안전성이 담보될 때까지 위험을 피하려는 편입니다. 서로 무게를 두는 부분이 다르다보니 문제가 생기기도 합니다. 그렇다고 제약기업이 나서서 두 기관을 조율할 수도 없는 노릇입니다.

제약 산업에서 규제기관의 역할이 중요하다는 것을 모르는 사람은 없어요. 규제기관은 문제가 있는 의약품이 환자들에게 처방되지 않도록 막는 역할을 해야 하죠. 그런데 개발 파트너로서의 역할도 있어요. 예를 들어 전 세계적으로 가장 많은 신약이 개발되는 국가의 규제기관은 미국 FDA겠죠. FDA는 적극적인 것 같다는 느낌을 많이 받습니다. FDA와 소통하는 과정에서 느낀 것 가운데 이들은 스스로를 신약개발의 파트너라고 규정하고 있더라고요. 규제기관과 제약기업이 마주 앉아서, 신약개발이라는 현실적인 문제를 놓고 건설적인 토론을 합니다. 이렇게 규제기관이 리드하지 않으면 제약기업만의 힘으로 신약을 개발하는 것은 솔직히 힘들어요.

FDA 이야기가 궁금합니다.

GC녹십자는 전 세계적으로 보면 크지 않습니다. 그래도 한국에서는 큰 기업이죠. 연매출이 1조 원을 넘어가니까요. 그런데 이 정도로는 애매해요. 신약개발을 하려면 시장 규모가 중요한데, 한국 내수 시장만으로는 의미 있는 매출을 낼 수 없습니다. 반드시 전 세계 시장, 특히 미국 시장에 진출해야죠. 그렇게 하려면 글로벌 임상시험을 해야 하는데 돈이 많이 들어갑니다. 그리고 GC녹십자 정도면 아슬아슬하지만 글로벌 임상시험에 들어가는 돈을 스스로 마련할 수 있어요. 신약은 기술만으로는 안 되거든요. 돈이 있어야 하고 외국으로, 특히 미국으로 진출해야 합니다.

GC녹십자는 알리글로(ALYGLO™)를 미국에서 승인받아서 팔고 있어요. 2023년에 미국 FDA에서 알리글로의 승인을 받았습니다. 알리글로는 혈액 제재입니다. 헌혈을 하면 혈액에서 수혈에 필요한 성분들을 먼저 추출합니다. 예를 들어 혈액에서 적혈구를 뽑아내서 수혈할 수 있게 팩을 만들죠. 그리고 남은 혈액에서 환자들에게 필요한 면역 물질을 또 추출합니다. 알리글로도 면역 물질(면역 글로불린 제제)입니다. 이런 혈액 제제를 면역 물질이 부족한 환자들에게 투여하죠. 이렇게 혈액 제제를 만드는 방식도 꽤 오래되었습니다. 그리고 GC녹십자가 자신 있는 분야입니다. 한국에서 GC녹십자가 독보적으로 해오던 사업이니까요. 그래서 미국에 한번 진출해보자고 했을 때, 꽤나 자신이 있었습니다. 그런데 세 번이나 미끄러졌어요. 알리글로는 네 번만에 FDA 승인을 받았습니다.

어떻게 보면 우물 안 개구리였던 것이죠. 한국에서는 잘 나갔지만, 국제 기준이라고 할 수 있는 미국 기준에는 못 미친 것이었으니까요. 그런데 이런 경험이 정말 큰 도움이 되었습니다. 탄저 백신 개발에도 큰 도움이 되었습니다. 규제기관의 언어는 도큐멘테이션(documentation), 즉 문서화죠. 신약개발의 각 과정에서 단계별로 만들어야 하는 문서가 있는데, 문서화되어 있지 않으면 FDA는 아무것도 믿지 않습니다. 처음 시판허가를 거절당했을 때는 FDA가 뭘 요구하는지에 대한 감이 없었습니다. 그런데 우리에게 부족한 부분을 FDA에서 많이 알려주더라고요. 어느 단계에서 어떤 자료를 만들어야 하는지에 대해 너무 잘 알려주는 거예요. 큰 도움이 되었습니다.

알리글로 허가과정에서 부족했던 부분은 CMC(chemistry manufacturing and controls), 즉 신약개발의 앞단이었습니다. 화학과 제조, 품질관리로, 의약품이 일정한 품질로 생산될 수 있게 관리된다는 것을 문서로 보여줘야 합니다. 아무리 기술이 뛰어나도 문서로 정리하지 못하면 통과가 안 됩니다. 알리글로도 임상이나 비임상은 문제가 없었어요. 그래서 CMC를 계속 보강해

나갔죠. FDA가 CMC 이야기를 계속 물어봤거든요.

저는 개인적으로 FDA가 임상1상 승인을 잘 내준다고 생각합니다. FDA가 신약개발이라는 것이 얼마나 어려운 일인지를 알고 있기 때문입니다. 신약개발이라는 것 자체가 워낙 실패 가능성이 높잖아요. 그러니까 얼른 임상1상을 해보고, 안 되겠다 싶으면 빨리 접으라는 것이죠. 임상2상, 임상3상까지 갔다가 엎어지면 손해가 너무 크잖아요. 그 시간과 돈을 다른 신약에 넣었다면 다른 의약품이 더 빨리 개발될 수도 있겠죠. 기회비용의 문제입니다. 그래서 임상1상 승인을 잘 내주는데 이걸 오해하기도 합니다. FDA가 임상1상 승인을 해주었으니, 성공에 가까워졌다고 잘못 알아듣는 것이죠. FDA는 '처음에 힘빼지 말고, 최소한으로 꼭 필요한 데이터만 확인해 볼 것'이라고 말하는데, 임상1상에 불필요한 데이터를 만드는 데 힘을 써요. '있어야 하는 자료'가 중요한 것이지, '있으면 좋은 자료'는 소용없습니다. 잘못된 전략이라고 봅니다.

임상시험에 대한 오해도 있습니다. 글로벌 규모의 임상시험은 현실적으로 한국의 제약기업들이 할 수 없어요. 이미 임상시험을 대행해주는 임상시험 수탁기관(contract research organization, CRO)들이 너무 잘하고 있기도 하고요. 그래서 CRO와 어떻게 협업할지에 대해서 준비를 잘하면 됩니다. 오히려 중요한 것은 CMC였더라고요. CMC는 정말 그 제약기업이 맡아야 하는 부분이잖아요. 신약을 개발하는 제약기업이라면 CMC에 무게를 두는 것이 더 중요해 보입니다.

가장 인상적이었던 것은 FDA 담당자의 말이었어요. FDA에 한국어를 할 줄 아는 직원을 뽑아야겠다고 하더라고요. 아무리 영어를 잘 해도 정말 모든 부분까지 소통하기란 어렵죠. 제 머릿속에 그려져 있는 규제기관이었다면, 제약기업에 '너희 영어를 정말 잘하는 직원을 좀 뽑으세요.'라고 말할 거라고 생각했죠. 그런데 자기들이 한국말을 하는 직원을 뽑고 싶다는 거예요. 빈말일지언정 그런 말을 농담으로라도 하기란 쉽지 않잖아요? 신약을 승인하는 데 규제기관이 더 진심이라는 느낌을 받았습니다. 규제자라기보다는 개발자에 가깝다는 느낌이었습니다.

마지막으로 하고 싶은 이야기가 있다면?

작은 제약기업이나 바이오텍에서 의미 있는 신약개발, 백신 개발을 하는 것은 정말 어렵습니다. GC녹십자는 운이 좋은 편입니다. GC녹십자는 혈액 제재와 백신을 오래전부터 해왔습니다. 한국에서 거의 독보적으로 해오다보니 혜택을 본 것도 커요. 기업이 성장한 것이죠. 그러니 수익성이 낮지만 공공성이 있는 백신 개발을 계속 이어가는 것이 우리의 의무를 다하는 것이라고 생각합니다. 하지만 새로 시작하는 기업들은 다르죠. 시간과 경험, 비용과 노력을 감당하기 어렵거든요.

눈으로 확인할 수 없는 기업문화도 있겠죠. 감염병 백신을 만든다는 것은 공공성에 대한 고민 없이 할 수 없는 일입니다. 기업 구성원들 사이에 이 부분을 공유하고 있어야 해요. 지금은 안 그렇지만, 예전에는 매달 전사적으로 조회를 했어요. 그런데 조회를 하기 전에 애국가를 부르기도 했습니다. 완전 꼰대 문화 같아 보이기도 하고, 어색해 보이기도 하죠? 그런데 이런 식으로라도 공공성에 대한 감각을 유지했던 것이라고 생각해요. 이런 공감대가 없으면 백신 사업을 지속하기는 어렵습니다. '우리는 선한 일을 하고 있다.'는 기업 가치를 공유하지 않으면 어렵죠. 그런 공감대 없이 28년을 기다리는 건 불가능하죠.

그렇다고 이런 기업문화가 늘 장부상 손해로 남는 것은 아닙니다. 우리가 어떤 기업의 가치를 평가할 때 여러 가지 기준들을 세우잖아요. 전기차를 만들고 우주선을 개발하는 기업들 가운데 어떤 기업의 가치를 가장 높게 평가해야 할까요? 첨단 기술에 예민하고, 그 기술을 활용해 공격적으로 제품을 개발하는지가 중요할 겁니다. 제약기업은 조금 다를 겁니다. 물론 제약기업도 첨단 기술에 예민하고, 그 기술을 활용해 공격적으로 신약을 개발하는지가 중요합니다. 하지만 기본적으로 그 제약기업이 얼마나 선한 일을 하려고 하는가도 중요한 기준이 됩니다. 아픈 사람을 치료하는 제품을 만드는 것이잖아요. '정말 병을 고쳐

주고 싶다.'와 같은 마음, '부작용이 있어서는 안 된다.'와 같은 마음이 없으면 신약개발은 위험한 일이 될 수도 있습니다. 운 좋게 한두 번 성공할 수는 있어도, 성공을 오랫동안 유지하기는 어려울 겁니다.

하루아침에 되는 것은 없습니다. 시간을 줄이려고, 격차를 뛰어넘으려고 모든 사람이 노력합니다. 그 노력이 중요하지 않다는 것이 아니라 그럼에도 시간이 필요하다는 것이죠. 실패를 해야 하고, 그 실패에서 배움을 얻어야죠. GC녹십자의 강점이라면 버티면서 배우려는 태도인 것 같아요. 거짓말을 조금 보태면, GC녹십자 연구소 캐비넷에는 없는 것이 없습니다. 정말 거의 모든 분야에 대한 기록이 있어요. 코로나19를 물리친 것이 mRNA 백신이잖아요. 그런데 코로나19가 유행하기 전에 GC녹십자 연구소에서 mRNA 백신과 관련해서 연구를 하고 있었어요. 물론 우리가 mRNA 백신을 개발하지는 못했습니다. 하지만 들여다보는 거죠. 일단 연구해야 해요. 언젠가는 도움이 될 테니까요. 알리글로 승인에 네 번이나 도전한 것도 마찬가지죠. 실패할 수 있다는 걸 전제해야 합니다. 실패에서 배우기만 하면 됩니다. 하루아침에 되는 것은 아무것도 없으니까요.

개인적으로는 꼭 만들고 싶은 백신이 있습니다. 결핵 백신인데요. 탄저 백신처럼 국가 과제로 진행하던 것이었는데, 탄저 백신은 성공했는데 결핵 백신은 엎어졌어요. 너무 아쉽습니다. 결핵 백신 개발도 아무도 안 하려는 일이거든요. 그래서 GC녹십자가 꼭 개발해야 하는 것인데 쉽지 않네요. 임상3상에서 부작용 이슈가 있었어요. 식약처 승인을 받으려고, 관련이 있는 전 세계에서 출판된 모든 논문을 검토했습니다. FDA에서도 이렇게 메타 분석을 하더라고요. FDA는 특정 약물에 대해 위험 대비 이점을 판단할 때, 과학적으로 정확한 판단을 위해 정말로 모든 데이터를 모아 분석합니다. 백신도 이점과 위험이 있으니, 우리도 같은 방식으로 메타분석을 진행해 과학적으로 승인받을 수 있겠다 판단했는데 결국 벽을 넘지 못했습니다. 그래도 꼭 개발해 보고 싶습니다.

렉라자

LECLAZA

→ 레이저티닙(lazertinib), 비소세포폐암, 2021(한국), 2024(미국 FDA)

§

레이저티닙(lazertinib)은 한국에서 렉라자(LECLAZA®), 미국에서 라즈클루즈(LAZCLUZE®)라는 이름으로 폐암 환자들에게 공급된다. 레이저티닙 개발에 참여한 사람, 바이오텍, 국내외 제약기업이 많다. 한국 바이오텍인 오스코텍이 미국 보스턴에 제노스코라는 바이오텍을 세운다. 그리고 제노스코는 레이저티닙으로 불리게 되는 물질을 개발한다. 오스코텍은 유한양행과 함께 이 새로운 물질을 본격적으로 임상개발하기 시작했고, 유한양행은 전 세계적인 규모의 제약기업인 J&J에 라이선스 아웃한다. J&J가 미국 FDA에서 최종적으로 승인을 받으면서 신약개발은 완료되었다. 이와 같은 신약개발의 경로가 '오픈이노베이션'이라는 개념으로 국내에 알려져 있는데, 오픈이노베이션의 한 가운데에 유한양행이 있었다.

2017년 10월로 기억된다. 제노스코가 레이저티닙의 데이터를 발표하는 것을 취재했다. 2015년 유한양행에 라이선스 아웃되어 개발이 되고 있는 상황이었고, 임상1상에 들어갔으며 초기 데이터가 나오고 있었다. 발표 내용은 아스트라제네카의 타그리소(TAGRISSO®, 성분명: osimertinib)와 효능을 비교하는 것이었다. 타그리소는 EGFR 변이가 있는 폐암 환자에게 처방하는 표적 항암제다. 궁금했다. '막강한 지위를 차지하고 있는 타그리소와 경쟁하는 신약개발에 후발주자로 뛰어든다고?' '연구자들의 희망에 가까운 도전인가?' '도대체 가능한 일이기는 한 것인가?'

J&J는 전 세계를 무대로 하는 제약기업이다. 항암제 영역에서는 혈액암인 다발성 골수종 치료제 부문에서 강력하다. 혈액암 치료제 시장에서 가장 큰 영역이 다발성 골수종 치료제 시장이다. 그런데 고형암에서는 이야기가 다르다. J&J는 폐암 치료제 시장에서 존재감이 없었다. 폐암을 좀 더 들여다보자. 전체 폐암 가운데 80~85%가 비소세포폐암이다. 비소세포폐암은 EGFR 유전자에 변이가 있는지로 다시 나뉜다. 미국과 유럽에서는 비소세포폐암 환자의 10~15% 정도에게 EGFR 변이가 있고, 아시아에서는 30~40% 정도로 그 비율이 올라간다. 즉 EGFR 변이 폐암에 대한 표적 항암제 시장은 규모가 크지만 이미 타그리소가 표준 치료제다. 2024년을 기준으로 보면 타그리소는 66억 달러어

치가 팔렸는데, 전년 대비 13% 늘어난 결과다. 그런데 J&J는 이 분야에서 실력과 경험이 두드러지지 않았다. 심지어 J&J가 레이저티닙을 사들이기로 했을 때, J&J 내부적으로 아미반타맙(amivantamab)이라는 물질로 EGFR 변이 폐암 치료제 개발을 하고 있었지만 초기 임상시험 단계였을 뿐이다.

그리고 2023년 레이저티닙과 아미반타맙을 병용 투여하는 임상3상 결과가 발표되었다. 나는 스페인 마드리드에서 열린 유럽 종양학회(ESMO)를 취재하러 간 현장에서 이 발표를 직접 들을 수 있었다. 유한양행 조욱제 대표를 포함한 고위 임원진은 청중들과 함께 앉아서 연세대학교 종양내과 조병철 교수의 임상 결과 발표를 듣고 있었다. 발표자는 상기되어 있었고, 목소리가 점점 커지면서 발표장을 채워갔다. 레이저티닙과 아미반타맙 병용요법이 타그리소 대비 무진행생존기간(PFS)을 개선했다는 내용이었다. 다시 2년 후 발표된 임상3상 최종 결과에서는 전체 생존률(OS)까지 연장한 결과가 나왔다. 2024년 아미반타맙과 레이저티닙을 합친 매출은 3억 2,700만 달러였다. 2024년 타그리소의 매출이 66억 달러였기에 절대적으로 비교할 수는 없지만, 미국에서 팔 수 있는 신약이 나온 것이다.

2024년 레이저티닙의 미국 시판허가를 FDA에서 받아냈다는 내용을 발표하는 유한양행의 기자회견장에는 앉을 자리가 없을 정도로 취재진이 모여들어 질문을 쏟아냈다. 하지만 J&J가 끝단을 개발했고 한국을 제외한 글로벌 판권을 갖고 있어 상세한 내용을 말하기 어렵다는 답이 돌아오고는 했다. 성공을 축하하는 자리였지만, 우리에게서 시작된 신약인데 왜 우리가 충분한 질문과 답을 가질 수 없는 것인지 나를 포함한 취재진들은 답답했다. 이런 이유로 유한양행을 인터뷰하러 가는 길에 머릿속을 가득 채운 것은 레이저티닙에 대한 질문들이었다. 유한양행의 속마음을 들을 수 있을 것이라는 기대 때문이었다.

오세웅

유한양행 부사장, 중앙연구소장

레이저티닙을 어떻게 도입하게 되었는지 궁금합니다.

2015년이죠. 당시까지만 해도 유한양행은 신약개발을 지금처럼 규모 있게 진행하지는 않았습니다. 자체적으로 진행하는 프로젝트가 몇 개 없었어요. 그러다가 경영진이 바뀌면서 분위기가 달라졌습니다. 한미약품이 기술수출에 성공했다는 소식도 한몫했죠.

하지만 내부적으로 바로 들어갈 수 있는 프로젝트가 없었습니다. 신약개발 과정을 보면 임상시험을 진행하기 위한 임상시험계획 승인신청(investigational new drug application, IND)을 제출하기까지 몇 년이 걸립니다. 그래서 빠르게 신약개발을 시작할 수 있는 방법을 찾기 시작했습니다. 외부에서 물질을 도입해서 개발에 들어가는 것이 가장 빠른 방법이었는데, 마침 제노스코와 레이저티닙을 알게 되었습니다. 제노스코는 EGFR 변이가 있는 폐암 환자를 대상으로 한 치료제를 개발하고 있었는데 이를 함께 진행할 파트너를 찾고 있었죠.

당시 레이저티닙은 초기 단계였는데, 타그리소를 잇는 다음 세대 신약 경쟁이 국내외에서 이미 벌어지고 있었습니다. 타그리소를 가지고 있던 아스트라제네카는 물론이고 아스텔라스, 노바티스, 한미약품까지 뛰어든 상황이었죠. 중국에서도 활발하게 임상개발이 진행되고 있었습니다. 하지만 제노스코의 물질이 훌륭했고, 아직 들어갈 틈이 있다고 봤습니다. 무엇보다도 한국은 임상개발 환경이 우수하다는 장점이 있으니 도전해볼 수 있는 최소한의 바탕이 있다고 보았죠. 유한양행은 레이저티닙 단독투여 방식으로 자체 글로벌 임상3상까지 가보기로 했습니다. 그런데 경쟁을 펼치던 플레이어들이 대부분 개발을 중단했어요. 후발주자였던 우리도 예상하지 못했던 부분이죠.

의사결정을 다시 내려야 할 필요가 있었습니다. 우리보다 앞서 개발을 시작한 곳들이 모두 중단했다면 분명 뭔가 이유가 있는 것이죠. 그런데 단독으로 밀고 나간다? 고민에 빠져 있는데 J&J에서 기술이전 제안이 왔습니다. J&J는 자신들이 개발하고 있던 아미반타맙과 병용투여로 EGFR 변이 폐암을 치료할 물건을 찾고 있었거든요. 그럼에도 고민이 끝났던 것은 아닙니다. J&J가 폐암 치료제 쪽으로 개발 경험이 풍부했던 곳은 아니었고, 병용투여를 한다고 해서 개발에 성공할 가능성이 높아지는 것도 아니니까요. 게다가 단독투여 방식으로 개발하겠다며 더 높은 값을 부른 기업도 있었어요. 어쨌든 결과적으로 성공했으니 잘한 결정이었습니다. 운이 좋았죠.

렉라자 시판허가를 받은 다음은 어땠나요?

FDA 승인을 받고 환자들에게 처방하는 신약이 되기는 했지만 아쉬운 부분도 있습니다. 이런 경험이 처음이라 놓친 부분들이 있거든요. 렉라자의 경우 한국 판권을 유한양행이 갖고, 전 세계 판권을 J&J가 갖습니다. 그런데 막상 개발이 완료되고 나서 보니, J&J가 개발도상국 시장에는 크게 관심을 기울이지 않는다는 것을 알게 되었죠. 전 세계적 규모의 제약기업이라고 해도 북미 시장과 유럽 시장에만 집중하는 것이 효율적입니다. 아무리 제약기업의 규모가 크다고 해도 전 세계 시장을 모두 가져갈 수는 없습니다. 이렇게 보면 개발도상국 시장에 대한 판권을 우리가 가질 수도 있었을 것이라는 아쉬움이 남습니다. 당시에는 생각하지 못했던 부분입니다. 전 세계적인 규모의 제약기업이 글로벌 시장을 놓고 짜는 마케팅 전략에서 보면 개발도상국 시장이 집중력을 떨어뜨리는 시장일 수 있겠지만, 우리 입장에서는 꽤 굵직한 수출 시장이 될 수 있잖아요. 다음에는 이런 부분도 반영해서 계약을 진행하려고 하고 있습니다.

렉라자와 같은 사례를 몇 개 더 만들 계획입니다. 다만 뒷 단계 개발까지 계속 범위를 늘려가려고 합니다. 이렇게 차근차근 로열티 비중을 늘려가는 방향으로 경로를 잡으면서, 온전히 신약을 개발할 수 있는 능력을 확보하는 것이 목표입니다. 최종적으로는 우리가 만든 신약을 주요 시장인 미국에 직접 판매까지 해야 합니다. 신약을 끝까지 개발하는 것과 시장에서 마케팅을 하는 것은 또 다른 문제죠. 당장 내일 신약을 개발한다고 해도 현 단계에서는 북미나 유럽에서 우리가 직접 팔 수가 없어요. 이런 능력을 갖추려면 시간, 돈, 노력이 필요하죠. 궁극적인 목표이기는 하지만 당장 할 수는 없으니, 다른 방향을 세팅해두어야 합니다.

고셔병이라는 희귀질환이 있는데, 고셔병 치료제를 개발하는 것도 이런 세팅과 관계가 있죠. 2024년 고셔병 치료제로 글루코실 세라마이드 합성효소(glucosylceramide synthase, GCS) 저해제의 국내 임상1상을 시작했습니다. 먹는 약으로 개발하고 있는데, 2018년 GC녹십자로부터 초기 물질을 도입한 이후 전임상개발까지 진행했습니다. 희귀병 치료제는 항암 신약처럼 거대한 마케팅 조직이 당장 필요하진 않아요. 그러니 희귀병 치료제를 개발해 직접 판매 경험을 쌓아가는 방식으로 경로를 마련하는 것이죠. 이런 목표를 세우고 신약개발 R&D를 진행하고 있습니다.

결국에는 신약개발의 전 과정을 거쳐야 한다는 생각이 더 강해졌습니다. 기술을 파는 것만으로는 답답합니다. 예를 들어 아무리 좋은 값에 기술을 판다고 해도, 신약개발을 완료해서 판매하는 것과 비교하면 수익 측면에서 차이가 너무 크다는 것을 실감하게 되었습니다. 기술수출을 해도 최대한 뒷 단계까지 가야 합니다. 물질, 플랫폼을 초기 단계에 넘겨서 로열티를 받는 정도로는 제약기업이 점프하는 성장을 할 수 없죠. 끝까지 개발해서 판매까지 해야 점프가 가능합니다. 렉라자는 미국 FDA 승인을 받은 항암 신약이라는 점에서 의의가 있습니다. 하지만 수익 측면에서 보면 유한양행은 기술수출에 대한 로열티를 받는 정도입니다. 실제 수익의 대부분은 J&J로 갑니다. 이 정도로는 글로벌 수준의 제약기업으로 성장하기 어렵습니다. 적어도 글로벌 수준에서 경쟁력을 갖춘 신약을 2~3개 정도는 가지고 있어야 합니다. 그래야 정말로 의미 있는 성장을 할 수 있고, 의미 있는 성장을 해야 생존할 수 있습니다.

글로벌 수준에서 의미 있는 신약을 개발하려면 경험으로 획득해야만 하는 것이 많다는 것도 실감했습니다. 글로벌 임상3상이 진행되는 과정이 대표적입니다. J&J가 글로벌 임상3상을 주도했지만, 유한양행이 이 과정에서 완전히 빠져 있지는 않았습니다. J&J에서 글로벌 임상3상을 진행할 때 필요한 자료들을 유한양행에 요청해옵니다. 그럼 우리는 그 기준에 맞춰서 데이터를 제공합니다. 임상시험이라는 것이 매뉴얼만 있으면 할 수 있는 것이 아닙니다. 글로벌 규제를 통과해본 경험이 많은 전 세계적인 규모의 제약기업들이, 글로벌 임상시험에서 중요하게 보는 부분들이 있죠. 그들이 어떤 것을 중요하게 생각하는지, 어떤 데이터를 어떻게 정리하는지 분명 차이가 있습니다. 그런 포인트들을 우리에게 알려주었는데, 노하우로 얻을 수 있었죠. 이것을 바탕으로 유한양행 신약개발 시스템을 업그레이드할 수 있었습니다.

생산 쪽에서도 역량을 업그레이드할 수 있었습니다. 유한화학이라는 계열사가 있습니다. cGMP(current good manufacturing practice) 레벨의 원료 의약품(active pharmaceutical ingredient, API) 공장인데요, 여기서 임상시험을 위한 렉라자를 생산했습니다. 이 과정에서 업그레이드를 할 수 있었죠. 임상1상 수준에서 필요한 약물을 생산한 적은 있지만, 상품화 단계에서 필요한 수준까지는 경험이 없었는데, 이번에 획득할 수 있었습니다.

일반적인 이야기처럼 들릴 수 있지만, 현장으로 들어가면 격차가 있는 부분이 분명히 있습니다. 글로벌 수준에서 요구되는 것들이 있는 것이죠. 다들 이런 것을 모르는 것도 아닙니다. 다만 그 수준까지 업그레이드할 필요를 느끼지 못하는 것이죠. 글로벌 임상3상을 진행할 일이 없으니까요. 그런데 글로벌 임상3상을 같이 하려면, 즉 협업하려면 그 수준으로 업그레이드할 수밖에 없습니다. 떡 본 김에 제사를 지낸다고 할까요? 이렇게 하드웨어와 소프트웨어를 업그레이드하면, 업그레이드된 역량으로 이후 R&D를 진행할 수 있는 것이죠. 임상 데이터 퀄리티를 관리하는 시스템이나, 임상시험에서 부작용이 보고됐을 때 이를 알리는 시스템도 글로벌 수준에 맞게 도입했습니다. 알고는 있었지만 도입하지 못했던 것들이죠. 신약을 개발하려면 신약을 개발해봐야 합니다.

신약개발에서 가장 중요한 요소가 뭘까요?

한국 제약 산업은 역사가 꽤 오래되었죠. 하지만 글로벌 수준을 따라가려면 갈 길이 멉니다. 지금은 규모가 작은 한국 시장에서 경쟁하고 있는 정도입니다. 주로 제네릭, 개량신약을 개발합니다. 다행히 기술력이 꽤 높은 수준까지 올라와서 한국 시장에서 경쟁하기에는 충분하고, 개발도상국에 수출도 합니다. 다만 이런 방식으로 계속 성장하기는 어렵죠. 한계 상황에 이르렀다고 봅니다. 결국 남의 약을 가져와서 파는 것과 큰 차이가 없으니까요. 기업이 생존할 수 있는 방법은 성장하는 것 말고는 없습니다. 그런데 제네릭, 개량신약으로 한국 시장에서 경쟁을 벌여서는 성장이 어렵죠. 생존하려면 신약을 개발해서 글로벌 시장으로 진출하는 것 말고는 방법이 없습니다. 이제 신약을 하지 않으면 한국 제약기업들은 생존하기 어려운 단계에 이르렀다고 볼 수 있습니다.

그렇다고 모든 제약기업이 본격적인 신약개발에 나설 수는 없습니다. 유한양행은 그나마 신약개발에 뛰어들 수 있을 정도의 체급을 갖추었습니다. 유한양행이 한국에서는 1위 제약기업이죠. 1위 제약기업이 그나마의 체급을 갖추고 있으니, 다른 제약기업들은 쉽지 않은 상황일 겁니다.

유한양행은 전 세계를 기준으로 보면 100위권 밖에 있을 겁니다. 단순히 순위만의 문제도 아닙니다. 우리가 어디선가 이름을 들어본 글로벌 제약기업들은 연 매출이 50조~100조 원 정도 규모입니다. 유한양행의 연 매출이 2조 원 규모니까 50배까지 차이가 나는 셈이죠. 글로벌 수준의 제약기업들이 R&D에 쓰는 돈이 연매출의 15~25% 규모인데, 유한양행은 10% 내외 정도를 쓰고 있습니다. 절대 액수로 따져봐도 50배 이상 차이입니다. 역시 엄청난 차이죠.

일단 글로벌 50위 권 안으로 들어가는 것이 목표입니다. 그렇게 되려면 연매출을 4조~5조 원 정도까지 키워야 합니다. 그런데 지금처럼 한국 안에서 경쟁하면서 이 수준까지 오르려면 엄청나게 오래 걸릴 겁니다. 유한양행이 매년 5~10% 성장을 이어가고는 있지만, 이렇게 해서는 너무 오래 걸리죠. 글로벌 제약기업들이 가만히 있는 것도 아닙니다. 결국 방법은 R&D로 신약을 개발해서 기간을 줄여야 합니다. 점프해서 다른 경기장 안으로 들어가는 것 말고는 방법이 없습니다.

유한양행 입장에서 렉라자 개발 모델은 하나의 스타일이 될 수 있을 만큼 유의미해졌습니다. 바이오텍과 벤처, 스타트업에서 찾은 타깃들 가운데 가능성이 있는 것을 속도감 있게 개발해서, 글로벌 파트너와 함께 신약으로 완성하는 모델입니다. 이런 모델로 알러지 치료제, 항암제로 개발할 수 있는 물질들을 도입해 임상개발을 진행하고 있고, 데이터가 나올 때마다 글로벌 학회에서 발표하고 있습니다. 렉라자 때도 경험했던 건데, 객관적으로 공인된 학회에서 데이터를 투명하게 공개하는 것이 신뢰를 얻는 데 중요하더라고요. 이 과정에서 자체 개발할 수 있도록 역량과 체급을 키워가는 전략입니다. 합리적인 전략이라고 생각합니다.

그런데 여기에는 전제가 있습니다. 타깃이 좋아야 한다는 것이죠. 렉라자도 결국은 타깃이 좋았기 때문에 여기까지 올 수 있었습니다. 따라서 타깃을 골라내는 것이 제일 중요하고 어려운 일입니다. 전 세계적인 규모의 제약기업들도 늘 좋은 타깃을 골라내는 것이 아닙니다. 다들 어려워하죠.

이미 어느 정도 알려진 타깃들은 경쟁이 너무 심한 편입니다. 불과 얼마 전까지는 글로벌 빅 파마들 사이에서 경쟁이 치열했다면, 지금은 중국도 뛰어들었죠. 미국 제약기업들이 중국 쪽 파이프라인들을 무서운 속도로 사들이고 있습니다. 거래가 일어나고 있다는 것은 뭔가가 있다는 뜻입니다. 한국은 중국과 경쟁하기 점점 더 어려워지고 있는 상황입니다. 중국의 규제기관들이 신약개발에 친화적으로 바뀌어가고 있고, 임상시험도 공격적으로 이루어지고 있어요. 중국과 한국이 동시에 출발한다면 중국이 먼저 결승선에 도착할 수 있는 환경과 조건이 되었습니다. 한국 제약 산업은 중국에 밀려서 경쟁력을 잃어가고 있는 것이죠.

자연스럽게 중국 이야기가 나왔습니다.

중국은 매우 위협적입니다. 냉정하게 이야기해서 이미 중국이 우리를 앞섰다고 봐야죠. 중국은 인력을 빨아들이고 있습니다. 미국으로 유학을 보냈던 인력들이 중국으로 대거 돌아오고 있죠. 어느 분야나 마찬가지겠지만, 신약개발과 관련해서도 두드러집니다. 제가 눈여겨 보는 것은 의사(M.D.)입니다. 의사 출신 과학자죠. 중국의 웬만한 바이오텍에 가도 의사 출신 인력이 있습니다. 한국의 대형 제약기업에 있는 의사 출신 인력보다 중국의 평범한 바이오텍에서 연구하는 의사 출신 과학자 수가 훨씬 더 많아요.

신약개발에서 의과학자의 역할은 너무 중요합니다. 임상 현장에서 무엇이 필요한지, 제품을 어떻게 만들어야 수요를 충족시킬 수 있는지가 개발에서 제일 중요합니다. 제약기업의 연구자, 개발자들도 이런 부분을 파악하려고 노력합니다. 하지만 현장 경험을 무시할 수가 없어요. 따라서 현장을 아는 의과학자가 R&D를 효율적이고 효과적으로 만들 수 있죠. 효율성과 효과성은 있으면 좋은 것이 아닙니다. 비즈니스 세계에서는 꼭 필요한 것이죠.

이뿐만이 아닙니다. 신약을 개발하는 과정에서 임상 현장에 있는 의료진과 협업은 필수적이죠. 임상시험이 중요한데, 한국 병원에 있는 의료진들은 글로벌 제약기업들과 임상시험을 협업하는 경우가 많아요. 한국은 효율적이고 효과적으로 임상시험을 하기에 좋은 조건이거든요. 그런데 글로벌 제약기업들은 임상시험을 할 때, 의료진이 수월하게 임상시험을 할 수 있도록 안내하고 도와주고 리드합니다. 경험이 많기 때문이죠. 덕분에 한국 의료진 입장에서는 외국 제약기업과 임상시험을 할 유인이 많습니다. 유명한 글로벌 제약기업이 개발하고 있는 신약이라는 신뢰도에 더해, 편하게 임상시험을 진행할 수 있거든요. 한국의 제약기업은 어떨까요? 경험이 부족해 임상시험에 참여하는 의료진이 상대적으로 더 많은 일을 해야 합니다. 게다가 한국 제약기업이 하는 프로젝트잖아요. 굳이 우리와 할 필요가 없죠. 의사들의 임상시험을 수월하게 리드하는 부분에서도 의과학자들이 큰 역할을 해줄 수 있어요.

오픈이노베이션을 어떻게 정의하고 계신가요.

렉라자는 오픈이노베이션의 성과라는 평가를 많이 듣습니다.

오픈이노베이션의 정의는 뚜렷하지 않습니다. 신약개발에서 모든 것을 혼자 다 할 수 있는 기업은 없어요. 전 세계적 규모의 제약기업들도 마찬가지죠. 신약개발이라는 세계에서는 오래전부터 협업하는 것이 흔한 일이었습니다. 그동안 해오던 협업과 오픈이노베이션의 뚜렷한 차이를 정의내리기도 어렵습니다.

그런데 용어나 개념 정의 그 자체가 중요한 것은 아니겠죠. 중요한 것은 용어와 개념을 정의하는 것이 아니라, 실제로 신약을 개발하는 것이니까요. 그럼에도 굳이 정의를 내리자면 '혼자 할 수 없다는 것을 인정하고, 시간을 줄이기 위한 노력을 한다.' 정도로 이해할 수 있을 듯합니다.

인정하는 것이 쉽지는 않습니다. 아무리 작은 바이오텍이라고 하더라도 신약을 끝까지 개발하고 싶다는 꿈이 있습니다. 그러니 어느 정도 규모가 되는 제약기업이라면 더하겠죠. 물론 장기적으로는 그 지점에 이르러야겠지만, 우리는 현실에 살고 있잖아요. 인정해야죠. 타깃을 찾은 것만으로 신약이 되는 것은 아니니까요. 그 타깃이 정말 괜찮은 타깃인지 확정할 수도 없어요. 그럼 인정할 것은 인정하고 다음 단계로 넘겨야죠. 그래야 시간을 줄일 수 있으니까요. 시간을 줄이는 것이 중요합니다. 모두 경쟁하고 있잖아요. 타이밍을 놓치면 의미가 없습니다.

협업이든 오픈이노베이션이든 중요한 것은 신뢰관계입니다. 먼저 했던 연구가 다음 연구로 넘어가야 하는데, 이는 단순한 전달이 아닙니다. 사람이 바뀌고 회사가 바뀌는 문제니까요. 다음 단계에서 개발하는 사람은 앞단에서 어떤 일이 있었는지 모릅니다. 근데 앞단에서 있었던 작은 디테일들이 굉장히 중요질 때가 있습니다. 내가 알고 있는 것을 협업하는 파트너는 다 알고 있어야 해요. 그래야 더 좋은 작품이 나올 수 있습니다. 당연한 말처럼 들리지만 의외로 어렵습니다. 아주 작은 것이라도 가려지면 그 다음 단계로 나아가기 어렵습니다. 오히려 시간이 더 걸리겠죠. 오픈이노베이션 전 과정에 참여하는 구성원들은 서로 매우 투명하게 정보를 공유해야 합니다. 그리고 이런 신뢰관계 형성에는 특별한 비법이 없습니다. 어쩌면 신뢰관계를 쌓는 것이 제일 어렵고 중요한 것인지도 모르겠습니다.

유한양행은 매년 자체 개발한 신약 프로그램 1개, 외부 프로그램 1개 정도의 IND를 제출할 수 있도록 연구개발을 진행하고 있습니다. 의도했던 것은 아닌데, 내부와 외부 프로그램 비중이 1 : 1 정도가 되었습니다. 그동안 한국 바이오텍들로부터 적극적으로 도입해왔는데, 유한양행 정도 규모의 제약기업이 할 수 있는 적합한 전략인 것 같습니다.

사실 어떤 프로젝트가 잘 될지 예측하기는 어렵습니다. 무모하게 끌고 가다 실패하기도 하고 성공하기도 하죠. 그때그때 판단을 내리면서 가는 건데, 판단을 내리는 그 시점에서는 아무도 정답을 모릅니다. 흔히 빠르게 실패하고 중단해서 비용을 아껴야 한다고 하죠? 하지만 말처럼 쉽지 않아요. 계속 미련이 남거든요. 실제로 보면 실패했다고 판단해서 내보낸 프로젝트가 다른 곳에 가서 블록버스터가 되기도 합니다. 빨리 결정하는 것이 중요한데, 정답이 없는 상태에서 결정해야 한다는 것이 항상 고민이 됩니다.

그럼에도 어떤 동력으로 신약개발을 계속 이어나가시나요.

뻔할 수도 있지만 이 일이 가지고 있는 의미일 수 있겠죠. 두 가지인데 '계속 배울 수 있다.'는 것과 '성공하든 실패하든 사회적으로 도움이 되는 일'이라는 점입니다. 약을 만드는 것은 돈을 버는 일이기는 하지만, 기본적으로 사람들에게 도움이 되는 일이잖요. 총이나 대포를 만드는 것과는 다르죠. 렉라자가 한국에서 폐암 1차 치료제로 건강보험 급여를 적용받기 전에 동정적 사용 프로그램(early access program, EAP)이라는 것을 진행했어요. 렉라자를 환자에게 무상으로 지급하는 프로젝트죠. 건강보험 급여 받는 것을 기다린다는 것은, 제약기업 입장에서는 돈을 벌 수 있는 시간이 조금 더 늦어지는 일이지만 환자 입장에서는 약을 처방받기까지 기다리는 시간이 늘어나는 것이잖아요. 심지어 폐암입니다. 암 환자들에게 기다려달라고 할 수 없어서, 6개월 정도 동안 895명의 환자들에게 렉라자를 무상으로 공급했습니다. 사람부터 살리고 봐야죠. 렉라자 EAP를 한다고 하니 연구원들이 자랑스러워하더라고요. 거의 900명에 가까운 환자들이 렉라자를 처방받을 수 있었으니 규모가 컸죠. 유한양행 직원들과 직접 관계가 있는 환자들 가운데에서도 혜택을 본 경우가 있었어요. 뿌듯한 일이었죠.

한국의 제약기업들 가운데 오너십을 바탕으로 하는 곳은 많습니다. 유한양행은 전문경영인 체제죠. 과감하고 장기적인 투자, 특히 신약개발 R&D처럼 리스크가 큰 일에서는 오너십이 빛을 발하기 좋습니다. 다만 오너십이 필요충분조건은 아니라고 봅니다. 잘 모르는 분이 오너십을 행사할 때는 더 나쁜 결과가 나올 수도 있거든요. 과감하게 장기적으로 잘못된 투자를 끌고 갈 수 있으니까요.

전문경영인 체제에서 신약개발 R&D의 리더십을 어떻게 형성하고 구성원들에게 내재화시킬 수 있을 것인지는 늘 고민입니다. 불가능하다고 보지는 않습니다. 전 세계적인 규모의 제약기업 가운데 전문경영인 체제가 많으니까요. 무엇을 어떻게 얼마나 언제까지와 같은 방법론이 중요하겠죠.

렉라자도 전문경영인 체제에서 나온 성과물입니다. 전문경영인 체제였기 때문에 나올 수 있었는지도 모르죠. 신약이 성공하면 그 과정에 있었던 모든 의사결정이 훌륭했던 것처럼 보이죠? 하지만 그 단계 단계마다 얼마나 불안했겠습니까. 오너는 오너니까 그걸 무릅쓰고 가서 성공하든 실패하든 자신이 모든 책임을 지죠. 저희 같은 전문경영인 체제 아래에서는 누가 어디서 어디까지 의사결정을 내릴지 정해져 있죠. 그 구분이 정교해지고, 신약개발 친화적으로 짜여진다면 렉라자와 같은 사례를 이어갈 수 있을 겁니다. 그러니 이 성공에 대한 분석을 더 열심히 해야죠. 입체적으로.

엑스코프리

XCOPRI

→ 세노바메이트(cenobamate), 뇌전증, 2019(미국 FDA)

§

'제약 산업은 시장이 단일하고 그 시장이 미국이니, 미국으로 진출해야 한다!'는 명제는 너무 많이 듣는 이야기다. 그래서 '정말 할 수 있나요?'라고 질문을 던지면, 어색한 분위기가 만들어지면서 대화가 바로 끊긴다. 그런데 SK바이오팜은 20년 동안 자체적으로 신약을 개발해 미국 시장으로 나가는 데 성공했다. 뇌전증 신약 엑스코프리(XCOPRI®, 성분명: cenobamate)다. 2019년 미국 시장에 진출했는데, SK바이오팜은 아예 자체 영업망까지 만들었다. 정말 했다.

SK는 대기업 집단이고 SK바이오팜은 그 구성원이다. 한국에서 '대기업'이라는 말을 들으면 '든든함', '따뜻함' 같은 감정이 올라온다. 바이오텍은 매일 투자금을 구하러 다녀야 하고, 제약기업은 영업 사원들이 매일 영업을 뛰러 나가야 R&D를 할 수 있다. 불안함과 땀냄새가 섞여 있는 짠한 느낌이 든다. 하지만 대기업이라는 세 글자에는 이런 것들이 없을 것만 같다. 어쩌면 대기업 집단에 속해 있었던 덕분에 20년 동안 개발에 집중하겠다거나, 미국에 직접 가보겠다는 결정을 할 수 있었는지도 모를 일이다.

인터뷰를 하러 간 SK바이오팜의 겉모습은 분명 대기업이었다. 응대하러 나온 홍보팀 직원은 적당하게 캐주얼한 옷차림이었고, 인테리어는 적당하게 세련되었다. 지나치게 낡았거나 지나치게 화려하지 않은, 그렇게 잘 계산된 것 같은 겉모습은 여유로워 보였다. 인터뷰이는 미리 잘 준비된 프리젠테이션으로 인터뷰를 시작했다. 가끔 외부 강의에 나가서 쓴다는 프리젠테이션 자료도 깔끔한 디자인에 내용도 풍부했다. '역시 대기업이구나!' 하는 생각이 들자, 어쩌면 인터뷰가 재미없을 수도 있겠다는 느낌이 들었다. 준비된 이야기를, 준비된 방식으로 들려줄 것이고, 그럼 준비된 방식으로 인터뷰를 마쳐야 할 수도 있을 테니까. 하지만 프리젠테이션을 마치자 인터뷰이는 전혀 다른 이야기를 들려주었다. 예상했던 시간을 넘기면서까지도 그는 많은 이야기를 했다. 그리고 대부분은 나의 예상을 벗어난 것들이었다. 겉모습과 선입견과 달리, 그는 인터뷰 내내 절실함에 대한 이야기를 들려주었다.

황선관

SK바이오팜 신약연구부문장

SK바이오팜에서 2002년부터 일을 했습니다. 엑스코프리에 제품 설명서가 있거든요. 그 설명서에 적혀 있는 내용들에 어느 정도 참여했죠. 뇌전증은 오랫동안 간질(癎疾)이라고 불렸습니다. 질병과 환자를 비하하는 표현이죠. 역사적으로 보면 뇌전증에 대한 두려움도 있었습니다. 귀신이 들린 병이라고 보기도 했거든요. 그래서 종교적인 이유로 뇌전증 환자를 불에 태워 죽이기도 했다고 합니다. 17세기, 18세기 유럽에서는 뇌전증 환자의 뇌에 구멍을 뚫어서 치료를 하려고 했답니다. 치료 효과가 있었다고 기록되어 있기는 한데, 뇌에 구멍을 뚫었으니 아마도 며칠 후에 환자가 사망하지 않았을까요?

20세기 초반까지만 해도 당황스러운 치료법으로 환자들이 고통을 겪었습니다. 이를 테면 환자를 굶기면 치료가 된다고 봤거든요. 고대 이집트 시대부터 내려오는 뇌전증 민간 치료요법이 있었는데, 환자를 굶기는 것이었다고 합니다. 1915년, 미국 존스홉킨스에서 존 홀랜드(John Howland) 박사가 뇌전증 환자를 모아놓고 굶겨서 치료 효과를 확인하는 연구를 했대요. 완전히 굶기는 것은 아니었고 극단적인 식이요법을 동반했는데 탄수화물을 줄이고 지방을 늘린 식단을 제공했다고 합니다. 뇌전증을 앓고 있는 어린이 3만 3,000명을 대상으로 진행한 연구 결과, 이 저탄고지 식단이 발작을 줄이는 효과는 있었다고 하네요. 지금의 의료 윤리, 연구 윤리에는 위반되는 임상시험이었지만 긍정적인 영향도 있었습니다. 탄수화물이 적고 지방이 많은 케토제닉 식이요법(ketogenic diet)이 개발되었거든요. 케토제닉 식이요법은 지금도 쓰이고 있습니다. 어린 아이들이 발작을 일으키면 케토제닉 방식으로 영양 성분이 조정된 분유를 먹여요. 수익이 나지 않는 사업이지만, 사회 공헌의 의미로 몇몇 분유 회사에서 케토제닉 분유를 생산합니다.

뇌전증 환자의 발작은 뇌신경세포가 갑자기 과도한 흥분 상태가 되면서 일어납니다. 이때 환자가 의식을 잃기도 하죠. 갑자기 쓰러지고 혀가 말려들어가 호흡이 어려워지기도 합니다. 위험한 상태가 되죠. 장기적으로 보면 뇌신경세포가 반복적으로 충격을 받는 것이기 때문에 뇌 기능이 떨어지는 문제도 있습니다.

SK바이오팜은 뇌전증 신약으로 엑스코프리를 개발해서 미국 시장에 공급하고 있습니다. 뇌신경세포를 활성화시키는 물질이 비정상적으로 갑자기 늘어나서 뇌신경세포를 흥분 상태로 만드는데, 엑스코프리는 이런 과정을 차단하죠. 2019년 미국에서 엑스코프리의 시판허가를 받아 직접 판매하고 있는데, 2025년 3월까지 19만 명에게 처방되었습니다. 2024년 미국에서 4,387억 원 정도 매출이 나왔어요. 전년 대비 62% 증가한 것이고, 2029년까지 미국 시장에서 연매출 1조 원까지 올리는 것이 목표입니다.

엑스코프리와 연계해서 치료 효과를 높일 수 있는 솔루션도 개발하고 있습니다. 실시간으로 뇌파를 측정해서 발작이 일어나기 전에 예측하고 환자에게 이를 알려주면, 뇌전증 환자가 치료제를 미리 먹는 솔루션이죠. 이렇게 하려면 뇌파를 실시간으로 측정해야 하므로 환자가 착용할 수 있는 웨어러블(wearable) 기기가 있어야 합니다. 그래서 안경테에 뇌파 측정기를 심는 형태로 개발하고 있죠. 뇌전증 치료제 연구는 계속 하고 있습니다. 엑스코프리 다음 세대 치료제를 개발하고 있고, 뇌질환 치료제 쪽으로도 계속 들여다보고 있습니다.

직접 미국에서 의약품을 팔고 있습니다.

악효가 좋았거든요. 약효가 나빴다면 끝까지 가는 결정을 할 수 없었을 겁니다. 사실 중간에 권리를 넘기는 것은 수익성 측면에서도 좋은 것이 아닙니다. 우리가 FDA 시판허가 승인까지 받았다고 했을 때, 아무리 좋은 조건으로 글로벌 빅 파마와 거래해도 권리를 넘기면 수익을 50 : 50으로 나눠가지게 됩니다. 개발의 전 과정을 우리가 모두 진행했어도 그런 조건으로 계약해야 합니다. 그러니 일반적인 라이선스 아웃의 경우는 계약 조건이 더 박합니다. 한편 계약 조건이 박하다는 이야기는 신약으로 개발될 가능성이 낮다는 뜻이기도 하죠. 전 세계적 규모의 제약기업은 수없이 많은 라이선스 인을 해봤던 영리 기업입니다. 손해나는 방식으로는 계약하지 않거든요. 그러니 어떤 식으로든 중간에 넘기면 제값을 받기 어려워요. 그래서 미국 바이오텍들도 어떻게든 직접 제품을 팔아보려고 하는 의지들이 있습니다.

엑스코프리의 약효가 나빴다면 라이선스 아웃을 하고 끝냈겠지만, 약효가 좋았으니 끝까지 가보기로 결정했습니다. 게다가 뇌전증은 어마어마하게 큰 영업망이 필요한 시장도 아니었습니다. 미국을 기준으로 뇌전증 환자가 300만 명 정도 있는 것으로 추정합니다. 엑스코프리가 타깃으로 잡는 환자는 기존에 나와 있는 의약품이 듣지 않는 중증 뇌전증이라 주로 대형병원과 같은 3차 의료기관에 집중되어 있고, 3차 의료기관에 있는 의사들이 10,000명 정도 됩니다. 이 정도를 커버하려면 전문 영업 인력이 100명 정도 있으면 될 것으로 추정했죠. 고생해서 신약을 만들었는데 50 : 50으로 나누느니, 100명만 세팅해서 끝까지 가보자고 결정했죠. 항암제처럼 시장이 커서 갖춰야 할 마케팅 역량도 커야 했다면 시도하지 못했을 겁니다. 뇌전증 신약이었기에 가능했던 것이죠.

그래도 상업화를 할 것인지를 놓고 끝까지 고민했습니다. 안에서 격렬하게 토론했죠. 마케팅, 세일즈는 신약 연구와는 완전히 다른 영역이니 어느 정도까지 개발해서 글로벌 제약기업에

팔자는 의견과, 끝까지 개발해서 미국 시장에서 직접 팔아야 역량을 쌓을 수 있다는 의견이 팽팽했습니다. 1990년대 후반으로 기억하는데 토론이 뜨거웠습니다. 2000년 초반으로 가면서 점차 자체 판매로 기울었고, 2010년 최종 결정이 이뤄졌네요.

돌이켜보면 두 가지 의견 모두 타당했습니다. 만약 어느 정도까지 개발해서 팔았다면 자금을 더 일찍 확보할 수 있었을 겁니다. 그 돈으로 더 많은 연구를 할 수 있었겠죠. 지금보다 더 넓은 적응증을 가질 수 있었을 겁니다. 물론 끝까지 상업화하기로 한 결정도 타당했죠. 마케팅, 세일즈 영역을 경험할 수 있었으니까요. 언젠가 한 번은 겪어야 하는 과정이었고, 제대로 경험할 수 있었고, 자산으로 남겼으니 큰 도움이 되었습니다. 다음에 내놓는 물건은 이미 만들어놓은 영업망을 이용하면 되니 물리적으로 남은 것도 많죠.

'임상1상까지 진행해서 더 큰 제약기업에 팔아야지.'라는 전제로 신약을 개발하는 것과, '끝까지 개발해서 직접 팔아야지.'라는 전제로 신약을 개발하는 것은 여러 가지 면에서 많이 다른 것 같습니다. 예를 들어 신약을 개발하는 개발자 입장에서 보면, 현재 개발하고 있는 물질이 반드시 좋은 신약이 될 것만 같은 느낌을 갖게 됩니다. 내 새끼가 천재인 것 같은 느낌이죠. 그래서 중간에 라이선스 아웃을 할 때 너무 아까워하기도 합니다. 그런데 사실 그렇지는 않죠. 실패하는 것이 훨씬 더 많잖아요. 마지막에 실패해도 나름대로 할 말은 있어요. 라이선스 아웃을 해서 남의 집에 보내놨더니, 우리 새끼에게 관심을 주지 않아서 결국 실패했다고 말합니다. 그런데 객관적으로 평가해보면 꼭 그렇지는 않죠.

오히려 신약을 다 개발해놓으면 태도가 달라집니다. 신약을 개발했다는 기쁨은 잠깐이고, 팔다가 망할 수도 있겠다는 두려움이 들거든요. 정말 의미 있는 신약이라면 시장에서 선택을 받을 것이고 약효가 없다면 망하겠죠. 실제로 신약으로 승인을 받았는데 시장에서 반응이 별로 없는 경우가 있어요. 아니 의외로 많아요. 이런 상황을 겪으면 크게 당황합니다. 신약개발은 규제기관에서 승인을 받는 것으로 끝나지만, 시장에 나가는 것은 승인을 받는 순간부터 다시 시작됩니다.

실제로 물건을 팔아야 한다는 전제가 있으면 시야가 확 넓어집니다. 의약품을 구매하는 소비자인 의료진은 다수잖아요. 그에 맞춰 모든 것을 세팅해야 합니다. 반면 물건을 중간에 넘기는 라이선스 아웃을 전제로 하면 상대적으로 시야가 좁아져요. 몇몇 제약기업들 가운데 한 곳이 소비자가 될 것이고, 그들에게 잘 팔 수 있는 조건만 고려하면 되니까요.

미국에 엑스코프리를 가지고 나갔는데, SK바이오팜이라고 소개하니 모르더라구요. 당연한 일이었습니다. 시장에 처음 들어갈 때 겪는 일이죠. GSK냐고 되묻는 경우도 있었습니다. '시장'이라는 말은 개방적인 느낌을 주지만, 막상 들어가려고 하면 그리 개방적인 느낌은 없습니다. 예를 들어 이런 식이죠. 엑스코프리를 미국에서 출시하려고 준비를 하고 있었습니다. 4~5개월 뒤에는 물건을 가지고 세일즈를 하러 나갈 수 있게 인프라를 구축하고 있었는데, FDA가 제품명을 심사해야 한다고 하더군요. 제품명 심사를 받아야 한다는 것도 몰랐는데, 심사에 6개월 정도 걸린다는 겁니다. '약의 이름이 소비자들에게 오해를 불러일으키면 안 된다.'는 등의 심사를 거쳐야 한다는 것이었죠. 최악이었던 것은 우리가 신청했던 이름이 불합격 판정을 받았다는 것이었습니다. 장사하는 기업 입장에서는 망신살이 뻗칠 상황이었죠. 세일즈 계획을 다 세워놓고 준비까지 해놨는데, 제품명을 못 붙여서 영업을 못 나갈 수도 있는 것이잖아요. 방법을 수소문했더니 FDA 심사에서 잘 통과하게끔 제품명을 지어주는 회사가 있더군요. FDA 내부 사정을 잘 아는 사람들이 모여서 하는 회사였는데, 이 회사와 함께 엑스코프리라는 이름도 정했습니다. 크고 작은 비슷비슷한 일들이 많았습니다.

이 모든 과정을 뚫을 수 있었던 데는 SK라는 대기업 집단의 백업이 있었죠. 모든 제약기업이나 바이오텍에 일반적으로 적용하기는 어려운 조건입니다. 하지만 다른 요인들도 있었습니다. 어쨌든 감당할 수 있는 사이즈였거든요. SK바이오팜 정도 규모의 회사가 끝까지 가볼 수 있는 사이즈의 신약들이 있어요. 희귀 질환 치료제라면 임상3상, 최종 승인, 직접 판매까지 가볼 수 있거든요. 항암제라면 어렵죠. 알츠하이머 병이나 파킨슨 병도 마지막까지 가보기 어려워요. 하지만 뇌전증은 가능합니다. 그리고 무엇보다 약효가 좋았으니까요.

대기업 집단 안에 있다는 것은 어떤 의미인가요?

SK는 대기업 집단입니다. 대기업 집단 안에서 일을 하다보면 규모의 경제나 덩치가 가진 힘을 실감하는 경우가 있죠. SK바이오팜이 미국에서 자체적으로 영업망을 구축하고 실제 판매까지 할 수 있었던 데는 SK 지주사가 큰 규모로 장기간 투자해줄 수 있었기 때문입니다. 덩치가 있어서 가능한 일이었죠. 가까운 일본에는 전 세계적 규모의 제약기업들이 있습니다. 기업 규모에 맞게 신약개발도 글로벌한 수준으로 진행하죠. 모두 덩치가 있기에 가능한 일이라고 봅니다. 물론 일본의 대형 제약기업들이 처음부터 덩치가 컸던 것은 아닙니다. 2000년대 초반에 덩치를 키우는 인수합병을 활발하게 진행했죠. 다이이찌산쿄도 업계 2위인 산쿄와 6위인 다이이찌제약이 합병된 것이잖아요. 자국 기업들끼리만 합친 것도 아닙니다. 괜찮은 미국 기업들도 적극적으로 인수하면서 덩치를 키웠죠. 다케다는 2008년 다발성 골수종 치료제 벨케이드(VELCADE®, 성분명: bortezomib)를 가진 미국 밀레니엄 파마슈티컬스를 88억 달러에 인수했습니다. 이렇게 보면 한국에서도 제약기업들 사이에 적극적인 인수합병이 일어나서 덩치가 커지면 어떨까 하는 상상을 해보기도 합니다.

다만 대기업 집단에 속해 있는 것만으로 본질적인 것이 달라지지는 않습니다. 오히려 그 기업이 갖고 있는 경험이 더 중요한 것 같아요. 한국 대기업 집단의 장점이라면 우선 제조업을 경험했다는 점이겠죠. 공장에서 제품을 만들어 시장에 내다 파는 것을 잘합니다. 예를 들어 바이오시밀러 같은 분야는 한국의 대기업 집단이 정말 잘할 수 있는 일이죠. 실제로 큰 성과를 거두고 있습니다.

다른 경험도 있겠죠. SK는 대한석유공사(유공)에서 시작된 기업입니다. 석유 쪽 사업에 익숙한데 광구 사업 경험이 있습니다. 석유가 나올 만한 지역에서 시추권을 사들인 다음, 직접 시추공을 뚫어보는 사업이죠. 광구 사업은 확률에 투자하는 성격이 있잖아요. 사들인 모든 광구에서 상업성이 있는 석유가 나오는 것은 아닙니다. 따라서 여러 곳을 동시에 뚫어보고, 이 가운데 1~2곳에서 상업성이 있는 석유가 나오면 되는 것이죠. 신약개발과 비슷한 구조입니다. 사실 SK바이오팜에서도 실패한 사례가 많습니다. 그럼에도 계속 신약을 개발할 수 있었던 것은, 이런 감각이 안에서 공유되고 있었기 때문이죠. 이런 감각은 이론적으로 설득한다고 해서 공유되지 않거든요. 크고 작은 의사결정에서 이런 감각이 작용하는데, 대기업 집단이라는 것보다는 이런 감각이 공유되어 있는 곳이라는 점이 더 중요했을 것 같습니다.

신약개발을 해나가는 과정에서 안정감은 어떨까요?

대기업 집단에 속해 있으면 안정감이 있겠죠. 하지만 그런 종류의 안정감만으로 신약개발을 할 수는 없습니다. 오히려 절실함을 구체화할 필요가 있어 보여요. 환자들은 정말 간절합니다. 자녀가 뇌전증을 앓고 있는 부모님들을 만날 때가 있습니다. 그런데 저보다도 뇌전증 관련 최신 논문을 더 많이 읽으신 경우가 있어요. 절실한 것이죠.

제약기업이나 바이오텍도 절실해야 신약을 개발할 수 있다는 말을 합니다. 그런데 기업에 절실함이라는 말은 추상적일 수 있어요. 환자와 의료진은 구체적으로 절실합니다. 신약이 나와야 고통을 줄이고 생명을 지킬 수 있으니까요. 하지만 신약을 개발하는 제약기업이나 바이오텍은 그렇지 않습니다. 신약을 개발하면 큰 보상이 있지만, 큰 보상이 없어도 고통스럽거나 죽는 것은 아니거든요. 제약기업이나 바이오텍은 신약을 개발하지 못해도 그럭저럭 살 수 있어요.

그런데 기업이 물건을 가지고 시장에 걸어 들어가면 구체적으로 절실해집니다. 신약개발 R&D의 리스크가 크다고 하지만 망할 정도의 리스크는 아닙니다. 엎어져도 다시 할 수 있어요. 그런데 진짜 리스크는 시장에 나갔을 때 나타나거든요. 임상3상까지 가서 승인을 받고, 영업 조직을 갖추고, 마케팅 비용을 들여서 시장에 나갔는데 엎어지면 정말 망할 수 있어요. 제약기업이나 바이오텍의 절실함은 이 대목에서 나올 수도 있다고 봐요.

엑스코프리에 웨어러블 기기를 붙이는 것도 일종의 절실함입니다. 단순히 먹는 약에 더해서 보조 기기를 하나 더 공급하는 것은 아니거든요. 시장에 나가는 순간에 새로운 고민이 시작됩니다. 어떻게 해야 약을 더 팔 수 있을까 하는 생존에 대한 고민이죠.

미국에서 뇌전증 환자가 정기 검진을 받으러 의사에게 가면 어떤 일이 벌어질까요? 의사가 환자에게 물어봅니다. '지난달에는 발작이 몇 번 있었나요?' 그럼 환자가 대답하죠. '네 번 있었습니다.' 의사의 대답은 다음과 같죠. '그렇군요. 먹는 약을 약간 조절해 보겠습니다. 조절된 약으로 드셔보시고, 다음 달에 뵙죠.' 무성의해보일 수도 있지만, 사실 의사가 더 해줄 수 있는 것도 없습니다. 하지만 환자 입장은 다르죠. 발작을 일으킬 때마다 위험한 상황에 놓입니다.

그러니 발작을 예측할 수 있다는 것은 완전히 다른 문제입니다. SK바이오팜은 뇌파 데이터를 분석해서 10분~15분 전에 발작을 탐지하는 프로그램을 만들고 있습니다. 일단 발작을 일으킨 다음에는 환자에게 약물을 투여해도 정상으로 돌아오기까지 최소 10분이 걸립니다. 문제는 그동안 뇌 손상을 입는다는 것이죠. 이런 일이 몇 년 동안 되풀이되면 인지 기능이 떨어집니다. 따라서 급성 발작을 미리 예측해 약을 복용하려는 니즈가 있어요. 그래서 웨어러블 장치에 대한 고민이 시작되었습니다. 환자의 뇌파를 측정해서 데이터를 분석하고 급성 발작을 예측해서 신호를 주는 것이 의미가 있으려면, 일상생활을 할 때여야죠. 그래서 웨어러블 기기를 고민하고 있습니다. 시장에서 어떻게든 더 많은 점유율을 얻어내기 위한 절실함이죠.

글로벌 빅 파마가 왜 그렇게 신약개발에 엄청난 돈을 쏟아 부을까요? 수익률이 좋아서 R&D에 많은 돈을 쓸 수 있는 것 같아 보이지만, 그렇게까지 안 쓸 수도 있는 것이잖아요? 그런데 경쟁하려면 써야 하는 것이죠. 글로벌 빅 파마가 R&D에 대해 투자하는 규모는, 이들이 얼마나 절실하게 경쟁을 펼치는지를 보여주는 척도일 겁니다.

독일 그뤼넨탈이 임산부 입덧 방지용 약물로 탈리도마이드(thalidomide)를 내놓았다가 접은 사례는 유명합니다. 탈리도마이드를 먹은 임산부들이 기형아를 출산하는 바람에 시장에서 퇴출당했죠. 그런데 탈리도마이드를 변형해서 다발성 골수종 등에 처방하는 레날리도마이드(lenalidomide)를 다시 개발했어요. 연매출 100억 달러에 이르는 블록버스터 신약이 되었죠. 이런 일을 어떻게 분석해야 할까요? 과학의 발전, R&D 접근법의

진전이라고 볼 수도 있습니다. 하지만 기본적으로는 시장에서의 경쟁이라고 볼 수도 있을 겁니다. 꺼진 불도 다시 보는 건데, 이미 사람에게 투여했을 때 제한적인 독성이 있었던 것을 확인했다면, 제한적으로라도 다른 환자에게 투여할 수 있다는 뜻이잖아요? 그러니까 다른 적응증에 적용해볼 수 있을지 계속 찾는 것이죠. 어떻게든 가능성을 살려보려는 노력입니다.

엑스코프리도 이런 길로 들어갔죠. 일단 사람에게 투여할 수 있게 되었고, 임상에서 환자들에게 처방되고 있으니 데이터를 열심히 모아야죠. 이런 상상도 해볼 수 있습니다. 뇌전증이 장기간 지속되면 뇌 기능의 저하가 옵니다. 퇴행성 뇌질환과의 연계성을 찾는다면, 알츠하이머 병이나 파킨슨 병과 연결이 될 수도 있겠죠. 이런 쪽으로도 열심히 파봐야 합니다.

중간 단계에서 라이선스 아웃하기로 한 프로젝트도, 최종적으로 개발을 완료해서 시장에서 직접 판다는 관점으로 프로젝트를 진행하는 것이 좋다고 봅니다. 소비자 입장에서 생각할 수 있거든요. 글로벌 빅 파마에 라이선스 아웃을 하는 것이 2025년 현재 기준 한국의 제약기업이나 바이오텍 입장에서는 큰 성공으로 여겨지죠. 그러니까 어떻게 하면 라이선스 아웃이 잘 될 것인지에 초점을 맞추게 됩니다. 그런데 라이선스 인을 하는 글로벌 빅 파마는 해당 물건이나 타깃을 사가서 무조건 성공시켜야겠다는 마음을 먹지 않아요. 일단 여러 가지를 사두는 것이죠. 10

개를 사 와서 1개를 성공시키면 됩니다. 그런데 라이선스 아웃을 하는 쪽에서 이런 관점으로 물건과 타깃을 보기 시작하면 스스로 커트라인을 정하게 됩니다. 성공하는 1개가 아니라, 선택받는 10개 가운데 들어가면 되는 것이잖아요. 커트라인을 넘기면 팔 수 있으니, 라이선스 아웃을 하는 입장에서는 커트라인에 집중하게 됩니다. 합격선을 넘으려면 어떻게 해야 할지에 신경을 더 써요. 문제는 그 커트라인을 통과해도 끝까지 약으로 개발하는 것은 아니라는 점입니다. 뭔가 아니다 싶으면 바로 반환하잖아요. 그런데 최종적으로 약으로 개발해서 직접 팔겠다고 마음을 먹고 프로젝트를 진행시키다가 라이선스 아웃을 하면, 이 물건이나 타깃이 끝까지 갈 확률이 더 올라갈 겁니다. 마지막 단계까지 검토하면서 진행하던 것이니까, 글로벌 빅 파마 입장에서도 끝까지 데려갈 확률이 올라가는 거예요.

저희도 예전에는 물건이나 타깃을 볼 때 그 자체로만 봤어요. 항암제 개발을 목표로 하는 타깃들이 계속 나옵니다. 타깃만 놓고 보면 괜찮아 보여요. 그런데 시장까지 생각하면 달라집니다. 이미 나와 있는 의약품, 개발 경쟁을 펼치고 있는 다른 타깃들의 가능성과 진지하게 비교하게 됩니다. 내가 글로벌 빅 파마의 의사결정권자 입장에 서보는 것이 중요하죠.

엑스코프리도 마찬가지입니다. 뇌파를 측정하는 디지털 치료제, 웨어러블 기기를 개발하는 등의 일을 할 수밖에 없습니다. 시장에서 펼치는 경쟁은 완전히 다른 양상이거든요. 사실 개발 단계에서 상상하기 어려워요. 그러니 중간 단계에 라이선스 아웃을 전제하는 순간 시야가 확 좁아지는 것은 어쩔 수 없죠.

전 세계적 규모의 제약기업, 빅 바이오텍이 가장 절실하게 신약개발에 나서는 것이네요.

한국 제약기업들이 자체적으로 임상2상까지 진행하는 경우가 늘어났습니다. 경험과 지식이 늘어났기 때문입니다. 그런데 이는 2025년을 기준으로 봤을 때 한국 제약기업, 바이오텍 입장에서 진정한 의미의 신약개발은 임상3상이라는 뜻입니다. 문제는 임상3상에 대한 경험과 지식이 없는데, 알려주는 곳도 없다는 점이죠. 과학은 오픈되어 있지만, 상품화나 시장에 대해서는 오픈되어 있는 것이 거의 없습니다. 기업 입장에서 생명줄이니까 절대 알려주지 않습니다. 알 수 있는 방법은 자기가 끝까지 가보는 것 말고는 없어요.

규제도 마찬가지입니다. 어떤 기업에 신약개발 파이프라인이 많으면 좋아 보이잖아요? 실제로 R&D를 열심히 하고 있는 경우가 많겠죠. 그런데 R&D를 열심히 해서 이 파이프라인들이 다 성공한다면 어떻게 될까요? NDA(new drug application) 승인을 얻으면 FDA에서 그때부터 고지서(?)가 날아옵니다. 마케팅을 하기 위한 추가 임상시험을 해야 하거든요. 해야 할 일들이 FDA에서 마구 날아옵니다. 그럼 다시 몇 년 동안 동안 1,000억 원 넘게 들어가는 4~5개의 임상시험을 추가로 해야 해요. 그런데 만약 모든 파이프라인이 이런 경로로 들어간다면 감당할 수 있는 기업이 있을까요? 글로벌 빅 파마는 정말 돈이 많잖아요. 그런데도 파이프라인을 무작정 늘리지 않습니다. 매년 파이프라인을 줄이는 결정을 내립니다. 전 세계적 규모의 제약기업들도 매년 R&D 프로그램을 수십 개씩 줄입니다. 이렇게 안 하면 신약을 개발할 수 없으니까요.

블록버스터 신약이 워낙 주목을 받아서 그렇지, 신약개발에 성공해서 시장에 나가도 손익분기점(BEP)을 넘기는 비율이 의외로 높지 않아요. 출시된 신약의 20% 정도만 손익분기점을 맞추죠. 신약을 출시했는데 손익분기점을 넘기지 못하게 되는 것은 정말 살 떨리는 일입니다. 이런 두려움이 진짜 절실함이죠. 신약개발을 하다가 엎어지면 연구소를 접으면 됩니다. 그러다가 다시 시작하면 되죠. 그런데 출시까지 해버리면 판이 완전히 달라지거든요. 그래서 글로벌 빅 파마만큼 절실하게 신약을 개발하는 곳도 없어요. 개발한 신약이 많고, 큰 매출을 일으키고 있음에도 절실하죠. 시장에서는 뾰족해야 하는데, 시장에 나가면 어쩔 수 없이 뾰족해질 수밖에 없어요. 안 그러면 망하니까.

엑스코프리 다음의 발걸음이 더욱 무거울 수 있겠습니다.

확실히 이길 수 있는 자리를 차지하고, 다음 싸움을 준비해야죠. SK바이오팜이 뇌 질환 분야에서 신약을 개발하고 있으니 오랫동안 듣는 이야기가 있습니다. 왜 시장 규모가 큰 알츠하이머병 치료제나 파킨슨 병 치료제가 아니라, 시장 규모가 작은 뇌전증 치료제를 개발하냐는 것이었죠. 뇌전증 치료제는 이미 개발되어 있었습니다. 심지어 뇌전증 치료제 분야는 3년 정도를 주기로 신약이 나올 정도거든요. 하지만 시장에 직접 가지고 나간다고 생각하면 심사숙고 하게 됩니다. 알츠하이머 병이나 파킨슨 병 치료제를 개발하다가 잘못되면 회생이 어려울 겁니다.

R&D를 하는 사람들은 스스로를 과학적이라고 여깁니다. 하지만 과학은 아직 완벽하지 않아요. 잘 안다고 생각하는 분야인 과학에서도 오판할 수 있는데, 시장에 대해서는 오판의 정도가 더 심하겠죠. 예를 들어 인공지능(AI)을 볼까요? 신약개발에 AI를 도입하려는 초기 시도가 있었습니다. 도전적인 시도였는데, 저는 약간 회의적이었습니다. AI 자체가 초기 단계였는데, 신약개발 현장에서 상용화 수준으로 투입할 수는 없을 것이라고 봤습니다. 단 AI 개발 초기부터 의료 이미지 분석 분야에서는 성과가 있었습니다. 그렇다면 신약개발에 AI를 투입하기보다는, 치료라는 전 과정에서 이미지 진단과 같은 방식으로 AI를 적용해

야 하는 것이 합리적이죠. 2025년을 기준으로 보면 AI가 신약개발의 여러 단계에서 사용되고 있지만 파괴력을 보여주고 있지는 않아요. 하지만 영상 데이터를 AI로 연산해서 진단하는 플랫폼은 눈에 보이는 성과를 거두고 있죠. 앞으로 AI가 신약개발에 커다란 기여를 하게 될 것이라는 점은 확실합니다. 저희도 꽤 유용하게 사용하는 방법을 찾아서 활용하고 있죠. 하지만 그렇다고 들떠서는 안 될 겁니다.

디지털 치료제도 주목을 받다가 지금은 관심이 줄어들었어요. 그런데 이것도 정답은 아닐 겁니다. 디지털 치료제를 기존 의약품과 분리해서 보려고 했던 것이 문제였던 것 같아요. 디지털 치료제라는 개념 자체가 중요했던 것이 아니라 환자를 치료하는 데 얼마나 도움이 되는지가 중요한 문제인데, 새로운 개념이라는 대목에 홀려 있었을 수도 있다고 봅니다. 이것도 예가 있습니다. 동전 크기 정도 되는 기기를 몸에 붙여놓으면 실시간으로 혈당 데이터를 알려주는 디지털 치료제가 있어요. 연속혈당측정기(CGM)라는 물건인데요, 애보트가 판매하고 있죠. 사실 혈당을 체크하는 기기는 이미 너무 많이 나와 있습니다. 그런데 CGM의 효과는 혈당이 얼마인지를 알려주는 것이 목표가 아닙니다. 환자가 당이 많이 들어 있는 간식을 먹으면 혈당 수치가 높아졌다고 환자의 스마트 디바이스에서 알람이 울립니다. 그리고 환자는 자연스럽게 당이 많이 들어 있는 음식 먹기를 멈줍니다. 실시간으로 반성하게 만들어서 행동을 조절하는 것이죠. 이렇게 사람의 행동 양식을 전제로 질병을 치료하는 데 도움이 된다면 디지털 치료제 분야의 전망이 밝을 겁니다. 물론 전망이 밝은 이유는 디지털이기 때문이 아니라, 치료 효과가 있기 때문이겠죠. 실제로 애보트의 CGM은 고혈당이 오는 것을 낮추고, 리얼월드에서 당뇨병 환자의 심장 합병증으로 인한 입원 위험도 줄였습니다. 판매를 시작한 2년차에 53억 달러 정도의 매출을 올렸다고 합니다.

결국 치료의 관점에서 접근해야 합니다. 약을 먹기 전과 먹은 후까지를 치료라고 잡으면, 지금 수준의 IT 기술만으로도 할 수 있는 것들이 많아요. 엑스코프리에 웨어러블 기기를 붙이려는 것처럼요. 마이크로소프트, 구글 같은 IT 기업들이 헬스케어 산업으로 들어올 때 이런 영역에서 강점을 보여줍니다. IT 기업들은 데이터를 다루는 일을 엄청나게 잘 하거든요. 환자 100만 명의 전체 유전체 시퀀싱(whole genome sequencing, WGS) 데이터와 연계되는 임상 데이터를 가지고 연산을 하는데, 우리와는 비교할 수 없는 수준이죠. 이렇게 하려면 몇 조 원씩 투자를 해야 합니다. 마치 항암제 같은 분야에서 전 세계적 규모의 제약기업이 압도적인 퍼포먼스를 보여주는 것처럼요. 이런 가운데 한국 제약기업이 도전할 수 있는 분야가 뇌전증 치료제 분야였던 것처럼, 글로벌 IT 기업들이 막강한 화력을 바탕으로 헬스케어 산업으로 진출하는 상황에서 뇌파 데이터로 뇌전증 발작 예측 모델이 SK바이오팜이 할 수 있는 것이라고 봅니다.

시장이 주는 정보와 메시지는 강력해요. GLP-1 기반 비만 치료제 시장에서 경쟁이 뜨겁습니다. GLP-1 계열 약물은 원래 당뇨병 신약이었어요. 그런데 시장에 출시한 다음 비만 치료제로 거듭났죠. 리얼월드 데이터가 나오기 시작하자, 이 데이터를 바탕으로 비만 치료제로 다시 개발했습니다. 이제는 비만 치료제 개발이 더 치열해요. 왜냐하면 당뇨병 치료제로는 특허가 끝나가고, 다른 기업들이 제네릭이나 바이오시밀러를 바로 준비하잖아요. 뿐만 아닙니다. 미투 의약품이 나오고, 아예 새로운 메커니즘을 바탕으로 한 신약도 개발에 탄력이 붙습니다. 과학이 중요하지만 과학이 보여주지 못하는 것이 있고, 신약을 개발하려는 연구자들의 열정은 대단하지만 시장에서 느끼는 절실함은 또 다른 차원의 문제입니다.

엑스코프리를 미국 시장에 직접 가지고 나가서 팔 수 있었던 데에 대기업 집단의 자본력이 뒷받침되었던 것이 사실입니다. 다만 끝까지 가보겠다고 마음을 먹는다면 한국의 제약기업이나 바이오텍 입장에서 못할 일도 아닐 겁니다.

펙수클루
FEXUCLUE

→ 펙수프라잔(fexuprazan), 위식도 역류 질환, 2021

§

미국에서 열리는 AACR(American Association for Cancer Research)에 매년 취재를 하러 간다. 전 세계 항암 신약개발 트렌드를 한눈에 살펴보기에 이보다 좋은 학술대회가 없기 때문이다. 물론 한국의 제약기업과 바이오텍도 AACR에서 발표를 많이 하기에 한국 상황을 짧은 기간 집중적으로 취재하기에도 좋다. 그리고 AACR에 어떤 식으로 참석하는지를 보면 그 제약기업과 바이오텍의 성격을 파악하는 데도 도움이 된다. 기업 문화는 하루아침에 바뀔 수 없고, 일부러 감추거나 드러내기도 어렵기 때문이다.

AACR에서 보았던 대웅제약의 특징은, 자체 공개한 항암 신약개발 프로젝트가 없었음에도 매년, 그것도 열심히 학회에 온다는 것이었다. 한 기업에서 발표자를 포함해 2~3명 정도가 AACR에 오는 것이 보통인데, 대웅제약은 매년 4~5명의 원정대가 와서는 학회장을 샅샅이 훑는다. 도대체 뭘 찾고 다니는지 알 수 없었는데 2025년 AACR에서 비밀이 풀렸다. 한꺼번에 항암 신약 후보물질 세 건을 공개한 것이다. 대웅(大熊)은 '큰 곰'이라는 뜻인데, 곰은 느리고 미련해 보이지만 매우 높은 지능과 끈기를 바탕으로 먹이 활동을 한다. 대웅의 신약개발은 자기 이름을 따라가는 것인지도 모르겠다는 생각이 들었다.

바이오텍을 주로 취재해온 터라 대웅제약보다는 한올바이오파마가 좀 더 익숙하다. 한올바이오파마는 항체 기술을 바탕으로 신약을 개발하는 바이오텍이었고, R&D에 진심인 것으로 알려져 있다. 한올바이오파마는 자가면역질환 치료제로 쓰이는 FcRn 항체 개발 분야에서 선두 그룹에 포함된다. 그런데 2015년 대웅제약은 1,046억 원에 한올바이오파마 지분 30%를 인수하는 계약을 맺었다. 한올바이오파마는 대웅제약에 인수되기 전 10년 동안 1,000억 원에 이르는 R&D 지출을 한 것으로 유명했다.

10년이 지난 2025년 현재, 대웅제약의 한올바이오파마 인수는 몇 가지 의미를 가진다. 우선 한국 제약기업이 한국 바이오텍을 인수하는 계약에서 보기 드물게 큰 금액이었다. 기업이 무슨 생각을 어떻게 하고 있는지 알아보려면, 돈을 어디에 얼마나 쓰는지 보면 된다. 제약기업이 바이오텍을 인수해서 신약개발을 이어가는 일이 신약개발이 활발한 미국에서는 자연스럽지만 한국에서는 흔하지 않다. 한편 대웅제약과 한올바이오파마는 서로 독립적으로 R&D를 진행하면서, 특정 분야에 대해서는 공동개발이나 공동지분투자를 진행한다. 인수한 바이오텍의 R&D 역량과 가치를 그대로 살리면서, 자체 R&D를 병렬로 진행하는 모습도 한국에서는 보기 드물다.

넓은 부지에 마치 대학교 캠퍼스처럼 꾸며진 대웅제약 R&D 센터에 곳곳에는 곰 조형물이 있었다. 얼마 전까지는 실제로 곰을 길렀다고 한다. 귀엽게 생긴 곰 조형물들의 사진을 몇 장 찍어두고 인터뷰이를 만나러 갔다.

박준석

대웅제약 신약센터장

저는 내년이면 대웅제약에 들어온지 30년 정도 됩니다. 신약센터 센터장은 2018년부터 하고 있죠. 대웅제약은 바이오텍과 비슷한 면이 있습니다. 적어도 신약센터는 그런 편이죠. 한국 제약기업의 R&D 센터, 특히 한국에서 규모가 큰 제약기업의 R&D 센터는 딜레마에 빠지기 쉽습니다. 실제 경쟁해야 하는 글로벌 제약기업들과 비교해보면 턱없이 작은 규모지만, 한국을 기준으로 보면 R&D 비용을 많이 쓰는 것처럼 보여요. 이 사실을 모르는 사람이 없지만, 우리는 계속 한국에 살잖아요? 그러니 한국에서 규모가 큰 제약기업의 신약개발 R&D 센터는 돈을 많이 쓰는 조직으로 받아들여지기 쉽죠. 이런 상황에서 구체적인 성과가 나오지 않으면 애물단지가 되는 것은 시간 문제입니다.

한정된 자원으로 성과를 내려면, 자원의 운용 방식을 바꿔야 합니다. 그래서 이 작업에 들어갔습니다. 우선 과업별로 나뉘어 있던 부서를 프로젝트별로 재조직했습니다. R&D 조직에서는 화합물 제조, 약물 효능 평가, 독성 평가처럼 과업별로 부서를 나누기 마련이죠. 여러 프로젝트를 동시에 하려고 분업 체계를 갖추는 것인데, 부정적인 의미의 관료주의가 작동하기 쉽습니다. 자기 과업을 기계적으로 처리하고, 다른 부서의 과업을 견제하는 분위기가 생기거든요. 하지만 모든 프로젝트가 기계적으로 진행되는 것은 아닙니다. 결과를 빨리 확인한 다음 접거나, 반대로 개발 속도를 내야 하는 것들이 있습니다. 신약개발이니까요.

그래서 R&D 조직을 프로젝트 기준으로 재구성했습니다. 프로젝트 팀 안에는 개별 과업을 담당하는 담당자들이 모두 포함됩니다. 이렇게 하면 과업별로 개인의 목표가 세워지는 것이 아니라, 프로젝트의 달성 그 자체가 개인의 목표가 됩니다. 그리고 신입사원이든 고참 연구원이든 프로젝트 팀에서는 책임자가 됩니다. 책임자가 되는 것과 그렇지 않은 것 사이에는 큰 차이가 있죠.

막상 실현하기는 쉽지 않았을 것 같습니다.

조직을 바꾸는 것은 쉽지 않습니다. 2018년을 기준으로 보면 프로젝트가 7개 정도 있었는데 가능성 중심으로 3~4개 정도로 줄이고, 어떤 프로젝트에 들어가고 싶은지 신청을 받았습니다. 1, 2, 3지망으로 신청을 받아 인력을 재배치했죠. 그리고 신입사원을 뽑는 것처럼 모든 인력의 면접을 봤습니다. 면접은 합격과 불합격을 전제로 했죠. R&D 조직에 60여 명 정도 있었는데, 40여 명 정도만 합격했습니다. 이 사람들만 프로젝트 팀에 남기고 나머지 인력은 다른 곳으로 발령을 냈습니다. 난리가 났죠.

그런데 2019년부터 성과가 나오면서 안정되기 시작하더라고요. 이런 상태에서 새로운 프로젝트를 내부 공모로 선정했습니다. 새로운 프로젝트에 대한 제안서를 각자 씁니다. 그리고 공모전을 진행하죠. 선발되면 연구비가 할당됩니다. 과업 관리, 연구비의 사용 등도 프로젝트팀에서 맡습니다. 원래 1년에 한 번 진행을 했는데, 반응이 좋아서 1년에 두 번 정도 하기도 합니다.

다른 장치도 필요합니다. 프로젝트 중심으로 팀을 구성하면, 어느 팀에서는 정말로 신입사원이 특정 과업에 대한 책임자가 되기도 합니다. 하지만 현실적으로 책임을 지기는 어렵죠. 배워야 하는 것들이 있으니까요. 그래서 업무 잡담이라는 장치를 두었습니다. 업무 잡담 시간에는 정말로 잡담을 합니다. 여러 사람이 모여서 자신이 하고 있는 일에 대해 이런 저런 어려움을 이야기 합니다. 그 이야기를 듣고 있던 다른 프로젝트팀의 담당자가 조언을 해줍니다. 완벽한 해법은 아니지만, 실마리를 잡을 수 있게 되죠. 물론 교육도 이루어지고요.

보완 장치들 가운데 연구원들이 직접 제안한 것들이 많습니다. 일이 안 풀리면 연구자 스스로가 제일 답답해지니까요. 그래서 이를 해결하는 여러 방법을 연구자 스스로 찾아냅니다. 허리를 담당하는 중간급 연구자들이 이를 구체화해주죠.

R&D 조직을 재구성할 때 프로젝트 팀 단위로 의사결정에 대한 권한을 많이 옮기기로 했습니다. 그런데 팀에 속한 모든 연구

자가 늘 합리적인 판단을 내리는 것은 아닙니다. 그리고 잘못 개입하면 조직 자체가 무너지죠. 이전에는 비록 기계적일지언정 개별 연구자들의 책임이 명확했고, 시간이 오래 걸려도 전문성을 바탕으로 여러 프로젝트를 안정적으로 진행할 수 있었죠. 그런데 조직을 프로젝트팀 중심으로 바꿔놓으면, 프로젝트팀에 속한 개별 연구자가 책임자가 되죠. 의사결정을 내릴 수 있는 권한이 생깁니다.

그런데 신뢰관계 문제가 생깁니다. 각 팀이 가진 권한, 각 연구자가 가진 권한을 존중하지 않으면 프로젝트팀은 굴러가지 않게 됩니다. 잘못된 의사결정이라고 해도 그 의견에 따르지 않을 수 없는 난감한 상황이 됩니다. 실제로 이런 문제들이 나타났습니다. 일단은 의견을 존중해서 그대로 진행했습니다. 프로젝트팀의 팀장이나 시니어가 이렇게 말하는 것이죠. '너의 판단이 틀린 것 같지만, 일단 의견을 존중해서 끝까지 해보자. 그렇다고 너에게 책임을 넘기려는 것은 아니다. 일단 해보고, 잘못되면 다시 방법을 찾아보자.' 만약 개별 책임자의 의견이 옳았던 것이면 좋은 것이고, 틀린 것이어도 책임을 묻지는 않습니다. 이렇게 하면 팀장이나 시니어에 대한 신뢰가 생기죠. 그리고 자연스럽게 팀장과 시니어의 의견을 진심으로 신뢰하게 되거든요. 자기 욕심을 꺾고, 프로젝트의 성공에 몰입하게 됩니다.

R&D 조직 구조는 계속 세팅 값을 맞춰가고 있습니다. 예를

들어 프로젝트팀에 모든 기능을 담았었는데, 다시 분리해내는 것들이 생겼습니다. 분업화해서 기계적으로 진행하는 것이 더 효율적인 것들이 있거든요. 그래서 공정팀, 분석팀을 다시 분리해서 예전 방식으로 운용합니다. 차분하게 R&D 스타일을 만들어가는 것이죠. 100점짜리가 아니기는 하지만, 중요한 것은 신약을 개발하는 것이니까요.

머크나 BMS 같은 기업들이라고 해서 신약개발 앞에서 늘 자신감에 가득 차 있지는 않다고 봅니다. 어차피 사람이 하는 일이거든요. 물론 규모에 압도되는 면이 있죠. 숫자가 다르거든요. 100배 넘는 매출, 엄청나게 많은 연구 개발비와 연구 인력 같은 것을 보면 대단해 보이지만, 각각의 신약개발 프로젝트로 들어가면 절대적인 차이가 있다고 보기는 어렵습니다. 미루어 짐작하는 것이 아닙니다. 저희 과학자문위원회에 머크나 BMS 같은 곳에서 신약개발에 참여하셨던 분들이 있었어요. 그분들에게 이야기를 들어보면 분명한 차이가 있지만, 절대적으로 뛰어넘을 수 없는 격차라고 보지 않으시더라고요.

신약개발의 정석이라는 것도 불분명합니다. 리제네론 파마슈티컬스라는 바이오텍이 있습니다. 바이오텍이지만 머크나 BMS와 어깨를 나란히 하죠. 이유는 간단합니다. 혁신적인 신약을 개발해내거든요. 그런데 리제네론과 머크와 BMS는 같은 방식으로 신약을 개발할까요? 그렇지 않습니다. 리제네론은 리제네론

만의 스타일이 있습니다. 그러니까 이것도 절대적인 것이 아닙니다.

한국 제약기업들과 글로벌 제약기업, 한국의 바이오텍과 미국의 바이오텍 사이에 격차가 있습니다. 하지만 절대적인 것은 아니라고 봅니다. 그러니 규모와 격차에 압도될 필요도 없어요. 사람이 하는 것이니까요. 우리도 우리 스타일을 만들어가고 있는 중입니다. 유한양행이 유한양행 스타일로 렉라자까지 왔듯이, 대웅제약은 대웅제약 스타일로 신약을 개발해야죠.

어떤 프로젝트를 하고 있나요?

대웅제약은 특발성 폐섬유증(idiopathic pulmonary fibrosis, IPF) 치료제 개발에 도전하고 있습니다. IPF는 폐가 굳어가는 질병입니다. 췌장암에서도 섬유화가 일어납니다. 암 주변에 콜라겐처럼 섬유화를 일으키는 물질이 쌓이면서 딱딱해집니다. 주사바늘이 잘 안 들어갈 정도로 딱딱해지죠. 부드럽게 움직이면서 호흡이 이루어져야 하는 폐에서 이런 섬유화가 일어나면 치명적이죠. 5년 생존률이 여러 종류의 암과 비슷합니다. 그런데 원인을 몰라요. '특발성'이라는 말이 '원인을 모른다.'는 뜻입니다.

IPF 치료제로 승인된 것은 2개 있습니다. 에스브리에트(ESBRIET®, 성분명: pirfenidone)와, 오페브(OFEV®, 성분명: nintedanib)인데 치료 효과가 눈에 띄는 정도는 아닙니다. 치료라기보다는 폐가 딱딱해지는 속도를 늦춰줍니다. 전 세계적으로 IPF 치료제 개발에 많은 도전이 일어나고 있지만 이렇다 할 성과가 아직 없어요. 그래서 대웅제약도 IPF 치료제를 개발하려고 하고 있습니다.

대웅제약은 PRS(prolyl-tRNA synthetase) 저해제를 IPF 치료제로 개발하고 있습니다. 2013년부터 연구를 시작했는데 타깃 자체도 한국에서 처음 발굴한 것이죠. PRS 타깃으로는 우리가 전 세계적으로 가장 앞서 있다고 할 수 있습니다. 타깃을 발견하고, 의약품이 될 수 있는 후보물질을 개발하고, 임상시험을 진행하는 것 전체를 대웅제약이 중심이 되어서 진행하고 있으니, 개발에 성공하게 되면 퍼스트 인 클래스 신약개발의 전 과정을 거치게 되겠죠.

우리 몸에는 20개의 아미노산이 있습니다. 이 가운데 프롤린(proline)이 있는데 콜라겐 생성과 관계가 있고, 콜라겐은 섬유증과 관계가 있습니다. 콜라겐은 질병 상태에서 많이 생성되는데, 서로 연결되면서 조직을 딱딱하게 만듭니다. 섬유증이죠. 암과 섬유화 질환에서 보면 세포를 둘러싸고 있는 세포외기질(ECM)에서 콜라겐이 과발현되면서 질병을 악화시킵니다.

일반적인 단백질에서 프롤린 함량은 4% 정도인데 콜라겐에서는 20% 정도로 높습니다. 그리고 PRS는 프롤린 합성을 매개

하는 효소입니다. 즉 PRS를 저해해서 콜라겐 생성을 억제하면, 섬유화가 진행되는 것을 막을 수 있을 것으로 봅니다. IPF를 치료해볼 수 있는 것이죠. 동물 모델에서는 PRS 저해제가 작동하는 것을 확인했습니다. 다만 PRS가 생체 활동에 필수적인 효소라 자칫 지나치게 억제될 경우 문제가 될 수 있어요. 안전성 문제입니다. 지금까지 동물에서 단기, 장기 독성시험을 끝냈고, 임상1상보다 내약성을 향상시켜 임상2상에 들어갔습니다.

처음에는 섬유화가 문제가 되는 암에 투여할 수 있는 치료제 개발로 시작했습니다. 그런데 부작용 문제가 있었죠. 그러다가 '섬유화 자체가 문제가 되는 질병으로 가볼까?' 하고 방향을 바꿨죠. 그리고 심장 섬유화 등의 질병을 탐색했는데 결국 IPF 개발로 방향이 잡혔습니다. 2017년에 후보물질을 개발했는데, 지금은 임상2상이 진행되고 있고, 결과를 기다리고 있습니다.

결과는 기다려봐야겠죠. 하지만 IPF 신약개발을 하면서 내부적으로는 바뀐 것이 있습니다. 자신감이 붙었죠. 타깃을 찾고, 질환군을 정하고, 후보물질을 개발해서, 초기 개발 단계에 더해서 임상2상까지 가본 것이잖아요? 전형적인 퍼스트 인 클래스 신약개발 경로를 걸어본 것입니다. 전 세계적인 규모의 제약기업이 하는 일을 우리가 해오고 있는 것이죠. 한국에서 연구자, 최고경영진, 제약기업 입장에서는 두려움이 있습니다. '정말 신약을 개발할 수 있을까?' 이런 두려움을 이해할 수 있습니다. 아는 것과 하는 것은 다르니까요. 그런데 어쨌거나 여기까지 끌고 왔으니, 적어도 직접 해본 단계까지는 자신감을 얻은 셈이죠. 신약개발에 성공한다면 좀 더 많은 자신감을, 마케팅과 판매까지 달성하면 더 많은 자신감을 얻을 겁니다.

어쨌거나 타깃을 찾기만 하면, 그 다음 단계는 어느 정도 기계적인 프로세스에 따라 진행시킬 수 있습니다. 타깃이 좋으면 투자를 받을 수 있고, 개발 과정에서 파트너십을 맺는 것도 문제가 안 됩니다. 그런데 좋은 타깃을 찾는 것은 방법이 없어요. 대웅제약 R&D도 좋은 타깃을 찾는 쪽에 무게를 두고 있습니다.

사실 좋은 타깃을 찾으려면 데이터에 대한 접근성이 좋아야 합니다. 다만 규제에 묶여 있죠. 신약개발에서 인공지능(AI)이 중요하다고들 강조하는데 결국 AI도 데이터 싸움이거든요. 한국의 의료기관들은 풍부한 환자 데이터를 갖고 있는데, 신약개발 연구 목적으로 쓰기에는 장벽이 너무 높습니다. 그렇기 때문에 신약을 개발하는 사람들은 환자 데이터에 대한 목마름이 있습니다. 물론 개인정보의 문제, 의료윤리의 문제 등이 있습니다. 그럼에도 신약개발에서 가장 중요한 것은, 결국 타깃을 찾는 데 필요한 정보죠.

중국이 강력한 이유는 중국이 잘 할 수 있는 것에 집중하기 때문입니다. 중국은 정부 주도로 하는 것들을 잘합니다. 정부가 주도해서 유학을 보내고, 훈련된 인력을 데리고 옵니다. 제약기업과 바이오텍에 정부가 투자하고, 연구를 활성화시키죠. 규제도 마찬가지입니다. 신약개발에 유리한 규제 환경을 정부가 만들어요. 신약개발이라는 커다란 세계에서 정부가 할 수 있는 것들에 집중합니다. 그 성과가 나타나고 있고요.

한국은 한국이 잘 할 수 있는 것에 집중해야겠죠. 한국은 데이터가 정말 좋습니다. 환자들이 대형 종합병원에 많이 가고, 대형 종합병원은 환자 데이터를 잘 생산하고 관리합니다. 이런 것들을 활용할 수 있으면 신약개발에 도움이 됩니다. 그런데 지금은 신약개발에 활용하기 어렵죠. 제도적으로 막혀 있거든요.

제약 업계와 정부, 국민들이 지혜를 모아야 할 겁니다. 이렇게 되면 신약개발에 한정해서 데이터를 활용할 수 있도록 법과 제도를 만들 수 있을 겁니다. 물론 개인정보 유출을 최소화해야죠. 잘 이루어지면 우리 사회의 모든 구성원들이 함께 신약개발에 참여할 수 있게 되겠죠.

제미글로

ZEMIGLO

→ 제미글립틴(gemigliptin), 제2형 당뇨병, 2012

§

한국의 바이오텍을 취재하면 비슷한 또래의 사람들을 만나게 된다. 2025년 기준으로 50~60대 남성들이 바이오텍 설립자 그룹, 연구자 그룹을 이루고 있는데 이들 가운데 많은 이들이 'LG 출신'이다. 이 'LG 출신'이라는 말에는 역사가 묻어 있다.

1976년 미국에서 제넨텍(Genentech)이 문을 열었다. 아직 과학자들의 연구실에만 있을 것이라고 여겨지던 유전자 재조합 기술을 가지고 시작한 제넨텍은 2년 뒤에 상업성을 갖춘 인슐린 생산에 성공한다. 제넨텍은 '유전공학', 바이오텍'과 같은 개념들을 현실에서 입증해냈고, 제넨텍으로 인해 제약 산업과 신약개발의 지형이 바뀌기 시작했다.

제넨텍이 문을 열고 5년이 지난 1981년, 한국에서 (현재 LG화학인) 럭키가 유전공학사업부를 만들었다. 당시 한국 대학에는 유전공학과 관련된 학과도 아직 없었다. 럭키 유전공학사업부는 미국에 연구소를 세우고 기술을 배워왔다. 1990년대가 되자 투자는 더욱 공격적이 된다. 연간 수백 억 원 규모로 R&D 비용을 투자했고 신약개발에도 성공한다. 2003년 퀴놀론계 항균제(quinolone antibacterial agent) 팩티브(FACTIVE®, 성분명: gemifloxacin)가 미국 FDA로부터 시판허가를 받았는데, 한국 제약기업이 개발한 신약이 미국에서 시판허가를 받은 첫 번째 사례였다. 제2형 당뇨병 치료제인 제미글로(ZEMIGLO®, 성분명: gemigliptin)도 개발에 성공했다. 2003년 시작된 프로젝트는 2012년에 개발 성공으로 마무리 되었는데, 제미글로는 출시 후 한국 시장을 기준으로 누적 매출 1조 원이라는 기록을 세웠다. 신약을 개발해나가면서 기업 내 지위도 달라진다. 럭키 유전공학사업부는 1995년 LG화학 의약품사업부로 이름이 바뀌었고, 다시 LGCI에 포함되었다가, 2002년 LG생명과학이 되었다.

이 과정에 수많은 기획, 연구, 임상시험, 사업개발 인력들이 'LG'라는 이름으로 모여들었다. 박사급 연구자만 100여 명에, 전체 연구 인력이 400명이 넘어서는 규모였다. 하지만 이들이 지금까지 LG에 남아 있지는 않다. 공격적이었던 R&D 투자의 기세가 줄어들었고, 이에 따라 멈추는 프로젝트들이 나오기 시작했다. 몇몇 분야를 빼고 연구가 멈추자, 2000년대 중반, 30~40대

구성원들이 LG 밖으로 쏟아져 나와 바이오텍을 만들기 시작한다. 이들은 2025년 현재 한국의 신약개발 바이오텍 그룹에서 한 축을 맡고 있다. 알테오젠, 리가켐바이오사이언스(전 레고켐바이오사이언스) 등이 대표적이다.

2025년 현재도 LG화학 생명과학은 여전히 신약개발에 나서고 있다. 연매출 기준으로 보면 한국에서 다섯 손가락 안에 들어가는 규모를 자랑하며 R&D 투자도 적지 않은 편이다. 얼마 전 미국의 항암제 개발 바이오텍인 아베오 파마슈티컬스(AVEO Pharmaceuticals)를 5억 6,600만 달러에 인수하기도 했다. 하지만 그럼에도 전성기 시절과 비교하면 화려함이 부족하다. 웬만해서는 자랑하지 않는 LG 특유의 문화 때문일 수도 있지만 그럼에도 궁금한 대목이 많다. 제약 산업이 지식 산업이고, 제약 산업의 핵심이 신약개발이라면 누가 어떤 지식을 가지고 LG화학 생명과학에서 신약을 개발하고 있을까?

이런 이유로 LG화학 생명과학을 찾았을 때는 신약개발 현장 라인에 있는 사람들을 만나고 싶었다. 어쩌면 이들이 다시 한국의 신약개발 판을 주도할 수도 있을 것이다. 만약 그렇다면 가까운 미래를 만나볼 수 있는 기회가 될 것이다. 인터뷰이의 나이를 30~40대로 하고, 모두 현장에서 뛰고 있는 플레이어들로 섭외했다. 연구, 기획, 임상개발, 사업개발 라인의 책임자급 인터뷰이들이 모였다. 인터뷰이들과 동시에 이야기를 나눴지만, 편의상 각각의 인터뷰이들의 이야기로 본문을 구성했다.

사업개발자

저는 의생명과학을 전공했는데, 외할머니께서 간암으로 돌아가셨어요. 약을 개발하는 일을 하면, 전공을 살려 세상에 도움을 줄 수 있을 것 같아서 제약기업에 들어왔습니다. 지금은 LG화학 생명과학사업부에서 사업개발 파트에 있습니다. 주로 새로운 과제를 도입하거나, 기술수출하는 일을 합니다. 2024년에는 미국 리듬파마슈티컬스(Rhythm Pharmaceuticals)에 희귀 비만증 신약 후보물질을 기술수출하는 프로젝트에 참여했습니다. 경구용 MC4R 작용제 메커니즘의 약물이죠.

사업개발 업무 가운데는 외부 파트너가 갖고 있는 타깃, 물질 등을 도입하는 라이선스 인이 있고, 우리가 개발하는 타깃, 물질을 외부 파트너에게 파는 라이선스 아웃이 있습니다. 라이선스 인과 아웃 모두, 신약개발의 어느 단계에서만 할 수 있는 것은 아닙니다. 신약개발의 전 주기 어느 단계에서도 가능하죠. 외부 파트너들과의 일이 많다보니 밖에 다닐 일이 많죠. 연구소에 있으면 바깥 소식에 대해 감각이 떨어질 수 있잖아요. 그래서 밖에 돌아다니면서 얻은 정보를 연구소를 비롯한 내부에 공유하는 일도 합니다. 대면 미팅을 하면 데이터로 알 수 없는 정보들을 얻을 수 있죠.

우리가 잘하고 있다고 생각할 수도 있지만, 밖에서 보기에는 아닐 수도 있습니다. 반대로 생각할 수도 있습니다. 잘하고 있는데 잘못하고 있는 것은 아닌지 오해할 수 있습니다. 신약개발에 시간이 오래 걸리잖아요. 그러니까 지금 잘하고 있는지 못하고 있는지 너무 궁금한데 알기가 어렵습니다. 개인적인 생각이지만 미국이라고 해서 크게 다르지는 않을 것 같아요. 잘하고 있는지 아닌지 미국 제약기업 사람들도 다들 정확하게 파악하고 있지는 않다고 봅니다. 그러니 우리가 지금 잘하고 있는 것인지도 모르는 일입니다. 아직 글로벌 수준의 신약이 나오지 않았을 뿐, 시간이 지나서 우리가 신약을 개발하면 그때 증명될 수도 있겠죠.

오히려 핵심은 신약개발에 쓸 수 있는 자본의 규모겠죠. 미국에서 신약이 개발되어서 블록버스터 자리에 올랐다고 하면 연매출 기준 10억 달러, 즉 1조 원을 넘어가요. 한국에서는 상위권 제약기업의 경우 연매출이 1조 원 내외입니다. 신약개발 R&D에 다시 투자할 수 있는 여력 자체가 다릅니다.

제가 하는 업무 가운데 라이선스 아웃을 검토하는 것이 있다고 했잖아요. 그런데 라이선스 아웃이라는 것은 내가 끝까지 개발할 수 없으니까 중간에 파는 겁니다. 끝까지 개발하면 엄청나게 큰 수익을 낼 수 있다는 것을 알지만, 끝까지 갈 수 있는 자금력이 없으니까 팔아야 합니다. 돈만 있다면 우리도 개발 못할 이유가 없겠죠.

물론 R&D에 돈을 많이 쓰기만 한다고 될 일은 아닙니다. 사업개발을 하는 입장에서 보면 공격적인 인수합병을 상상해볼 수 있습니다. LG화학 생명과학은 항암 신약개발에 집중하고 있습니다. 그렇다면 가장 빨리, 가장 정확하게 항암 신약을 개발하는 방법으로 어떤 것이 있을까요? 항암제 시장에서 강력한 플레이어인 스위스 제약기업 로슈(Roche)를 인수하는 상상을 해볼 수 있겠죠. 어차피 우리가 글로벌 수준으로 항암 신약을 개발한다고 하면 로슈와 경쟁해야 합니다. 그런데 현실적으로 당장 경쟁하는 것은 불가능하죠. 그런데 반드시 항암 신약을 개발하겠다는 의지가 있다면, 비즈니스적으로 접근해서 로슈를 인수해버리면 어떻게 될까요? 물론 로슈를 살 수는 없겠죠. 하지만 경쟁력이 있는 미국의 바이오텍이나 제약기업을 인수하는 전략을 짜볼 수는 있습니다.

비현실적인 것처럼 생각될 수도 있지만 '정말로 의미 있는 신약을 개발한다.'는 관점에서 보면 가장 현실적인 방법이지 않을까요? 빠르게 추격하려면 공격적으로 인수하는 게 맞죠. 중국 자동차 기업들이 유럽의 자동차 기업들을 사들이던 때가 있었잖아요. 기술, 경험, 시장 그리고 제일 중요한 사람을 가장 빠르고 확실하게 얻는 방법이니까요.

밖으로 돌아다니면서 보면 정말 잘하는 기업들을 만나게 됩니다. 그들을 인수하면 빠르게 갈 수 있을 것 같다는 생각도 합니다.

다만 인수한 다음에 어떻게 할 것인지가 중요한 문제가 되겠죠. 돈을 주고 사오면 내가 주인이라고 생각하게 되잖아요. 그리고 주인이면 내 마음대로 할 수 있다고 생각하고 행동하는 경우도 많아요. 그런데 그렇게 하면 잘 안 되겠죠. 물질 하나, 타깃 하나 사는 것과, 인수합병 같은 비즈니스는 완전히 다른 것이니까요.

지금까지 한국에서 개발된 신약이 40여 개입니다. LG에서 개발한 신약도 2개 있습니다. 팩티브와 제미글로인데, 제미글로는 한국에서 매년 1,000억 원 정도 매출을 올립니다. 한국 시장만 놓고 보면 자리를 잡았다고 할 수 있지만, 글로벌 수준으로 봤을 때 신약이라고 하기는 어렵죠. 팩티브도 마찬가지죠. 글로벌 수준에서 상업적으로 성공하진 못했습니다. 지금까지는 신약개발 그 자체를 경험하는 것에 의미를 둘 수 있었지만, 지금부터는 신약을 개발해서 상업적인 성공까지 거두는 경험이 필요합니다. 블록버스터 급 신약을 개발해야겠죠. 저는 가능하다고 봅니다. 크게 의심하지 않아요. 단지 타이밍의 문제겠죠.

LG 생명과학뿐만 아니라 제약업체 전체가 그렇게 가고 있다고 봅니다. 각각의 제약기업들은 자신들이 할 수 있는 한도에서는 최대한 투자를 진행을 하고 있거든요. 우리도 그렇지만, 매일 잘하고 있는 것만은 아니지만, 대단히 잘못하고 있지도 않다고 봅니다. 매일 깨지지만, 깨져도 하고 있는 사람들이 많습니다. 곧 될 겁니다.

신사업기획자

신사업기획 일을 하고 있습니다. 약학을 전공했고 박사까지 했습니다. 원래는 학교에서 연구를 좀 더 해보고 싶었는데, 이런 저런 사정으로 제약기업에서 일을 하기로 했습니다. 학부 때 교과서에 한국 제약기업들이 개발한 신약에 대한 내용을 본 적이 있어요. LG에서 항생제인 팩티브를 개발했다는 내용이었죠. 찾아보니 R&D 투자도 많이 하는 제약기업이길래 LG에 지원했죠. 주변에서 취업을 준비하던 동료들도 LG로 많이 왔습니다. 입사하고 3년 정도는 연구소에 있다가 기획 쪽 일을 한 지 5년 정도 되었습니다. 주로 타깃, 물질 등에 대해 밸류에이션을 합니다.

연구소에서 신약으로 개발될 가능성이 있는 물질에 대한 윤곽을 잡으면 밸류에이션에 들어갑니다. 이 물건을 끝까지 개발해서 시장에 내놓았을 때 어느 정도 가치가 있을지 미리 평가하는 것이죠. 시장에는 경쟁 상대들이 많은데, 이들이 갑자기 나타나는 것은 아닙니다. 어딘가에서 계속 연구를 하고 있죠. 그러니 경쟁 상대가 어디에서 출몰하는지 계속 살펴보고 있어야 합니다. 물론 경쟁 물질들의 밸류에이션, 사업성도 검토합니다. 이렇게 경쟁하는 제약기업, 바이오텍의 물질을 보고 있으면 사업개발 파트와 이야기할 것들이 생겨납니다. 사업개발 파트에서 파트너십을 맺을 곳을 찾았을 때, 겹치는 부분들이 나오거든요.

기획 쪽 일을 하다보면 '덩치'에 대한 아쉬움을 느낄 때가 많아요. 예를 들어 LG에서 제2형 당뇨병 치료제로 제미글로라는 신약을 개발했습니다. 이를 중심으로 대사 질환 치료제를 포함한 전문의약품 사업을 합니다. 또한 스페셜티 케어(specialty care) 사업이라고 해서 난임이나 성장 호르몬 이상 등에 대한 치료제를 개발하는 사업도 있습니다. 2024년을 기준으로 보면 LG화학 생명과학의 연매출 규모가 1조 원을 넘었죠. 한국을 기준으로 보면 굵직한 비즈니스를 하고 있다고 볼 수 있어요. 하지만 글로벌 기준으로 블록버스터 의약품 1개에 미치지 못하는 규모거든요.

신약개발 R&D가 중요하죠. 그런데 이게 사업이잖아요. 사업적으로 뭔가를 해볼 수 있으려면 덩치가 커져야 합니다. 제약 산업에서 자체적으로 신약개발을 하든 다른 비즈니스 모델로 신약을 개발하든 기본적인 덩치가 있어야 하죠. LG화학 생명과학이나 한국에서 신약개발에 도전하는 기업들은 처지와 상황이 비슷할 겁니다. 제대로 해보기에는 답답한 것들이 있어요. 예를 들어 리스크를 관리하면서 지속 가능하게 신약개발을 가져가려면 포트폴리오 전략을 짜야 하는데, 의미 있는 포트폴리오 전략을 짜려면 덩치가 있어야 합니다. 신약개발 R&D가 중요하지만 시간이 오래 걸리는 일이라, 단기적으로는 몸집을 좀 키우는 것에 집중하는 것이 필요해 보입니다. 지속 가능성 확보를 위해서요.

일본 제약기업들도 신약을 개발하는데, 자세히 들여다보면 한국 제약기업들과 수익 모델이 비슷해요. 전 세계적 규모의 제약기업들이 신약을 개발하면 일본 내 판권을 사오죠. 제네릭도 중요한 부분을 차지하는데 한국이랑 비슷하죠. 그런데 일본과 한국 사이에는 결정적인 차이가 있습니다. 한국에는 글로벌을 기준으로 봤을 때 중소 규모 제약기업들이 많습니다. 이 많은 기업들이 시장을 나눠가집니다. 일본은 몇몇 소수의 제약기업들이 시장을 나눠가지죠. 그러니까 일본은 개별 제약기업의 덩치가 크고, 이 큰 덩치를 바탕으로 신약개발 전략을 짤 수 있습니다. 일본에서 신약이 더 많이 나오는 이유라고 봅니다.

오히려 LG화학 생명과학을 포함해서 한국에서 신약개발에 도전하고 있는 30대, 40대 인력들의 기본 역량은 좋다고 봅니다. 신약을 개발하는 외국 제약기업들과 크게 차이가 나지 않는다고 생각해요. 문제는 경험 역량의 차이겠죠. 이 사람들이 30대, 40대에 실제로 신약을 개발해서 FDA 승인도 받아보고, 시장에서 팔아본 경험을 갖고 있어야 합니다. 그래야 50대, 60대가 되었을 때 해야 하는 일을 또 제대로 할 수 있잖아요. 경험도 때가 있는 법이니까, 지금 성공 사례를 만들고 체험하는 것이 중요해요.

2025년 현재 한국 바이오 신약개발을 이끌고 있는 분들 가운데 LG 출신들이 많습니다. 1980년대부터 2000년대 초까지 LG

에서 여러 가지 혁신적인 도전이 벌어졌고, 그 시기를 겪었던 분들이 당시의 경험을 바탕으로 2025년을 이끌고 있습니다. '어 이거 되겠는데!'라는 공통의 경험이 가진 힘이죠. 지금 필요한 것은 그런 경험을 가진 사람들입니다. 경험은 어디서 사올 수는 없으니 만들어야 하는데, LG에서 그런 일이 있었으니 우리가 한 번 더 해야겠죠. 성공 가능성에 대해서 치열하게 고민하고, 그에 따라 행동하면 다시 만들어낼 수 있겠죠.

내부적으로는 성공한 경험을 만들어내야 하고, 외부적으로는 규제 환경을 좀 개선할 필요가 있겠죠. 한국은 대형 병원들에 환자들이 많이 몰려서 임상 사례가 많고, 데이터도 관리가 잘 되는 편입니다. 신약개발을 위한 임상시험 환경이 좋아요. 실제로 전 세계적 규모의 제약기업들이 한국에서 임상시험을 합니다. 다만 현장에 가보면 아직 풀어야 할 숙제들이 있습니다. 한국에 있는 대형 병원들이 덩치가 크지만, 그럼에도 개별적으로는 한계가 있습니다. 따라서 임상시험에서 경쟁력을 가지려면 한국의 대형병원들이 다시 한 묶음이 되어야 합니다. LG는 한국에서 규모가 큰 제약기업으로 분류되니까 LG가 병원들의 협업 구조를 만들어보라는 요청을 받기도 하는데, 현실적으로 어렵죠. 규제기관이 이런 세팅을 해주면 도움이 될 것 같습니다.

신약개발에 참여하고 싶어서 제약기업에 들어오지만, 입사할 때는 다들 어느 정도는 막연하죠. '이런 일을 하면 좋겠다.' 정도일 겁니다. 취업준비생에게 가장 중요한 것은 취업에 성공하는 것이니까요. 그런데 제약기업에 들어와서 일을 하다보면 '내 손이 조금이라도 닿았던 물건이 세상에 나와서 환자들을 치료하는 것을 보고 싶다.'는 마음으로 바뀌는 것 같습니다. 한국에서 신약개발을 하겠다고 뛰어든 사람이 은퇴하기 전까지 그런 경험을 하기가 현실적으로는 어렵죠. 그러니까 개발하고 싶은 마음이 더 커질 수밖에 없습니다. 소명 의식까지는 아니더라도, 매일 출근하는 이유가 있어야 하잖아요.

한국 의료 시스템은 장점이 많습니다. 본인 또는 주변의 누군가가 큰 병원에 다녀야 하는 병에 걸리면 장점을 체감하게 되죠. 그런데 의약품과 관계된 일을 하다보면 달리 보이는 것이 있어요. 미국과 비교했을 때 한국에서는 같은 질병에 걸린 환자에게 처방할 수 있는 의약품의 가짓수가 적어요. 미국 환자보다 한국 환자가 더 적은 가짓수의 의약품으로 치료를 받는 것이죠. 여러 가지 이유가 있겠지만 기본적으로는 한국에서 신약이 충분하게 나오지 않기 때문입니다. 이런 저런 이유로 원산지(?)에서 수입이 원활하지 않은데, 수입을 못하면 우리가 개발해서 써야죠. 그런데 개발이 안 되니까 못 써요. 이런 상황을 몰랐으면 지나칠 수 있겠지만, 알게 된 이상 그냥 지나치기가 어렵잖아요. 현장에 있는 사람들 인식에 이런 것들이 하나둘씩 쌓여가고 있으니, 신약을 개발할 수 있을 겁니다.

임상개발자

입사한 지 23년 정도되는데, 임상개발 쪽 일을 17년 정도 했습니다. 혹시 복제 양 돌리(Dolly)라고 기억하실지 모르겠네요. 1997년이었는데, 세계 최초 체세포 복제로 만들어진 포유류였죠. 충격적인 사건이었는데 그때쯤 대학을 졸업했어요. 관련된 분야 일을 하면 좋겠다고 생각했죠. 저도 화학을 전공했는데 대학원에 가서 기초의학교실에서 분자 세포 생물학을 다시 공부했습니다.

LG에 입사한 이유는 '실제로 신약개발을 하는 연구소'에 들어오고 싶었기 때문이었죠. 대학원에 들어갔을 때까지만 해도 한국에서 파는 약들이 대부분 한국 제약기업에서 개발한 신약인 줄 알았어요. 그런데 거의 다 외국 제약기업에서 개발한 것의 복제약이더라고요. 대학원을 졸업할 때 LG화학이 팩티브를 가지고 한국 최초로 미국 FDA 승인을 받았다는 뉴스를 봤어요. 그래서 LG에 가서 신약을 개발해보고 싶었습니다. 처음부터 임상개발 쪽에 있었던 것은 아닌데, 결과적으로는 임상개발 일을 제일 오래 했네요. 신약개발 과정에서 시간과 돈이 제일 많이 들어가는 일이 임상개발이잖아요. 임상개발 일을 하면서 회삿돈을 엄청 많이 썼네요.

연구소에서 물질을 찾고, 기획 파트에서 밸류에이션 평가도 하고, 사업개발이 결정되면 임상시험으로 들어가야죠. 임상1상, 임상2상, 임상3상을 차례대로 진행하는데 내부에서는 좀 더 복잡한 일들이 많습니다. 예를 들어 임상개발계획이라고 하는데 현장에서는 CDP(clinical development plan)라고 줄여서 부르죠. 임상시험을 어떻게 할 것인지 전략을 짜는 것인데요. 임상시험의 목표는 최종적으로 규제기관에서 승인을 받을 수 있도록, 효능과 안전성 등을 증명할 수 있는 데이터를 만들어가는 것이잖아요? 가장 효율적이고 효과적으로 이를 증명할 수 있도록 최적화된 경로를 설계해야 합니다. 시간과 돈이 무한정 있는 것이 아니고, 자원이 무한정 있다고 해도 CDP를 잘못 짜면 성공할 임상시험도 실패할 수 있어요. 어디까지가 신약의 효능인지 정하느냐에 따라 임상시험의 성공과 실패가 달라질 수 있으니까요.

신약을 개발하는 한국 제약기업이라면 글로벌 임상시험 수탁기관(contract research organization, CRO)에 위탁을 할 겁니다. 자연스러운 일이지만 지나친 것은 언제나 문제가 되잖아요. 글로벌 CRO에 맡기면 글로벌 표준에 맞춰서 임상시험을 잘해줍니다. 안전하고, 무엇보다 마음이 편해지죠. 현실적으로도 글로벌 임상시험 같은 경우는 한국 제약기업이 커버할 수 있는 영역도 아니고요.

그런데 글로벌 임상시험이 중요하지만 그건 마지막에 하는 것이잖아요. 가능성을 확인해서 전 세계적 규모의 제약기업들과 이야기를 시작하려면 기본적으로는 한국에서 만든 우리 데이터가 충분하게 있어야 합니다. 그래야 비즈니스 이야기를 할 수 있죠.

외주로만 눈을 돌리면 신약을 개발하는 과정에서 갖추어야 할, 임상시험과 관계된 역량과 네트워크가 약해질 수 있습니다. 글로벌 CRO가 굉장히 잘해주지만 그것과는 별개로, 신약을 개발할 때 알고 있어야 하는 것들이 있거든요. 예를 들어 신약개발 초기부터 마케팅 부문과 협업해야 한다고 이야기하잖아요. 당연히 임상시험 부문이 빠지면 안 되는 것이죠. 맡길 때 맡기더라도 자체 역량을 갖추는 것이 중요합니다.

인력이나 경험 부분에서 한국의 제약기업들, LG도 마찬가지일 텐데 부족할 수는 있습니다. 하지만 많이 따라왔다고 생각합니다. 신약개발도 사람이 하는 일이고, 따라갈 수 있고, 많이 따라갔죠. 그런데 사람의 힘으로 안 되는 가장 큰 문제가 돈입니다. R&D 비용만 돈이 아니죠. 미국 제약기업들과의 경쟁은 미국 시장에서 해야 하는데 시장에서는 영업을 해야 하잖아요. 이 비용 또한 천문학적 규모죠. 한국이 그동안 가만히 있었던 것은 아닙니다. 그러니까 신약 후보물질을 찾아내고 개발하는 역량은 많이 따라잡았습니다. 남은 것은 확률 싸움인데, 게임 머니가 부족한 것이죠. 한 번에 100개의 게임을 동시에 돌리는 플레이어와, 어렵게 어렵게 5개를 돌리는 플레이어는 승률에서 차이가 날 수밖에 없습니다. 하나하나가 너무 소중하니까 버리기도 어렵고.

사실 팩티브에 상징적인 의미가 있지만 상업적으로 성공했다고 보기는 어렵죠. 그런데 제미글로는 느낌이 좀 달라요. 지금도 살아 있는 의약품이니까요. 제미글로 이전과 이후는 자신감인 것 같습니다. 사람과 조직의 역량이라는 것이 하루아침에 달라지는 것은 아니잖아요. 신약개발이라는 것이 대단한 이벤트이지만 시간이 너무 오래 걸리는 일이다보니, 개발 전후의 변화가 극적으로 나타난다고 보기는 어려울 것 같습니다. 서서히 꾸준히 변화가 일어나요. 신약을 개발하기 전날과 신약을 개발한 다음날 극적으로 달라지는 것은 없죠. 하지만 자신감은 다른 것 같아요. 매우 주관적인 것이기는 하지만, 그래서 더 강력한 것이 아닐까 합니다. 마치 자고 있는 사람을 깨우는 것 같다고 할 수 있을 겁니다. 잠을 자고 있건 깨어 있건 사람이 달라지지는 않습니다. 하지만 자고 있는 사람과 깨어 있는 사람은 전혀 다르죠. 신약개발의 경험은 자고 있는 사람을 잠에서 깨우는 것 아닐까요?

신약연구자

연구소의 의학 화학(medicinal chemistry) 팀에 있습니다. 팀 이름이 직관적이죠? 신약이 될 수 있는 화합물을 찾아서 최적화하는 일을 합니다. 유기화학을 전공했는데, 유기화학을 공부하면 졸업하고 할 수 있는 일들이 많습니다. 어떤 일을 할까 고민하다가 신약개발을 하고 싶었죠. 환자들의 생명에 도움이 될 수 있는 일을 하면 좋을 것 같았어요.

매일매일 하고 있는 신약개발 연구 자체에 특별한 점은 없습니다. 여느 제약기업 연구소에서 하는 일과 크게 다르지 않죠. 치료 타깃을 찾고, 타깃에 적용할 수 있는 후보물질을 찾습니다. 합성한 화학물질들 가운데 적합한 물질을 골라내거나 항체를 찾아냅니다. 어느 정도 진도가 나가서 전임상에 들어갈 만한 단계가 되면, 다른 파트와 협업을 합니다. 임상개발 쪽에서도 의견을 많이 주시죠. 어떤 실험을 더 해야 하고, 어떤 데이터가 더 있어야 하는지 의견을 받죠. 기획 파트와도 사업성 논의를 미리 해야 합니다. 경쟁 제약기업의 경쟁 약물에 대한 동향에 대한 정보를 많이 들어야 하니까요. 그에 따라 연구소에서도 연구 전략을 수정합니다.

신약개발이라고 하면 R&D에 관심을 많이 기울입니다. 연구자 개인으로 보면 반가운 일이죠. 하지만 제약기업의 입장이라는 것도 있죠. 기업은 연구자보다 더 절박합니다. 이제는 신약을 개발하지 못하면 의미 있는 생존이 어렵거든요. 한국 제약기업들이 신약개발 R&D에 인색한 것으로 인식되기도 하는데, 현장에서 보면 꼭 그런 것만은 아니더라고요. 절박한 심정으로 뛰어들고 있죠.

아쉬운 것은 여전히 자금입니다. 신약개발에 투자할 수 있는 자금력 경쟁에서 밀리면 선택할 수 있는 가짓수가 줄어드는 것은 당연한 일입니다. 단순히 내 연구에 돈을 많이 넣는 것이 문제가 아니에요. 돈이 많으면 돈이 많은 친구를 사귈 수 있거든요. 그리고 돈이 많은 친구들끼리는 서로 정보를 주고받고, 연구를 함께 하고, 장사도 같이 합니다. 전 세계적인 규모의 제약기업들이 서로 협업하는 경우가 많잖아요. 그 네트워크에 들어가기 위한 최소한의 입장권 가운데는 돈도 있는 것이죠.

투자 여력이 작으면 아무래도 내 것부터 챙기게 됩니다. 옆에 좋은 물건과 기회가 있어도 그림의 떡이거든요. 투자 여력이 있으면 주변에 관심을 가지다가 투자를 하기도 하고, 같이 개발할 수도 있어요. 부자들끼리 서로 도와주면서 확률을 올려갑니다. 이렇게 기회가 늘어나면, 버려야 할 파이프라인을 버리기도 쉬워요. 해볼 만한 일들이 많으면, 가능성이 낮은 일은 미련 없이 버릴 수 있죠. 그런데 기회를 사들이기 어려우면, 일단 들고 있는 것에서 어떻게든 승부를 봐야 하니 한계가 있습니다.

한편 R&D 분위기라는 것도 있어요. LG화학 생명과학은 한국 기준으로 보면 큰 제약기업입니다. 그래서인지 R&D는 무조건 내부에서 해야 한다고 생각하는 내외부의 분위기가 있습니다. 내부에서 R&D를 완결하면 신약을 개발했을 때 만들어지는 가치를 온전히 갖게 되는데, LG화학 생명과학처럼 큰 곳이라면 독자적으로 신약을 개발해야 하는 것 아니냐는 의견이 의외로 강합니다. 신약개발이라고 하면 내외부 협업이 중요하다는 이야기를 많이 하잖아요. 그런데 막상 일을 하다보면, 내외부 협업이 잘 안 되는 경우를 보게 됩니다. 중요하다고 생각은 하는데 몸이 생각대로 움직이지 않는 것이죠.

내부 역량으로만 신약 연구를 하는 데는 제한이 많습니다. 게다가 LG가 한국에서나 규모가 있어 보이지, 신약개발이라는 차원에서 보면 절대 크지 않잖아요. 더 많은 아이디어, 타깃, 후보물질, 무엇보다 사람들이 밖에 있죠. 내부는 내부대로 잘해야겠지만, 밖에 있는 것을 어떻게 활용할 것인지가 더 중요해 보입니다.

KPBMA

노연홍

한국제약바이오협회, 회장

저는 30년 넘게 보건의료 분야에서 공직 생활을 했습니다. 보건복지부, 식품의약품안전처에서 일을 했죠. 지금은 대통령실이라고 부르는 청와대 비서실에서 세 차례에 걸쳐 참모로 일하기도 했습니다. 역시 보건의료 정책에 관계된 일을 많이 했습니다. 의약분업이 도입될 때도 청와대에서 행정관으로 일하고 있었네요. 공직에서 은퇴하고 대학교를 비롯해 민간 영역에서 10년 정도 일을 했는데, 한국제약바이오협회(KPBMA)에서 협회장 제안이 왔어요.

협회에서 제약바이오 산업을 키울 수 있는 일을 계속 하면 좋겠다고 생각했습니다. 저는 연구자가 아니니 R&D를 할 수는 없습니다. 창업을 하기도 어려운 일이죠. 다만 오랫동안 정책 영역에 있었으니, 성격이 비슷한 일을 해서 제약바이오 산업이 발전하는 데 기여하면 좋을 것 같더군요. 한국의 제약바이오 산업이 많이 발전했지만 앞으로 더 성장할 수 있다고 생각했습니다. 그럼에도 여전히 이 분야의 선진국과 격차가 크고, 시장도 대한민국에 한정되어 있죠. 그런데 뒤집어 생각해볼 수도 있습니다. 신약을 개발하면 내수로 시작해서 수출로 나아갈 수 있는 것이죠. 성장할 기회가 있습니다.

문제는 신약을 개발할 수 있는 좋은 인력일 겁니다. 한국의 산업 발전을 역사적으로 보면 발견되는 현상인데요, 유능한 인재들이 특정한 분야 학과로 많이 몰리면 시차를 두고 해당 분야 산업이 반드시 발전합니다. 석유화학, 전기전자, 반도체 산업 등에서 공통적으로 이런 일들이 있었습니다. 한편 의학, 약학, 생물학 등의 학과로도 꽤 오랫동안 많은 인재들이 진학했습니다. 그런데 제약바이오 산업의 성장으로 잘 이어지지 않는 겁니다. 대개 이 분야에서 면허를 따면, 즉 의사나 약사가 되면 산업계로 진출할 유인이 떨어지거든요. 공직에 있을 때 정책으로 이 문제를 풀면 좋겠다고 생각했어요.

뛰어난 인재들이 개인 면허 영업을 하는 이유는 단순합니다. 전문성을 살려 안정적으로 돈을 잘 벌 수 있기 때문입니다. 그러니 산업계로 진출했을 때, 더 큰 기회가 주어질 수 있게 해줄 필요가 있죠. 그래서 생각했던 것이 개량신약 지원 정책이었어요. 신약이 성공하면 당연히 돈을 많이 벌고, 참여했던 인력들에게도 많은 보상이 돌아가겠죠. 하지만 웬만큼 규모가 있는 제약바이오 기업도 갑자기 신약을 개발할 수는 없습니다. 중간 단계가 필요한데, 개량신약을 징검다리로 놓자고 생각했어요. 개량신약 개발이라는 과업에 제약기업들이 본격적으로 뛰어들면 R&D 인력을 갖추어야 하잖아요? 개량신약에 성공하면 돈도 벌 수 있으니, 뛰어난 인재들이 산업계로 진출해도 보상이 있다는 것을 보여줄 수 있을 겁니다. 이렇게 징검다리를 건너서 글로벌 수준의 신약개발로 이어지면 산업은 자연스럽게 성장할 수 있을 것이라는 비전이었죠.

일단 제약기업의 CEO를 비롯한 관계자들과 논의를 시작했습니다. 개량신약 개발을 본격화하려면 무엇이 필요한지 수요조사를 했죠. 이야기를 들어보니 효능을 높이거나, 부작용을 줄이거나, 복용 편의성을 올려주는 방식으로 개량할 능력이 있었는데 유인이 없었습니다. 약가가 문제였죠. 당시에는 특허가 끝난 의약품의 제네릭을 만들 때, 먼저 성공하는 순서대로 높은 약가를 주었습니다. 따라서 속도 경쟁이 치열했죠. 그런데 어떤 제약기업이 괜히 개량신약을 개발하다가 기간이 길어지면, 개발에 성공해도 속도 경쟁에서 밀리는 바람에 낮은 약가를 받게 되는 겁니다. 제약기업 입장에서는 개량신약 개발에 따른 리스크를 지느니 얼른 제네릭 경쟁에 뛰어는 것이 합리적이었죠. 그래서 개발 시기와 관계없이 개량신약에 성공하면, 가장 먼저 성공한 제네릭과 같은 수준의 약가를 주는 정책을 만들었습니다. 당시에 제가 청와대에서 일하고 있었을 때라 대통령에게 보고하고 승인받았습니다. 그리고 정책 시행을 위해 주무 부처인 보건복지부 장관과 이야기를 하는데 부처에서 더 적극적이더라고요. 첫 제네릭보다 개량신약에 더 높은 약가를 주는 방식으로 고치자는 거예요. 정책이 통과되어 시행되었고, 개량신약 쪽으로 많은 제약기업들이 뛰어들었습니다. 최근에 자료를 살펴보니 개량신약 범주로 들어온 의약품이 150여 개 정도 되더라고요. 징검다리는 되었다고 생각합니다. 이때 '혁신형 제약기업 인증제도'를 도입해 R&D가 강화될 수 있는 길도 마련했습니다.

식약처에서 일할 때는 셀트리온의 램시마(REMISIMA®) 승인에 참여했습니다. 자가면역질환 치료제인 레미케이드(REMICADE®, 성분명: infliximab)의 바이오시밀러가 램시마죠. 지금은 세계적 규모의 제약기업들도 바이오시밀러 사업에 뛰어들고 있지만, 당시에는 바이오시밀러라는 개념이 완전히 자리를 잡기 전이었습니다. 모험적인 일이었지만 개발사인 셀트리온과 같이 도전해보기로 했죠. 개발사는 개발에, 규제기관은 승인에 도전했고 세계 최초로 바이오시밀러를 내놓았습니다. 그리고 6개월 뒤에 유럽 EMA에서 수정 없이 허가를 받았고, 이후에 미국 FDA 승인도 받았죠. 저는 의학이나 약학 전문가 출신 관료는 아니잖아요. 제 일은 전문성을 가진 규제기관 구성원들을 설득하고, 독려하고, 제도적인 방법을 찾는 것이니, 그 일에 뛰어들었죠.

돌이켜보면 운이 좋은 편이었습니다. 도전적인 정책들을 기획해서 시행까지 해볼 수 있었는데, 상대적으로 순탄한 공직 생활을 보냈거든요. 기업에 다니는 분들에게만 리스크가 있는 것은 아닙니다. 혁신적인 정책이라는 것도 리스크가 있습니다. 잘못되면 사고를 치게 되고, 공직 생활을 마감할 수도 있어요. 그런 점에서 나름대로 괜찮게 공직 생활을 해온 것 같습니다.

개인적인 의견입니다만 한국은 전 세계 3~4위 수준의 제약 산업을 가질 수 있다고 봅니다. 한국의 제약 산업이 규모로 보면 세계 13위, 종합평가를 하면 10위 정도 된다고 합니다. 그런데 세계 시장에서 한국이 차지하는 비중이 어느 정도 될까요? 1~2% 정도입니다. 1~2% 시장만으로도 세계 10위 정도는 할 수 있는 것이죠. 당연히 미국이 1위겠죠? 1위부터 5위 정도까지가 시장의 대부분을 차지하고 그 아래는 도토리 키재기 수준입니다. 그러니까 5위 턱 밑까지 올라가는 것은 크게 어렵지 않을 겁니다. 블록버스터 신약 한 개만 개발에 성공해도 금방 치고 올라가는 구조거든요. 이 과정에서 개별 제약기업 가운데 세계 50위 안에 들어가는 곳이 나올 겁니다. 이렇게 되면 의미 있는 수준으로, 지속 가능한 신약개발이 가능합니다.

사실 제약기업들도 신약개발을 해야 한다는 것을 잘 알고 있습니다. 다만 그 길이 너무 멀고 험난하다는 것도 너무 잘 알고 있어요. 그런데 한국에는 건강보험 급여제도라는 울타리가 있습니다. 울타리 안에서 위험부담이 적은 의약품 중심으로 꾸준히 노력하면, 기업을 경영하는 데 크게 문제가 없을 수도 있습니다. 제도가 일정한 양의 파이를 정해주는 것이니까요. 그리고 실제로 이 울타리 안에서 리스크를 줄이면서 안정적으로 기업을 꾸려가고 싶어 하는 마음들이 보였습니다.

여기에 규모의 문제가 더해집니다. 한국에는 비슷한 규모의 중소, 중견 제약기업들이 너무 많습니다. 기업은 시장에서 경쟁해서 더 많은 수익을 내려는 의지가 있습니다. 완전히 모험적이 아니더라도 기업이라면 의지는 분명히 있습니다. 다만 의지를 구현할 만큼 규모가 안 되는 것이죠. 규모가 작다보니 제대로 신약개발에 나설 만큼의 바탕이 안 되는 겁니다. 일본이나 미국에서는 M&A 등으로 규모를 키운 제약기업들이 많아요. 하지만 한국에는 이렇게 되지 않는 역사적, 문화적 배경으로 인해 규모를 키우기 힘든 면이 있습니다. 예를 들어 2025년은 한국제약바이오협회가 창립 80주년이 되는 해입니다. 협회를 설립할 당시의 회원사들 명단을 보면, 80년이 지난 현재 회원사 명단과 겹치는 부분이 많아요. 1945년 광복을 맞이하던 때를 전후해서 세워진 제약기업들이 계속 이어져 오고 있는 것이죠. 대부분 오너십을 가지고 있던 이 제약기업들은 한국전쟁을 거치고, 산업화 시기를 거치면서 함께 성장해왔습니다. 그렇다보니 서로가 서로에게 동료의식이 있어요. 힘들었던 시간을 함께 지낸 동료라고 받아들여요. 고난을 함께 한 동료들 사이에서 적대적 M&A 같은 일이 벌어지기는 어렵습니다. 게다가 비슷한 제네릭 라인업을 갖는 회사들끼리는, M&A를 해도 당장 시너지를 낼 만한 부분이 많지 않습니다. 한편으로는 이해가 되었지만, 정책을 하는 입장에서는 답답한 면도 없지 않았습니다. 사실 정책에는 한계가 있습니다. 어쨌거나 커다란 리스크를 껴안는 기업이 있어야 해요. 정책은 도와줄 수 있을 뿐이죠.

정책이라고 하면 규제를 먼저 떠올립니다. 제약바이오 산업에는 그런 분위기가 강하죠. 하지만 산업을 키우는 정책도 있어요. 제약기업들은 제약 산업의 성장에 생존이 걸려 있습니다. 이윤이 생겨야 생존하는데, 산업이 커져야 이윤도 생겨나는 것이니까요. 그런데 정책을 하는 입장에서도 산업이 성장해야 하는 이유가 있습니다. 예를 들어 대한민국은 강력한 건강보험 급여제도를 운용하고 있습니다. 장점이 많은 제도죠. 그런데 장점을 계속 유지하려면 재정이 늘어나야 합니다. 제약기업들에게도 적당한 수익을 보장해서 신약개발에 나설 수 있게 해주는 동시에 국민들이 저렴한 보건의료 서비스를 받을 수 있어야 합니다. 이렇게 정부는 어느 한 쪽의 입장에만 설 수 없지만 재정은 늘 한정되어 있습니다. 이런 상황을 벗어나는 가장 좋은 방법은 제약 산업 자체가 성장해서 재정 여력이 늘어나는 것이죠. 정부가 피상적으로만 산업을 육성하려는 것은 아닙니다. 정부 또한 나름의 강력한 의지가 있어요.

공직에 있었을 때를 돌이켜보면, 노력을 게을리 하지는 않았음에도 제약 산업계를 구석구석 모두 이해하지 못했던 것 같아요. 협회에 와서 볼 수 있게 된 것들이 많죠. 정부의 입장과 처지를 알고 있다는 점이, 협회에 와서 알게 된 것들을 바탕으로 정부와 이야기를 하는 데 많은 도움이 됩니다. 다만 아쉬운 부분도 있습니다. 제약 산업은 규제 산업이잖아요. 그렇기에 혁신적인 일들이 정부와 정책 영역에서 일어날 수 있습니다. 제가 참여했던 개량신약 개발 지원 정책도 당시 기준으로는 혁신적이었다고 볼 수 있지만, 글로벌 수준의 신약개발을 지원하는 정책은 그와 비교할 수 없을 정도의 혁신성이 필요합니다. 공적 영역에서도 그만큼 도전적이어야 하는데, 아쉬운 면이 있어요.

공적 영역에서 겪고 있는 어려움을 모르는 바는 아닙니다. 공직자의 책임은 늘어나고 재량은 줄어들고 있으니까요. 공직 사회를 포함한 한국 사회가 제도적으로 안정화되어 가는 과정이라고 보면 자연스러운 일일 수도 있어요. 하지만 그럼에도 신약개발과 같은 혁신적인 이벤트를 만들려면 '사고를 좀 쳐보려는 움직임'이 있어야 합니다. 공적 영역, 제약기업들, 그리고 협회도 마찬가지죠. 일이 되게 만들려는 노력이 필요하죠. 가르친다고 되는 일도 아닙니다. 이런 성격을 가진 인재들이 있어요. 어떻게든 틈을 만들어서 일을 저지르려는 사람들이 있죠. 민간 영역에서 이런 분들이 기업을 합니다. 바이오텍을 만들기도 하고, 신약을 개발하겠다며 투자를 받습니다. 공적 영역에도 이런 사람들을 받아들일 수 있는 경로가 있어야 합니다. 혁신적인 정책을 설계하고 시행할 수 있도록 해줘야 합니다. 제도적으로도, 문화적으로도 필요하죠.

제약기업들을 향한 협회의 발언력은 제한적이죠. 제약기업들도 저마다의 사정이 있잖아요. 그래도 설득하고 노력해야 합니다. 반대쪽에서 보면 우리나라 공적 영역의 힘은 여전히 강합니다. 그러므로 정부를 향해서도 설득하는 일을 계속해야 합니다. 물론 정부를 설득할 수 있는 논리와 합리적인 대안을 마련해야겠죠. 논리와 대안이 있다고 해도 곧바로 정책의 변화를 만들어내지 못하는 것이 현실이지만 노력해야죠.

한국제약바이오협회가 신약개발이라는 흐름에 적극적으로 뛰어들어야 합니다. 제약기업들이 신약을 개발할 수 있도록, 협회가 할 수 있는 일을 해야죠. 물론 협회가 직접 신약개발을 하는 것은 아닙니다. 중견 제약기업들은 신약을 개발하는 데 필요한 자본과 규모가 어느 정도 갖추어져 있습니다. 다만 과감하게 뛰어들 용기가 부족하죠. 바이오텍들은 용기가 있습니다. 다만 자본과 규모와 경험이 부족하죠. 협회가 할 수 있는 일 가운데 하나는 이 사이에서 매칭이 일어날 수 있게 하는 일이겠죠. 이런 일들을 해왔지만 더 강화하려고 합니다.

협회에 가입되어 있는 제약기업이 300개에 달합니다. 300곳의 제약기업들은 모두 성격이 다르죠. 글로벌 기준에서는 작은 규모지만 연매출 3조 원이 넘는 곳이 있는가 하면, 아직 영세한 곳들도 있습니다. 제약기업과는 성격이 다른 바이오텍들도 있죠. 협회는 회원사들을 위한 조직이니 다양한 구성원들의 이해와 요구에 따라 일을 해야 하지만, 그럼에도 회원사들이 신약개발에 나설 수 있게 돕는 일을 우선순위에 두려고 합니다. 예를 들어 지금은 정부와 함께 신약개발에 도움이 될 수 있는 AI 시스템을 만드는 일에 집중하고 있습니다. 규모가 되는 제약기업들은 이미 신약개발에 AI를 도입하는 시도를 하고 있죠. 하지만 그 정도 규모가 안 되는 제약기업들도 많이 있습니다. 이 기업들도 AI를 활용할 수 있게 하는 시스템을 구축하는 것이죠. 지금은 대전환의 시기입니다. AI와 디지털이 모든 것을 바꾸고 있죠. 신약개발에서도 제약바이오 선진국들과의 격차를 줄일 수 있는 강력한 수단 또한 AI입니다. 그래서 2024년 초, 협회에 'AI신약연구원'을 열었습니다. 그 결과 2024년 정부가 발주하는 '연합학습을 통한 신약개발 가속화 프로젝트(K-MELLODDY)'의 추진기관으로 선정되기도 했죠. 2025년에는 AI와 로봇을 활용한 'AI 신약개발 자율 실험실(self driving lab)'을 만드는 사업을 정부에서 수주받아 추진하고 있습니다. 신약개발에 친화적인 방향으로 규제를 조정하고, 역시 신약개발 R&D의 동력이 될 수 있도록 약가 정책을 제안하는 등의 일도 하고 있는데, 이 또한 같은 맥락입니다.

2024년 기준으로 한국에 있는 신약개발 파이프라인이 3,000개가 넘는다는 통계가 발표되었습니다. 신약개발의 본고장인 미국은 10,000개가 약간 넘는 정도, 중국은 6,000여 개 정도 됩니다. 한국이 전 세계 3위죠. 영국이나 일본도 우리 아래에 있습니다. 인구 대비, 산업의 규모 등과 비례적으로 따져보면 한국은 설명하기 어려울 정도로 많은 숫자를 갖고 있죠. 물론 완전히 새로운 타깃이나 물질들로만 구성된 것은 아니지만, 미국이나 중국도 완전히 새로운 것들만 갖고 있지는 않아요. 그럼에도 이런 숫자가 나올 수 있었던 데는 바이오텍들의 영향이 컸습니다. 바이오텍 생태계를 보면, 정부가 충분한 지원을 한 것도 아닙니다. 여러 가지 해석이 가능하겠지만 한국 사람들이 모험에 뛰어들 마음만큼은 충분하다는 진단도 힘을 받게 되지요. 이처럼 화산에서 분출하는 마그마 같은 열기가 식지 않도록, 실제 신약개발로 이어질 수 있도록 힘껏 뒷받침하는 일을 해야겠죠. 협회도 마찬가지고요. 이 귀중한 에너지가 헛되이 사라지지 않도록 말이죠.

신약개발은 이제부터가 본격적으로 시작이죠. 여러 여건들이 갖춰져가고 있습니다. 정부와 제약기업들의 의지도 있습니다. 현실적으로 풀어나갈 수 있는 디테일이 아직은 부족하고, 투자 분위기도 그렇게 좋은 편은 아닙니다. 하지만 모두 풀어나가야 할 문제들이고, 뚝심 있게 풀어나가면 될 일입니다.

마치며

§

나는 왜 한국 제약기업들이 아무것도 하고 있지 않을 것이라고 생각했을까? 가까이 다가가서 바라보지 않았기 때문이었다. 누구나 선입견을 갖는다. 그리고 뭔가에 집중할수록 선입견이 강해진다. 집중할수록 관점이 선명해지고, 선명해진 관점에 따라 다시 집중한다. 이 패턴이 반복되며 자기 자신만의 세계관이 만들어진다. 하지만 이런 식의 세계관은 완벽하지 않다. 세상이 그렇게 만만할 리가 없기 때문이다. 다행스러운 것은 이 세계관이 완벽하지 않다는 것을 깨닫고 있고, 이 세계관을 무너뜨릴 수 있는 충격을 스스로 받아들이려고 한다면, 여전히 완벽해질 수는 없겠지만 가까워질 수는 있다는 점이다. 하지만 부끄러웠던 것은 나 스스로 이 충격적인 사건을 의도했던 것이 아니었다는 점이다. 그나마 더 늦지 않은 시점에 충격을 받아들일 수 있었기에 다행이었다. 가까이 가야 보이는 것이 있었고, 자세히 들어봐야 알 수 있는 것이 있었다.

여전히 무대에서 화려한 조명을 받고 있는 곳은 바이오텍이다. 하지만 바이오텍을 거슬러 올라가다보면 제약기업이 있다. 바이오텍에서 중요하다는 과학과 돈, 제일 중요하다는 사람까지 제약기업에서 시작하지 않은 것은 없다. 한국에서 신약 같은 신약을 개발하겠다고 나선 바이오텍의 역사는 길어야 20년이지만, 한국에서 스스로 돈을 벌어 제대로 신약개발에 뛰어든 제약기업의 역사는 짧아야 20년이다. 그러니 바이오텍을 이해하려면 제약기업을 알고 있어야 한다. 조금만 생각해보면 어렵지 않게 알 수 있는 족보지만, 그렇게 많은 취재를 다니고 그렇게 많은 기사를 썼음에도 이 사실을 놓치고 있었다.

하지만 다행인 것도 있었다. 만약 3년 전에, 5년 전에 이런 종류의 인터뷰를 할 수 있었다면 어땠을까? 장담할 수는 없지만, 지금 느끼고 있는 이 생경하고 흥분되는 충격을 받을 수는 없었을 것이다. 제대로 질문할 수 있을 만큼, 그리고 돌아오는 답을 제대로 이해할 수 있을 만큼 준비되어 있지 않았었다. 여전히 급하게 매일 기사를 마감하고, 중간중간 책을 내느라 옆을 볼 겨를이 없었다. 그러니 만약 몇 년 전에 이 인터뷰이들을 만났다면, 인터뷰이들은 정신이 없어 보이는 기자에게 속사정을 다 털어놓지 못했을 것이다. 그런 점에서 타이밍이 좋았다. 시간이 필요한 일이었다.

이 인터뷰를 지금보다 일찍 했다면 들을 수 없는 이야기가 많았을 것이다. 공감하지도 못했을 것이다. 반대로 이 인터뷰를 더 늦게 했어도 들을 수 없는 이야기가 많았을 것이다. 질문도 답도 모두 때가 있다. 그런 면에서 운이 좋았다. 신약을 개발한다는 것이 어떤 의미인지 조금이나마 알 수 있게 되었을 때 질문을 할 수 있었고, 어떻게 신약을 개발해야 할 것 같다는 것을 알게 된 사람들에게 답을 들을 수 있었다.

신약개발은 결과이고, 속도라고 생각했다. 빨리빨리 움직여 눈에 보이는 결과물을 만들어내는 것이라고 여겼다. 느린 것을 좋아하지 않는 나의 개인적인 성격이 작용했겠지만, '느림'과 '열정 없음'을 같은 말이라고 생각했고, '성과 없음'을 '의미 없음'과 연결 지어 생각했다. 하지만 신약개발도 사람이 하는 일이었다. 뛰려면 걷는 법부터 배워야 하고, 걷는 법을 배우려면 넘어지는 시간이 필요한데, 이 모든 시작은 혼자서 몸을 뒤집고 네 발로 엉금엉금 기어다니는 것부터 시작해야 한다. 뛰어난 과학적 메커니즘으로 신약개발에 뛰어든 이야기를 찾아내기란 어렵지 않다. 하지만 냉정하게 말해 질병이 왜 생기는지, 이미 개발되어 처방되고 있는 신약이 어떻게 질병을 치료하는지 모르는 경우도 아직 많다.

인터뷰이들은 과학의 시간을 받아들이면서 과정이라는 것을 버티고 있었다. 매일 출근해서 그날 연구하기로 한 것을 그날 끝마치는 삶을 꾸준히 살아가면, 그렇게 하루하루를 잘 살아내다보면, 그리고 여기에 운이 더해진다면 신약을 개발할 수 있다는 것을 보여주고 있었다. 놀랍게도 인터뷰이들은 모두 이 과정을 거쳐오면서 신약을 개발했고, 이렇게 신약을 개발했기에 이 힘을 믿을 수 있게 되었으며, 지금도 이런 태도를 계속 지켜가고 있었다. '나의 일을 하다보면 신약은 만들어질 것'이라는 점을 믿고 있었다. 평범한 사람들의 시간이 가장 강력한 무기가 될 수 있다는 것을 알고 있었다.

별다른 기대 없이 찾아간, 첫 번째 인터뷰이는 보령제약의 창업자였다. 그리고 첫 인터뷰부터 충격을 받았다. 제약기업은 신약개발을 하지 않거나, 하더라도 어느 정도는 장식품처럼 갖고 있을 뿐이라고 생각했었는데 그렇지 않았다. 정확하게 말하면 지금까지 만났던 취재원 가운데, 이미 아흔 살을 넘긴 이 창업주만큼 신약개발에 진심인 사람을 만나보지 못했다. 일선 경영에서 물러난, 개인으로서 이뤄야 할 것을 모두 이룬 것만 같은, 한국에서는 손에 꼽히는 제약기업을 일궈낸 고령의 창업자가, 말끝마다 신약을 개발해야 한다는 말에 에너지를 실어 토해내는 장면에 뒷통수를 크게 한 방 얻어맞은 느낌을 받았다. 그는 신약개발의 본질을 알고 있었다. 한국의 제약기업들에 절대 없을 것이라고 생각했던 핵심을 이미 알고 있었고 그 핵심을 어떻게든 실현하려고 발버둥치고 있었다. '신약개발이 어렵다는 것 모르는 사람은 없다. 그러니 어렵다는 말은 할 필요가 없다. 제약기업이 신약개발을 하지 않으면 도대체 뭘 할 거냐?'고 되묻는 그의 질문에 말문이 막혔다.

인터뷰에 응해준 이들은 최신 트렌드를 알고 있었고 첨단 과학을 하고 있었다. 하지만 가장 중요한 환자와 질병을 보고 있었다. 보령제약의 창업주는 1960년대, 종로에 약국을 여는 것으로 이 분야에 뛰어들었다. 그는 자신의 약국에 약이 없어 그냥 돌아가는 환자와 그의 가족들의 뒷모습을 봤다고 했다. 그리고 '그 모습은 본 것으로 신약을 개발하는 이유는 충분하다.'라고 했다. 다른 인터뷰이들도 마찬가지였다. 과학과 기술 이야기를 하면서도, 끝은 늘 환자 이야기였다. 현장이 주는 힘이었고, 바이오텍에서 충분히 듣지 못해 아쉬웠던 이야기였다. 바이오텍은 과학의 문제, 기술의 문제를 푸는 데 늘 집중했다. 문제를 풀면 해답지를 들고 전 세계적 규모의 제약기업을 찾아간다. 문제를 잘 풀면 상금을 받을 수 있고, 그 상금을 가지고 다음 문제를 풀러 간다. 그런데 제약기업은 문제를 풀고 상금을 받는 것을 너머, 기를 쓰고 끝끝내 환자 앞까지 가려고 하고 있었다.

신약도 상품이다. 상품은 시장에서 판가름이 난다. 시장에는 소비자가 있다. 의약품 시장에서 소비자는 의료진과 환자인데, 이들은 생명을 구하고 고통을 줄이고 싶다. 그래서 의약품 시장에서 소비자들은 신약을 기다린다. 이는 과학이나 기술을 기다리고 있다는 뜻은 아니다. 과학이나 기술이 있어야 신약을 만들 수 있지만, 소비자 입장에서 중요한 것은 병을 고치는 것이지 과학이나 기술의 발전 그 자체가 아니다. 이는 오해가 생길 수 있는 대목이고, 오해는 잘못된 행동으로 이어진다. 신약을 개발하려면 매출을 생각해야 하고, 매출을 생각하려면 질병을 들여다봐야 한다. 과학적 메커니즘을 증명하는 것이 아니라, 어떻게든 질병을 통제할 방법을 찾아야 한다. 신약을 개발하려면 의료진과 환자가 사람이라는 점을 생각해야 하고, 사람이라는 점을 생각하면 규제에 집중해야 한다. 규제에 몰입하기도 해야 하고, 규제기관과 협력하는 방법을 찾아야 하고, 규제를 바꾸는 일에 적극적으로 나서야 한다. 이런 것들은 외국 제약기업, 바이오텍을 취재하면서 알게 된 것들이다. 한국에서 그럴듯한 신약이 안 나오는 이유는 이런 인사이트가 없기 때문이라고 생각했다. 그런데 인터뷰이들에게 이런 이야기를 들을 수 있었다. 심지어 그 인사이트에 따라 신약을 개발하고 있었다.

제약 산업은 규제 산업이다. 사람의 생명이 달려 있는 일이니 당연히 규제가 중요하고, 규제라는 개념은 기본적으로 보수적일 수밖에 없다. 문제는 규제 산업이 가진 보수적인 면이 제약기업에게 기득권이 되기도 한다는 점이다. 의약품을 승인받는 것이 어렵지만, 한 번 승인을 받아 영업망을 갖추기만 하면 계속 의약품을 팔 수 있다. 꽤 많은 한국의 제약기업들이 이런 식으로 기업을 경영해온 것이 사실이다. 만약 크게 성장할 필요를 느끼지 않고 현상 유지 차원에서 눈에 띄지 않게 기업을 유지하고자 한다면, 외국에서 개발된 의약품의 복제약을 한국에서 승인받아서 팔아도 충분하다. 여기에 이미 갖추어놓은 영업망을 이용해 건강기능식품으로 매출을 만들어가면 될 일이다. 이런 경향은 제약기업의 이미지를 '제약기업인데 신약개발을 하지 않는 곳'으로 만들었다.

하지만 더이상 이런 방식으로는 생존할 수 없는 시대가 되었다. 신약을 개발하지 않는 제약기업은 신약을 개발하는 제약기업과의 경쟁에서 버틸 수 없게 된 것이다. 그리고 이미 신약개발에 뛰어든 바이오텍들의 시가총액이 웬만한 제약기업보다 높은 상황이 벌어졌다. 이는 한국의 특수한 현상이다. 글로벌 수준에서 경쟁하는 기업들은, 해당 산업군에 있는 행위자들을 강력한 힘으로 빨아들인다. 자동차 산업에서 전 세계적으로 몇 개의 초거대 완성차 제조 기업들이 경쟁을 펼치는데, 이들은 자본의 힘으로 전후방에 걸쳐 기술과 인력을 흡수한다. 예전 소비자들은 자동차를 사면 여러 기업의 내비게이션 가운데 어떤 것을 살 것인지 고민했다면, 지금 소비자들은 차를 살 때 내비게이션을 옵션으로 넣을지 말지를 고민한다. 완성차 제조 기업이 내비게이션을 만드는 기술이나 인력을 포섭해버렸기 때문이다.

이는 제약 산업에서도 마찬가지다. 전 세계적 규모의 제약기업들이 여러 첨단 기술로 갖춘 바이오 스타트업, 바이오벤처, 바이오텍의 기술과 인력을 사들인다. 미국의 리제네론 파마슈티컬스, 버텍스 파마슈티컬스처럼 바이오텍이 글로벌 빅 파마와 엇비슷한 시가총액을 보여주며 빅 바이오텍으로 성장하기도 하지만 이는 드문 일이다. 미국에서 바이오텍을 소개할 때 붙여줄 수 있는 가장 훌륭한 수식어는 '곧 기업공개가 예상되어 있는 바이오텍' 또는 '주식시장에서 주목받는 바이오텍'이 아니다. 최고의 수식어는 '글로벌 빅 파마가 살 만한 가치가 충분한 바이오텍'이다. 글로벌 빅 파마는 신약을 개발해 기업을 영위해가는데, 꾸준히 신약을 개발해내려고 바이오텍이 개발한 타깃과 후보물질을 사들이거나 아예 바이오텍을 사버린다. 그리고 이런 패턴은 다른 산업과 크게 다를 것이 없는, 보편적인 현상이다.

한국에서는 제약기업보다 바이오텍이 더 주목을 받기도 하며, 제약기업보다 시가총액이 높은 바이오텍도 드물지 않다. 이는 한국의 제약 산업이 아직 글로벌 수준에 이르지 못했기 때문이다. 물론 글로벌 수준으로 신약을 개발하지도 못한다. 그러니 한국에서 신약에 대한 이야기를 하려면 바이오텍에 대한 이야기를 해야 한다고 생각했다. 적어도 한국 바이오텍이 미국 제약기업에 팔리면, 그때부터는 신약이 시작될 수 있다고 여겼다.

하지만 결국에 신약을 개발하는 것은 제약기업이다. 모든 산업에는 기본적인 모델이 있지만, 이 모델은 시장에 따라 달라질 수 있다. 그런데 제약 산업에는 시장이 하나다. 흔히 글로벌 시장이라고 하지만, 사실은 미국 시장이다. 따라서 제약 산업에는 미국의 제약기업이 수행하고 있는 신약개발 모델 한 가지가 있을 뿐이다. 즉 제약기업이 중요하다. 한국의 제약기업이 지금 얼마나 덩치가 크냐는 중요하지 않을 수도 있다. 자신들이 만든 물건을 가지고, 의료진과 환자들을 시장에서 만나고, 이 과정에서 벌어들인 돈을 가지고 R&D를 하고 있다는 점이 중요할 뿐이다. 시장에서 소비자를 만나서 정말로 무엇이 필요한지에 대한 감각을 유지하고, R&D를 뒷받침할 수 있는 지속 가능성에 대해 고민하고, 규제기관과 소통하는 것, 공장에서 물건을 만든다는 것, R&D를 하지 않지만 기업에 꼭 필요한 사람들과 어떻게 지낼 것인지에 대해 고민하는 것이 중요할 뿐이다.

신약이라고 하면 미국을 바라보게 된다. 미국은 분명 그 어느 국가도 따라오지 못할 만큼 혁신적인 신약을 쏟아내는 곳이다. 그리고 우리는 미국처럼 되려면 멀었다고 생각하고는 한다. 나도 그랬다. 그들이 가진 과학, 경험, 제도, 무엇보다 혁신이라는 가치에 매달리는 사람들과 혁신의 가치에 제값을 매겨주는 거대한 자본은, 분명 우리에게는 비현실적인 면이 있다. 그럼에도 인터뷰이들에게는 일종의 씨앗이 있었다. 신약개발에 필요한 것들 가운데, 비록 부족할 수는 있겠으나 이들이 놓치고 있는 것은 없었다. 신약개발의 의미를 오해하지 않고 정확하게 알고 있었다. 이는 경험과 시간을 갈아 넣어 얻은 것들이었기에 쉽게 사라지기도 어려워 보였다. 인터뷰이들 가운데 누가 성공할지 여전히 알 수는 없지만, 확실한 것 한 가지는 끝까지 할 사람들이기는 했다는 점이다. 누군가는 전초기지를 포기하지 않고, 후퇴하지 않고 버텨가면서 조금씩 전진하고 있었다.

인터뷰이들은 조용하게 자기 자리에서, 매일매일 해야 할 연구를 매일매일 해야 하는 만큼 하면서, 신약개발이라는 단어 앞에 관용적으로 붙는 '많은 실패'와 '오랜 기간'을 실천하면서, 자신만의 통찰을 가지고, 끝까지 신약을 개발하겠다는 에너지를 보여주고 있었다. 이들은 열심히 돈을 벌어와서는 R&D에 쓰라고 넘겨주는 영업 부문 동료들의 고마움도 빠뜨리지 않고 이야기했다. 그리고 모두 초조함을 느끼고 있었다. 한국에서 열 손가락 안에 들어가는 제약기업들이 대부분이었지만 불안해 하고 있었다. 다행스러웠던 것은 이들의 초조함과 불안함이 에너지로 느껴졌다는 점이다.

모든 인터뷰가 좋았다면 해석의 여지가 남는다. 운이 좋게도 좋은 인터뷰이만을 만났을 가능성이다. KPBMA가 그런 곳들을 걸러주었을지 모른다. 인터뷰를 할 수 있었던 제약기업들이 모두 신약을 개발했던 경험을 가진 곳들이었기에 그랬을지도 모른다. 한국에는 300여 개에 이르는 제약기업이 있는데, 인터뷰는 15곳 남짓이었으니 보편적이지 않았을 수도 있다. 이들 대부분 규모가 큰 제약기업들이었고, 오랫동안 기업 활동을 해온 곳이었다는 점도 작용했을 것이다.

그럼에도 제약기업에 대한 관심을 다시 가져야겠다는 생각이 든다. 인터뷰이를 한 명 두 명 만나갈수록 그들의 경험과 통찰과 노력 앞에 민망함을 느꼈다. 기자는 현장에서 멀어지는 순간 절벽 아래로 떨어진다. 어쩌면 절벽 아래로 떨어지기 직전이었는지도 모를 일이다. 그런 점에서 나도 운이 아주 좋았다.

김성민

바이오스펙테이터 수석기자. 『좋은 바이오텍에서 위대한 바이오텍으로: 버텍스와 리제네론에서 찾아낸 신약개발의 법칙』(2024), 『바이오사이언스의 이해(개정2판): 신약개발 개념입증PoC을 중심으로』(2023, 공저), 『키트루다 스토리: 머크Merck&Co.는 어떻게 면역항암제를 성공시켰나』(2022), 『진단이라는 신약: 조기진단, 동반진단, 전이암진단, 이미징 마커』(2020), 『어떻게 뇌를 고칠 것인가: 알츠하이머 병 신약 개발을 중심으로』(2019)